KB116159

수치

인간과 괴물의 마음

수치

인간과 괴물의 마음

이창일 지음

"나를 잃지 않고 나와 마주하는 경계의 감정"

추수밭

人不可以無恥 無恥之恥無恥矣
인 불 가 이 무 치　무 치 지 치 무 치 의

인간이라면 부끄러움이 없을 수 없다.
부끄러움이 없음을 부끄러워할 수 있다면 부끄러워할 일이 없을 것이다.
＿《맹자》〈진심상〉중에서.

사람을 망치고 사람을 만드는 수치의 두 얼굴

우리말에서 '부끄러움'은 '수치'와 같은 뜻을 가진다. 그런데 가만히 살펴보면 둘은 쓰이는 맥락이 조금 다르다. **수치**는 주로 부정적인 맥락에서 사용된다. 수치는 불편하고 자신이 위축되거나 못 견딜 정도로 참기 어려운 감정이 내면에서 피어날 때 느끼는 것이다. 그에 비해 **부끄러움**은 불편하고 위축될 수는 있지만, 아닐 때도 있고, 못 견딜 정도로 참기 어려운 감정은 아닌 것 같다. 둘의 쓰임이 두부 자르듯이 깔끔하게 나뉘지 않지만, 부정적인 느낌은 여전히 수치 쪽에 더 있는 것처럼 느껴진다.

부끄러움 혹은 수치라는 감정을 살펴보기 전에 두 말의 차이를 구분해서, 앞으로 언어 사용에서 혼란이 없도록 해보자. 수치와 부끄러움은 신체의 객관적인 표현과 상응하는 감정이다. 기쁨이 입술 위 꼬리를 올리고 눈을 반달처럼 만들거나, 슬픔과 고통이 얼굴을 찡그리게 만드는 것처럼, 수치와 부끄러움은 '낯붉힘'을 동반한다.

웃음은 감추려 해도 결국 조금이라도 신체의 표현을 만들어내는 것처럼, 낯붉힘이 없는 수치나 부끄러움은 찾기 어렵다. 하지만 아주 사례가 없는 것은 아니다. 그럴 때 우리는 '후안무치'하다고 한다. 뱃살이 복근을 감추듯, 얼굴의 가죽이 너무 두꺼워서 낯붉힘을 일으키는 모세혈관이 가죽 바깥으로 나타나지 않기 때문이다!

수치와 부끄러움은 우리에게 낯붉힘을 일으키는 감정이다. 그런데 이 글에서는 수치는 '부정적인 의미' 맥락을 가진 것이고 부끄러움은 '긍정적'이거나 '중립적'인 의미 맥락에서 쓴다는 원칙을 견지하려고 한다. 간혹 원칙에서 벗어나면 글의 앞뒤에 그럴 만한 단서가 있을 것이라 짐작해주면 좋겠다.

부끄러움과 수치는 쓰이는 맥락이 다르지만, 둘 가운데 대표적인 언어 표현을 고를 때에는 '수치'로 쓰겠다. 부끄러움은 순 우리말이라서 애정이 가지만, 낯붉힘을 동반하는 이 감정은 주로 부정적인 느낌을 주기 때문에 수치를 택했다. 또한 수치羞恥라는 한자어는 치욕이나 굴욕 등의 의미와도 연관되어 있어서, 그 연속성을 살려보려는 의도도 있다.

우리가 앞으로 탐구할 낯붉힘의 감정인 수치는 조금 특별한 감정이다. 수치는 넓이와 깊이를 모두 가진 감정이기 때문이다. '수치의 넓이'는 빛의 스펙트럼에 비유할 수 있다. 그 스펙트럼을 통해서 수치의 여러 의미가 발견된다. 예컨대 수치를 기준으로 삼아 한쪽에는 덜 부정적이고 해를 끼치지 않는 수줍음, 쑥스러움, 겸연쩍음 등과 같이 낯이 간지러운 감정들이 줄지어 있고, 그 반대쪽에는 수치를 포함해 치욕, 오욕, 모멸 등과 같은 독한 감정들이 늘어서 있다. 파란색과 빨간색이 겉보기에는 서로 다른 색이라서 같은 빛에서 나온 것이라고 믿기지 않듯이, 수치의 스펙트럼은 부정과 긍정을 아우르는 너른 넓이를 갖는다.

또한 수치에는 깊이도 있다. 실제로 관심을 끄는 것도 바로 '수치의 깊이'다. 이를 수치의 두 얼굴이라고 해서, 이 글의 모티프로 삼았다. '두 얼굴'이라고 하면 야누스Janus가 연상된다. 동전의 양면처럼 앞을 보는 얼굴과 뒤를 보는 얼굴이 한데 합해 있는 로마신화의 신이다. 야누스는 영어에서 1월을 가리키는 재뉴어리January의 어원이 된다. 1월은 특히 전 해의 묵은 12월을 바라보는 얼굴과 새로운 한 해를 바라보는 얼굴이 합쳐진 곳이라서 야누스 신의 얼굴과 닮았다.

그런데 수치의 두 얼굴은 왼쪽과 오른쪽의 수평으로 놓이지 않고 위아래의 수직으로 향해 있다. 아래를 바라보는 얼굴과 위를 바라보는 얼굴이 한데 합해 있는 것이다. 아래와 위에는 좌우처럼 단순한 위치가 아니라 상승과 하강, 숭고함과 비천함 등의 가치 평가가 담겨 있다. 그러므로 수치는 좋은 감정이면서 나쁜 감정이고, 우리를 상승시키는 감정이면서 추락시키는 감정이며, 높이 고양시키는 감정이면서 깔보고 욕보이는 감정이다. 어떻게 이처럼 상반된 것들이 하나로 묶여 있을까? 수치가 특별한 감정인 이유가 여기에 있다.

흔히 현대를 부끄러움이 사라진shameless 시대라고 하는데, 오히려 주변에는 부끄러움이 더 많다. 삶의 도처에서 부끄러움이 피어나고 있다. 부끄러움이 사라지고 없는데 부끄러움이 많다는 것은 단번에 이해하기 힘든 역설이다. 그 이유를 찬찬히 살펴보고자 한다. 부끄러움이 도처에서 피어나는 까닭은 수치의 위쪽 얼굴을 쳐다보았기 때문일 것이다. 인간이라면 가지고 있어야 할 부끄러움의 감정이 실종된 사태를 우려하고 걱정하는 사람의 내면에 수치가 얼굴을 드러낸 것이다.

수치를 모르는 파렴치한들이 많아질수록 수치의 위쪽 얼굴이 드러난다. 파렴치한의 내면이 아니라 그것을 바라보는 사람의 내면에서 부끄러움이 나타나는 것이다. 부끄러움을 느낄 줄 아는 사람은 부끄러움을 느낄 수 있는 '양심'이 있고, 그 때문에 고귀한 사람이다. 이들이 사라지는 시대가 온다면 세상은 무도無道하게 된다. 그러면 아무도 수치를 느끼지 않는다. 부끄러움이 사라진 시대가 된다.

수치의 두 얼굴을 살펴보려면, 서로 다른 얼굴이기 때문에 여러 각도에서 살펴보아야 오해를 피할 수 있다. 그래서 수치와 연관된 여러 학문들의 도움을 받았다. 이런 도움을 통해서 우리가 알고자 하는 바는 두 가지다. 하나는 수치가 우리의 내면뿐 아니라 사회 전체를 파괴하는 아주 유독한 감정임을 통찰하는 것이다. 그리고 다른 하나는 우리 자신의 성장과 발전의 기회뿐 아니라 사회가 지금보다 더 나아지기 위해서 수치(부끄러움)가 필요하기 때문이다. 요컨대 수치는 우리 자신과 사회 전체를 지금보다 더 나은 상태로 변화시킬 수 있는 힘을 가진 중요한 감정이기 때문에, 더 잘 이해해야 한다.

●

수치는 두 얼굴로 이루어져 있기 때문에 이를 이해할 때는 각 얼굴을 명확하고 섬세하게 파악해야 한다. 이러한 신중함을 바탕에 두고 이 글을 썼다. 글은 모두 다섯 개 장으로 이루어져 있고, 각 장에는 두어 개의 주제가 포함되어 있다.

1부인 '수치, 감정과 문화'의 두 주제는 과학과 언어학의 도움을 빌고 있다. 먼저 수치라는 감정을 지금 시대의 대표적인 언어인 과학의 언어로 탐색했다. 수치의 두 얼굴은 결국 한 머리에 달린 것이기 때문에, 둘의 공통된 부분을 객관적인 시선으로 바라볼 필요가 있다. 진화론과 신경생리학이 말하는 수치는 인간이 적응을 통해 진화하면서 신체 즉 뇌 속에 장착된 '이차 감정'이며, '공감 감정'이다. 이는 수치가 장착되면서 인간에게 사회적 존재라는 성격이 더욱 짙어졌다는 것을 보여준다. 인간과 사회가 더 이상 분리될 수 없듯이 수치와 사회는 떼어서 생각할 수 없다.

이어서 부끄러움과 수치의 어원을 짚어보고, 우리 한국인이 사용하는 수치의 스펙트럼에서 파생된 다양한 언어 표현을 언어학의 분류를 통해서 살펴본다. 그리고 문학 작품에서 신체를 매개로 부끄러움을 표현하는 방식을 살펴본다. 말미에 수치의 의미 지도를 그려서, 수치의 스펙트럼을 나타내고자 했다.

2부 '수치, 아래쪽 얼굴'에서는 수치의 아래쪽 얼굴을 살펴본다. 기독교의 에덴 신화를 분석해서 수치라는 타락 감정의 원형적 의미를 알아보고, 이런 원형이 신학과 문학에서 어떻게 해석되었는지 짚어봤다. 이제 수치는 '음탕한 성적 욕망'과 올바른 규범을 배신한 '죄의식'과 한데 묶이고, 온갖 부정적 감정의 우두머리가 되는 불명예를 뒤집어쓴다.

뒤이어 신화적이고 종교적인 관념으로 채색된 수치를 계승하고 단절하는 프로이트Freud의 정신분석학적 해석을 살펴본다. 수치는 인간이 짐승과 다른 존재가 될 수 있는 '정신의 댐'이며, 이 댐은 금수와 인간이 공유하는 리비도libido의 흐름을 통제해 인간을 만든다. 이런 해석은 수치를 신체(동물성)에 가두는 힘으로 보는 신화적 영향을 계승하면서도, 자연(동물성)과 단절된 인간 존재를 말하고 있다.

3부 '수치, 정체성과 병리'에서는 수치의 병리를 다룬다. 먼저 수치가 리비도를 막는 정신의 댐이 되면서 생겨난 나르시시즘의 문제를 제기한 정신분석학의 주장을 알아본다. 이어서 정신분석학의 패러다임을 가지고 해석하는 수치에 대한 다른 논의들을 살펴본다. 융Jung은 수치의 위쪽 얼굴을 제시했는데, 여기서 수치는 자신을 성장시키는 힘이 된다. 계속해서 나르시시즘의 성숙 여부가 개인의 발달과 성장을 좌우하는 데 핵심이라는 코헛Kohut의 논의로 나아간다. 코헛의 주장에 따르면 나르시시즘이 성숙하지 못하면 수치가 파괴적인 감정이 되고, 성숙할수록 수치는 자기의 이상을 실현하는 긍정적 역할을 한다.

계속해서 현대 심리치료에서 다루는 수치의 문제를 살펴본다. 일상에서 덜 병리적으로 경험하는 수치의 느낌에서부터, 유독한 수치가 생겨나는 이유와 그 병리적 상태를 알아본다. 여기서 수치는 '악마'가 된다. 수치를 신화적으로 분석한 까닭은 그 원형적 관념이 이렇게 이어지고 있음을 보이기 위해서다.

4부 '수치, 위쪽 얼굴'부터는 수치의 위쪽 얼굴을 살펴본다. 그리고 서양의 신화와 과학에서 동양의 유교 사상으로 무게 중심을 옮긴다. 유교 사상에서 수치는 인간의 내면에서 자연스럽게 피어나는 선을 지향하는 경향 속에서 파악된다. 이른바 의로움(정의)이라는 사회적 규범을 자율적으로 조절하는 감정이 수치다. 또한 수치의 자각과 각성에 따라 한 사람의 성장이 결정되므로, 수치는 수양에 꼭 필요한 조건이 된다.

이어서 수치에 대한 자각이 없거나 그런 감정을 의도적으로 무시하는 사람들을 가리키는 '소인'이나 '비인非人'같은 전통 철학의 용어를 현대적으로 해석한다. 이들을 '반사회적 성격 장애'를 지닌 사람이라 해석하고, 좀 더 일반적이고 대중적인 용어인 사이코패스에 대해서 살펴본다.

5부 '수치, 대안의 길'은 계속해서 수치의 위쪽 얼굴이 우리의 문화에 어떤 영향을 미치고, 문화유전자로 계승되었는지 살펴본다. 이를 '수치의 철학화'와 '수치의 미학화'라는 이름으로 부른다. 수치의 각성으로부터 고상한 수준으로 자신을 성장시키는 수양론의 성립은 수치의 철학화가 거둔 성과다. 또한 부끄러움이 없는 삶을 희구하는 염원은 수치를 미학화해 절제와 소박의 문화 형식을 만들어낸다.

이러한 수치의 철학과 미학은 우리 현대사에까지 이어졌는데, 이를 유명한 시인과 정치가들의 삶과 같은 역사적 사례로 살펴본다. 마지막으로 수치를 모르는 시대가 생겨난 이유의 최종적인 답을 짚어보고, 수치를 이용해 사회적 규범을 파괴하는 다양한 수준의 적들을 처리하고 다루는 방법에 대해 모색해본다.

●

수치를 잘 이해한다는 것은 단순히 감정들 가운데 하나를 이해하는 의미가 아니다. 인간은 본래 아래에서 위로 향하는 상향의 충동이 있는 존재다. 그러나 이 충동은 연약하기 때문에 잘 돌보지 않으면 수치라는 이름의 독성이 되어, 스스로를 파괴하는 하향의 충동으로 변질된다. 우리가 돌봐야 하는 것은 위로 오르다 추락하는 좌절을 이겨내지 못하고, 오르기를 포기한 채 고개를 처박자 생겨나는 수치다. 수치를 정확히 알면, 인간을 속박하는 가장 굵고 단단한 힘에서 벗어날 수 있다.

인간은 홀로 존재하는 것이 아니라 환경과 함께 산다. 인간은 자연의 아들딸로 태어나지만, 그와 동시에 사회의 일원으로 태어난다. 자연과 사회가 모두 인간의 환경이다. 자연 환경을 보호하고 가꾸지 않으면 인간의 생존이 위태로워지는 것처럼, 사회 환경도 보호하고 가꾸지 않으면 인간의 생존을 보장받을 수 없다. 사회 환경이 위험에 빠질 때 우리 내면에서 흘러나오는 신호가 바로 수치다. 이때는 수치보다는 부끄러움으로 부르는 편이 더 좋을 것 같다. 이 부끄러움에 대한 각성으로 인간의 내면과 그것의 표출인 행동은 변화를 시작하고, 그 방향은 위로 향한다.

인간은 위로 향할수록 내면은 더 관대해지고 타인과 친화를 이룬다. 더불어 자신의 경계가 넓어지면서 사물들과 온화하며 평화로운 교제를 나눌 수 있다. 그래서 부끄러움을 모르는 시대는 인간을 불행하게 하고, 세상을 불화로 넘치게 한다. 하지만 부끄러움은 인간인지 아닌지를 가리기 힘들었던 먼 조상 때부터 목숨을 걸고 지켜온 덕에 우리 안에 장착되어 스스로 솟아나는 한 모금의 샘과 같은 것이다. 메마른 인간을 적셔주고 냉랭한 관계에 온기를 돌게 해주는 감정이 바로 부끄러움이다. 그래서 이따금 신의 목소리처럼 들리기도 한다.

이제 수치의 두 얼굴이 어떤 모습인지 찬찬히 살펴보자.

신축년 봄 청계산 아래에서
이창일

수치,
감정과 문화

지금부터는 '부끄러움'이라는 감정을 신경과학의 관점에서 살펴보고,
이어서 구체적인 한국의 문화적 맥락에서 부끄러움이
어떤 의미 맥락을 이루고 있는지 살펴본다.
말미에서 우리 한국 사람들이 일상 언어에서 실제로 사용하는
부끄러움의 생동감 있는 의미를 찾고,
이를 '수치의 의미 지도'로 작성해본다.

1장
부끄러움의 감정

부끄러움, 복잡한 이차 감정

부끄러움은 인간이 가진 감정의 한 종류다. 그런데 어떤 사람들은 부끄러움을 '감정'이라기보다는 '감정 상태'라고 보기도 한다. 그 차이는 인지적 요소가 있느냐 없느냐에 있다. 감정 상태는 배고픔, 피로, 고통 등의 신체적 감각에 해당한다. 이에 비해 기쁨, 슬픔, 분노, 역겨움, 흥미, 두려움 등은 감정에 속한다. 단지 신체적 감각만이 아니라 생각의 과정, 곧 인지적 요소가 개입되어 있다. 이를 일차 감정으로 구분한다. 이에 그치지 않고, 자기 인식(스스로의 존재를 확인하는 전체적인 느낌과 생각. 자의식이라고도 한다)이 개입하는 부끄러움, 죄책감, 자긍심 등과 같은 감정도 있다. 이들은 이차 감정이다. 그렇다면 부끄러움은 감정 가운데서 좀 더 복잡한 쪽에 속한다. 말하자면 즉각적인 신체적 표현도 아니고, 무언가 심리적 요인이 담긴 '감정'이면서도 여기에 '자의식'까지 더해진 더욱 고등한 감정이다.[1]

강아지를 보면 배고픔과 같은 감정 상태가 있고, 가끔 울거나 기쁜 표정을 지으니 감정도 있는 것 같다. 그렇다면 부끄러움도 가지고 있을까? 아무 데나 실례를 해대는데 말이다. 하지만 말썽을 부리고 나서 혼나면, 고개를 숙이고 눈을 내리깔며 혹 반성하는 기미를 보이니 죄책감을 느끼는 것도 같다. 다만 진짜로 그런 감정을 느끼는 것인지는 잘 모르겠다. 더구나 자신을 아는 자의식이라니, 강아지에게도 자의식이 있을까?

감정 상태, 감정, 자기 인식이 개입한 감정 등과 같은 정밀한 구별은 잘 정리된 사고의 논리적인 흐름을 만들기 위한 것이기에 연구를 위해서는 꼭 필요한 중요한 절차다. 하지만 그 구별 방식에 모든 연구자들이 다 동의하는 것은 아니다. 다만 여기서는 감정이란 질적으로 구분되는 여러 단계가 있으며, 부끄러움은 위 단계에 속하는 좀 고등한 감정이라는 것을 알고 지나가자.

이러한 감정에 대해 알기 위해서는 무엇보다도 감정이 일어나는 마음을 먼저 알아야 한다. 마음이 무언지는 인류가 생겨난 이래 한 번도 멈춤 없이 제기되어 온 의문이다. 하지만 자신에게 마음이 없다고 생각할 사람은 없을 것이다. 게다가 생각한다는 것조차도 마음이다. 가만히 눈을 감고 내면을 들여다보면, 앞서 말한 감정 상태와 감정들뿐 아니라 이런저런 생각이 잠시도 쉬지 않고 출몰한다. 이 움직임 전체가 마음이 아니고 무엇이겠는가?

과거에는 마음에 대해 체계적으로 생각하는 일이 전적으로 철학자들의 소관이었다. 그런데 지금 우리는 철학자가 아니라도 마음이 어떤 것인지 알고자 한다면 마음이 들어 있는 머릿속 뇌를 들여다볼 수 있는 시대에 산다. 우리의 눈을 즐겁게 해주고 호기심을 한껏 불러일으키는 SF 영화에서 이런 일은 너무도 흔한 장면이다.

마음속에서 일어나는 각종 감정들은 스크린에 시각적으로 잘 표현되어 있을 것이다. 기쁨은 3D로 정교하게 그려진 뇌 영상의 어디 한 부분이 깜빡이고, 분노는 또 어디 한 부분이 빛나고 하는 식으로 말이다. 특히 일차 감정은 인간뿐 아니라 강아지와도 공유하는 것이기 때문에, 더 선명하고 단순하게 표현될 것 같다. 고등한 감정도 마찬가지의 방법으로, 뭔가를 보여줄 것이다. 그런데 이런 생각은 영화 속 공상으로 그치는 것이 아니라, 실제로 현실에서 일어나고 있다.[2]

이런 식으로 마음을 이해하는 방식은 과학적 방법을 따른 것이다. 그리고 그 방법은 다소 물질적인 특성을 지니고 있다. 보이지 않는 마음의 세계를 보이게 하는 물질, 곧 뇌를 통해 이해하는 이른바 과학적 유물론의 방식이 선호되기 때문이다. 우리가 사는 특정한 시대는 이런 방식으로 마음을 이해하고 있다. 앞서 감정 상태나 감정은 비록 인지적 요소의 개입 여부로 구분된다지만, 신체와 분리되어 있지는 않은 것이었다. 그렇다면 감정을 알기 위해서는 그것이 우리의 몸과 완전히 구분되지 않는다는 관점을 가져야 할 것이다. 부끄러움이라는 고등한 감정도 우리 얼굴을 벌겋게 달구지 않던가?

마음을 닦는 학문, 심학

감정을 다루는 학문은 수천 년 전부터 서양에서는 심리학psychology의 영역이라고 보았고, 동양에서는 심학心學이라고 불렸다. 심학이라는 명칭은 천 년 전부터 유행한 것이고, 그 전에는 없었다. 학문이란 당연히 마음을 다스리는 활동이었기 때문에 굳이 그런 명칭이 필요 없었을 것이다.

명칭만을 보면 이른바 심학은 다른 어떤 사상체계에서보다 불교에서 치열하게 발달한 것이고, 지금도 그에 대한 탐구의 결과물은 과학적 방법으로 접근하기 어려울 정도로 깊고 넓다. 불교의 탐구가 과학과 갈등하지 않고 조화를 이루는 것도 흥미롭다. 과거 과학은 기독교 신학의 눈을 피해 목숨을 걸고 하는 학문이었기 때문에 더욱 그렇다. 앞으로 불교의 연구 결과들은 과학의 발달에 보탬이 되는 흥미롭고 놀라운 연구 방향을 제시할 것으로 기대된다.

불교에서는 붓다가 초기에 설법한 경전인 《숫타니파타》에 한 가지 주제로 등장하는 것을 빼고는 부끄러움에 대해 집중적으로 말한 경우가 많지 않다.3 역사적으로 부끄러움이라는 감정에 관심을 집중한 경우가 있을까 싶을 정도로 희귀해 보인다. 다만 《숫타니파타》에서 부끄러움을 '마음이라는 복전福田을 경작하는 수행'에 빗대서 쓴 것이 유명하니, 한 구절 음미해 보자.

붓다가 바라문 마을에 머물 때, 바라문인 바아라드바아자가 농사를 짓고 있었다. 그는 음식을 나누는 자비행을 했는데, 붓다도 줄을 서서 음식을 받고자 했다. 하지만 그 바라문은 이를 알고 마치 '일하지 않으면 먹지 말라'는 투로 '당신도 밭을 갈고 씨를 뿌려 먹으라'고 한다. 그러자 거룩한 스승(붓다)은 '나 또한 농사를 짓는다'고 하며 가르침을 베푼다. 붓다의 육성이다.

> 밭을 갈던 바라문 바아라드바아자는 스승에게 여쭈었다. "농부라고 자칭하시지만, 우리는 밭 가는 것을 본 일이 없습니다. 당신이 밭을 간다는 것을 우리들이 알아듣도록 말씀해 주십시오." 스승은 대답했다. "믿음은 종자요, 고행은 비이며, 지혜는 내 멍에와 호미, 부끄러움은 괭이자루, 의지는 잡아매는 새끼, 생각은 내 호미 날과 작대기입니다. … 이 밭 갈이는 이렇게 해서 이루어지고 단 이슬(감로ᄇ露)의 과보를 가져오는 것입니다. 이런 농사를 지으면, 온갖 고뇌에서 풀려나게 됩니다."[4]

마음을 닦는 것을 농사에 비유하면서, 부끄러움이 농사에 중요한 도구라는 것을 쉬운 말로 알려준 구절이다. 이러한 가르침은 부끄러움이 어떤 감정인지를 암시하고 있다. 그런데 여기서 보다 관심을 갖고 들여다보고자 하는 학문은 불교가 아니라 유교의 심학이다. 유교에서는 공자의 후예이자 '유교의 이상주의자'로 평가받는 맹자가 부끄러움을 매우 중요한 감정으로 생각했다.

우리나라에서 중고등 교육 과정을 받은 사람이라면, 잘 기억하지 못할 뿐 사단四端이라는 말을 모두 듣고 컸다. 사단은 '네 가지 실마리'라는 뜻으로, 사람의 마음에서 바깥으로 비쭉 드러나 있어 이 실마리를 첫머리로 삼으면 그 근원을 찾아갈 수 있다. 탐정이 작은 실마리를 단서로 삼아 사건을 일으킨 근원까지 도달하듯 이 실마리를 되감아 가다 보면 마음의 근원에 이를 수 있다고 본 것이다. 이 네 가지 실마리 가운데 부끄러움의 실마리가 있다. 수오지심羞惡之心이라고 하는 이 실마리를 되감아 가면, 뜻밖이지만 고개가 끄떡여지는 '의로움(정의)'이라는 덕성을 찾을 수 있다.

불교보다 유교에서 부끄러움이라는 감정에 주목한 까닭은 그 가르침에 대한 개성에서 비롯되었다. 인간 사회에 대한 강렬한 관심이라는 측면에서 보자면 불교보다는 유교 쪽의 손을 들어주게 되기 때문이다. 이처럼 부끄러움을 포함한 감정을 다루는 심학이 오래전부터 동양에서 발달해 있었다는 사실은 부끄러움이 중요한 감정이라는 것을 보여준다. 이러한 심학은 인간성의 토대를 연구하는 철학이나 교육학을 통해 오늘날에도 계속 음미되고 있다.

프시케와 마주하는 학문, 심리학

서양에서 심리학psychology은 프시케psyche를 연구하는 학문이라는 뜻이다. 현대까지 이어져 온 유서 깊은 학문 명칭이다. 옛 그리스의 말인 '프시케'는 서양 역사에서 다양한 의미로 옮겨 전해지다가 오늘날 영어에까지 이어진다.《마이크로소프트 시소러스Microsoft Thesaurus》에

1부. 수치, 감정과 문화

서 프시케는 이런 뜻을 가진다.

> self참나(자기): atman아트만, soul영혼, spirit정신; subjectivity주관성: higher self상위의 자기, spiritual self영적 자기, spirit정신.

'참나' 혹은 영혼을 뜻하는 아트만이라는 인도 문명의 말을 제외하고는 모두 우리에게 이미 익숙한 말이다. 심리학이 프시케를 연구하는 학문이라면, 그것은 곧 영혼, 정신, 참나(자기) 등을 연구한다는 의미다. 이 시소러스에는 나오지 않았지만, 마인드mind까지 포함해서 심리학이란 마음mind, 영혼(정신)을 연구하는 학문이다. 이는 심학의 '심心'과 같다. 심은 네 개의 공간이 있는 심장을 상형한 글자로, 감정뿐 아니라 이성은 물론 영혼까지 모두 포함하기 때문이다.

이러한 동서의 전통은 물질의 미시 차원을 관찰할 수 있는 엄청난 능력을 갖게 된 오늘날에 이르러 프시케(마음)의 소재지, 곧 마음이 깃들어 있는 물질적 형태인 뇌에 대한 관심으로 확장되어갔다. 사회생물학sociobiology의 창시자인 에드워드 윌슨Edward Wilson은 마음의 거주 장소가 원천 물질이라면, 그 마음에는 직접 들어갈 수 없고 뇌를 탐구해 돌아 들어갈 수 있을 뿐이라는 의견을 피력하며, 다윈Charles Robert Darwin이 1883년에 적어 두었던 노트의 한 구절을 인용한다.

> 비비원숭이를 이해하는 사람은 존 로크보다 형이상학 연구를 더 많이 한 사람이다.[5]

철학에서 대대로 연구해온 주제인 마음을 이제는 과학적 방법론을 통해 연구하는 시대가 되었다는 초창기 신념을 잘 표현한 말이다. 사정은 당시보다 더 좋아져서, 현대인들은 이런 과학적 관점에 충분히 공감한다. 과학적 방법론을 추구하는 현대의 심리학에서는 뇌와 같은 프시케의 생리학적 토대를 연구하는 생리심리학이 있지만, 지금에는 뇌만을 전문적으로 다루는 '뇌학'이 뇌과학(신경과학)의 이름으로 독립되어 있는 형편이다. 오늘날 누군가 감정을 다루고 마음을 이야기할 때 뇌를 빼놓고 무언가 의미 있는 말을 할 수 있다고 생각한다면, 아마도 현대인의 마음을 가진 이가 아닐 것이다.

신경과학(뇌과학)은 아직 프시케의 여러 차원에 대해서 명확한 이야기를 하지는 못하지만, 적어도 감정에 대해서는 많은 연구를 진행시켜왔다. 신경과학에서 말하는 감정은 신체의 언어다. 다시 말해 뇌를 포함한 신체의 움직임에 대한 이미지가 곧 감정이다. 이러한 최신의 '신체적 감정론'은 다윈의 신선한 통찰로부터 시작되었다.

감정은 신체 표현에 종속된다

다윈은《인간과 동물의 감정 표현》에서 일차 감정은 감정으로부터 신체 상태가 변화되는 것이 아니라, 신체 변화가 감정을 일으킨다는 관찰 결과를 보여줬다. 이른바 '무서워서 도망치는가, 도망치니 무서워지는가?'에 대한 다윈의 견해다.

감정을 겉으로 자유롭게 표현하는 것만으로도 감정은 강화된다. 또한 표현을 억압하면 우리의 감정도 누그러진다. 폭력적인 몸짓에 굴복하는 사람이라면 스스로 더욱 더 화가 날 것이다. 공포를 드러내놓고 표현하지 못하면 더 큰 공포를 체험할 것이다. … 이런 것들은 모든 감정과 이를 표현하는 것 사이에 존재하는 긴밀한 관계에서 생겨난다. 마음은 뇌에 대한 표현 노력의 직접적인 영향으로부터 생겨난다. 따라서 감정을 흉내 내기만 해도 우리는 마음속에서 이 감정이 피어나는 경향이 있다.[6]

땅을 치는 슬픔은 작은 슬픔이 아니다. 작다면 땅을 치는 커다란 표현은 어려울 것이기 때문이다. 그리고 입술을 깨물면 슬픔도 잠시 억압할 수 있다. 화가 치밀지만 여의치 않은 상황 때문에 움츠려야만 하는 사람은 거의 '미치고 팔짝 뛸' 정도가 된다. 게다가 슬픔을 흉내 내기만 했음에도 내 마음도 따라 슬퍼지곤 한다.

흔히 감정으로 인해 몸이 그 감정을 표현한다고, 즉 신체적 표현을 한다고 생각한다. 하지만 다윈은 신체 표현의 변화가 감정을 불러일으킨다고 본다. 도망치고 나니 무서워진 것이다.

이와 관련해서 "소리치기 때문에 비참하고, 때리기 때문에 화가 나고, 떨기 때문에 무섭다"라는 유명한 말을 남긴 윌리엄 제임스William James도 다윈과 같은 생각을 가지고 있다. 그는 급한 심장박동의 느낌, 얕은 호흡의 느낌, 떨리는 입술의 느낌, 힘 빠진 사지의 느낌, 소름 돋는 느낌, 내장 휘젓는 느낌 등이 없어진다면 공포 감정도 사라진다고 봤다. 감정이 먼저가 아니라 신체(생리)의 표현이 먼저라는 것이다.

윌리엄 제임스가 제안한 실험을 살펴보자. 일단 우리가 어떤 일로 화가 치밀어 오르고 있다고 가정한다. 그 감정과 연관된 모든 생리적 변화를 없애도록 시도한다. 박동치는 심장이 조용해지고 긴장된 근육이 이완되고 상기된 얼굴이 냉정을 되찾는다. 생리적 변화가 없는 상태에서 분노를 유지하는 것은 상상으로도 힘들다.[7]

이런 실험을 어디선가 들어본 적이 있는 것 같다. 당장 고통과 같은 스트레스를 줄이기 위해 명상에서 이런 방법을 사용한다. 심호흡을 하며, 고통의 진원지를 넓히지 말고 줄여가면서, 들뜬 마음의 흥분을 가라앉히는 것이다. 그러면 고통이 차츰 경감된다.

> 상식으로 우리는 재산을 잃었기 때문에 슬퍼져서 운다고 말한다. 또는 곰을 만났기 때문에 소리쳐 놀라고 도망친다고 말한다. 그리고 적에게 모욕당했기 때문에 화나고, 그래서 때린다고 말한다. 그러나 여기서 옹호해야 할 가설은 이런 연결 순서가 틀렸다는 것이다. … 우리가 애석하고 화나고 두렵기 때문에 각각의 경우에 따라 울고 때리고 덜덜 떠는 것이 아니라, 울기 때문에 슬픔을 느끼고, 때리기 때문에 화나고, 떨기 때문에 무섭다는 것이다.[8]

이와 같은 감정 이론은 윌리엄 제임스와 유사한 이론을 제출한 덴마크의 심리학자인 칼 랑게Carl Lange의 이름까지 합쳐서 '제임스 – 랑게 이론'이라는 명칭으로 불리고 있다. 위에서 예를 든 고통뿐 아니

1부. 수치, 감정과 문화

라 행복이나 사랑, 욕정과 불안 등의 감정이 물밀 듯 밀려올 때, 갑자기 찬물로 샤워하는 상상을 해 방금 느끼던 황홀감의 생리적 신호를 없앤다면 계속해서 황홀감에 젖어 있을 사람은 거의 없을 것이다. 이러한 제임스-랑게 이론은 감정이 신체의 표현을 유발한다는 상식을 깨트리면서 반전의 묘미를 줘 유명세를 탔다.

신체와 감정은 분리될 수 있다

이어서 뇌의 기능에 대해 좀 더 이해가 깊어지자 새로운 사실이 발견되면서 또 다른 이론이 대두되었다. 1927년 미국의 생리학자인 월터 캐논Walter Cannon과 그의 제자 필립 바드Philip Bard가 제기한 '캐논-바드 이론'이다. 이 이론은 '생리적 변화를 감지할 수 없더라도 감정을 경험할 수 있다'고 주장한다.

제임스-랑게 이론에 따르면 감정의 경험은 뇌가 몸의 생리적 변화를 감지해 나타나는 것이다. 즉 "떨기 때문에 무섭다". 그러나 척수(자율신경계)를 절단한 동물은 그렇지 않은 사례다. 척수 절단으로 아래 부분의 감각을 제거했지만 감정까지 제거된 것으로는 보이지 않았다. 동물들은 상체 혹은 머리의 근육을 어느 정도 조절하는 등 여전히 감정을 경험하고 있는 징후를 보였다. 더욱이 척수가 절단된 사람들에게서도 감정이 줄어들지 않았다. 감각을 제거해도 감정이 제거되지 않은 것이다.[9]

또한 감정의 경험과 신체의 생리학적 상태 간에 신뢰할 만한 연관성도 없다. 공포는 심장 박동과 땀 분비를 증가시키고 소화를 억제시킨다. 그러나 이러한 생리 변화는 분노나 심지어 발열과 같이 감정이 실리지 않는 병적인 상태에서도 동반된다. 두려워하지 않은 상태에서도 공포를 느낄 때와 동일한 생리적 변화가 발생한다면, 어떻게 공포가 생리적 변화의 결과라고 할 수 있을까?

새로운 이론은 감정 변화에 뇌의 특정 부위, '시상'[10]의 역할에 주목했다. 감각 정보가 대뇌에 입력되면 이것이 특정한 신체 변화를 유발한다는 것이다. 하지만 캐논은 이런 자극 – 반응의 신경 회로에서 감정을 제외했다. 감정은 감각 수용체로부터 직접 또는 대뇌피질로부터의 신호가 시상에 도착하면 발생한다. 다시 말하면, 감정의 특징은 시상의 활성화 양상에 의해 결정된다. 예를 들어보자.

어떤 젊은 여성이 산책을 하다가 길에서 뱀을 보고 두려움을 느꼈다. 제임스 – 랑게 이론은 뱀을 지각하고 반응을 한다. 말하자면 신체와 내장 반응(흠칫하고 긴장된다)을 한 뒤에 뇌에서 두려움의 감정을 경험한다. 이에 비해 캐논 – 바드 이론은 뱀을 지각하고 이것이 두려움을 유발하고 이어서 신체와 내장 반응이 나타난다.

캐논 – 바드 이론은 우리의 상식을 다시 옹호한다. 우리는 두려워서 떨었던 것이다. 뱀에 대한 지각에서 두려운 감정은 거의 동시에 발생한다. 캐논은 자율신경계를 차단해도 정서가 경험된다고 주장하면서 정서는 시상이 매개한다고 보았다. 캐논의 제자 바드는 그 이후에 시상하부가 정서를 매개하는 데 중요한 역할을 한다고 보았다.

결과적으로 감정의 상태는 대뇌의 피질에 영향을 미치는 시상 및 시상하부[11]로부터 비롯되며, 시상은 감정의 경험을 제어하고, 시상하부는 감정의 표현을 제어한다. 이러한 말들이 뜻하는 바에 대해서는 일단 괄호에 넣자. 중요한 것은 이제 감정의 이해는 뇌에 의하지 않고는 알 수 없는 시대가 왔다는 것이다.

뇌, 감정의 집

앞서 말한 일차 감정에는 공포, 노여움, 역겨움, 놀람, 슬픔, 기쁨 등이 속한다. 이를 감지하는 뇌의 언어로 표현하면 변연계 회로, 편도체, 전측 대상피질 등에 의거하는 이미 조직된 본유감정들이라고 할 수 있다. 이런 용어들이 낯설게 느껴질 수 있지만, 식재료가 되는 돼지의 다양한 부위들도 자주 먹다 보니 구별할 수 있게 되었듯이 그 분야의 특별한 용어 정도로 너그럽게 받아들여줬으면 한다. 다음 설명에서는 뇌의 '부위', 곧 구조와 기능에 대해서 가장 짧게 짚어봤다.[12]

동물과 같은 생명체는 세포로 이루어져 있고, 뇌도 세포로 이루어져 있다. 식물은 뇌가 없고 동물만 뇌가 있는 것으로 보아, 움직이기 위해 신경과 뇌가 진화한 것으로 여긴다. 뇌의 세포는 신경세포라 하며, 본래 말대로 **뉴런**neuron이라 부르는 편이다. 뉴런들은 서로 떨어져 있는데, 그 끄트머리가 서로 연결되어 정보를 주고받는다. 이 연결 부위를 **시냅스**synapse라고 한다. 뉴런이 천억 개 정도이고, 시냅스는 대

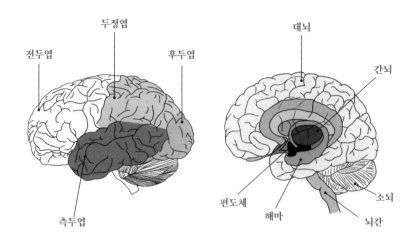

두정엽　전두엽　후두엽　측두엽　대뇌　간뇌　소뇌　편도체　해마　뇌간

략 천조 개다. 우리 은하에 있는 태양과 같은 별의 수가 천억 개라니, 뉴런 수와 비슷하다. 별이 모여 우리 은하를 형성하듯, 모든 뉴런들이 서로 연결된 연결망에 대한 전체적 지도를 **커넥톰**connectome이라 한다. 우리의 의식이 생겨나는 물리적 기반이다.

호두 모양의 뇌를 위에서 보면 좌뇌와 우뇌로 나뉘어 있고, 옆에서 보면 아래에서부터 뇌간, 간뇌, 소뇌, 대뇌의 네 부분으로 되어 있다. **뇌간**腦幹은 줄기 모양을 한 뇌의 가장 원시적 부분이다. 호흡, 순환, 소화 등의 기본적 생명 현상을 관장하는 생명 유지에 가장 중요한 부분이다. 대뇌나 소뇌가 손상되어도 생명에는 지장이 없으나 뇌간이 손상되면 그것으로 끝이다. **소뇌**는 뒤쪽 부분에 호두처럼 생긴 뇌다. 운전을 하거나 기타를 칠 수 있는 운동 기억과 운동 조절을 담당한다.

간뇌^{間腦}는 말 그대로 소뇌와 제일 위쪽의 대뇌 사이에 위치하며 시상, 시상하부, 뇌하수체[13] 등이 여기에 속한다. 감각 정보와 운동 정보를 분류하고 전달하며, 항상성 유지, 생체 호르몬 분비 등을 관장한다. **대뇌**는 바깥의 대뇌피질[14]과 안쪽의 변연계[15]로 나뉜다. 변연계는 감정을 담당하고, 대뇌피질은 사고를 담당한다.

변연계는 해마와 편도체로 구성되어 있다. '해마^{海馬}'는 기억을 담당하고 편도체는 감정을 담당한다.[16] 기억과 감정은 밀접해서 생존에 도움을 줘서 진화한 것이다. 뱀에 물리면 죽는데, 공포라는 감정은 뱀에 물리지 않도록 생존에 도움을 주기 때문이다.

'**대뇌피질**'은 네 부분으로 되어 있다. 앞쪽은 '뇌속의 뇌'라고 불리는 전두엽이다. 높은 단계의 뇌로 운동피질이며, 판단과 집행을 맡고 있다. 위쪽은 두정엽이며 감각과 느낌, 감각피질 공간정보 등을 담당한다. 측두엽은 언어, 청각, 후각, 기억 등을 주관하고, 후두엽은 시각을 담당한다.

뇌간과 간뇌는 현재의 생존에 관계하고, 변연계는 과거에 감정을 입혀 기억으로 저장하며, 대뇌는 이들을 토대로 미래의 전략과 행동을 결정한다고 볼 수 있다. 이 토대 위에 의식과 자아가 탄생한다. 뇌의 여러 부위는 독립적이기보다는 연합, 곧 협업하는 것이 가장 큰 특징이다. 특정 부위의 기능만이 아닌 다른 기능까지 함께 소화해내는 것이다. 여기서도 자연의 경제학을 볼 수 있다.

뱀을 보고 느낀 두려움과 공포를 뇌의 언어로 표현해보자. 눈이 외부 사물을 포착해서 크기와 형태(막대기 정도 크기의 길쭉한 모양), 동작

(유동적인 움직임), 특정한 소리(풀이 난 바닥을 쓸고 가며 내는 음향), 몸 상태의 움직임(심장박동, 발작, 호흡, 혈액, 혈관의 변동, 침샘, 눈동자 등의 변화)의 반응들을 수집한 '뇌섬'이 바로 옆의 변연계의 편도체에 전달해 일어난다.[17] 동시에 뇌섬에서 전운동피질 및 운동피질로 전달되어 공포 표현과 관련된 해당 근육을 움직여 표정, 몸짓, 비명소리, 쭈뼛 선 머리카락, 피부의 소름 등의 외적 신체 변화를 동시에 야기하며, 혈색과 호흡 등의 외적 변화와 통합된다. 이 모두는 신체의 크고 작은 '운동'이다.

일차 감정은 진화상 오래되었고, 고등동물들이라면 다 가지고 있는 원시적 감정들이다. 따라서 일차 감정은 변연계 회로의 주요 부위만으로도 다 감당된다. 그런데 여기에 아직 부끄러움은 출현하지 않았다. 앞서 말한 것처럼 이차 감정에 해당하기 때문이다.

부끄러움, 사회적인 감정

이차 감정은 원시적이지 않다. 예를 들어 부끄러움이라는 감정을 느낄 때는 무언가 '인지적 원인'이 신체를 변화시키는 경우다. 뱀을 보고, 시를 짓는 것이 아니라면 부끄러워할 사람이 있을까? 만일 부끄러움이 느껴진다면 이는 일차적인 것이 아니라 이차적인 어떤 인지적 요인이 개입한 것이다. 인지적 요인은 생각의 과정이며, 생각은 그것이 배경을 이룬 장구한 문화적 배경과 언어를 전제하므로 폭넓은 의미로 사회적이라고 할 수 있다. 따라서 이차 감정은 사회적 원인에 의한 것이다. 뱀을 보고 부끄럽다면, 뱀은 단지 내면에 놓인 심상을 꺼내기 위한 자극에 불과한 것이다. 그 심상의 성격은 그 사람의 경험이 담긴 사회적인 것이다. 그런데 원인은 의식적이었지만, 신체 변화는 무의식적이다.

어떤 사건에 따라, 그것이 내면이든 외면이든 마음속에 부끄러움이 일으켜지면, 심장이 뛰고 피부는 상기되며 얼굴 근육은 긴장되고, 장기와 뼈 근육, 내분비선의 기능이 심하게 변화하고, 머리가 수그러지든지 입술을 꾹 다물든지 하는 여러 신체 변화가 나타날 것이다. 이러한 이차 감정, 곧 사회적 감정들에는 부끄러움을 포함해서 동정심, 쑥스러움(부끄러움 계열의 감정), 죄책감, 자만심, 질투심, 시기심, 감사함, 경탄, 공분, 경멸 등이 있다. 그런데 흥미롭게도 이차 감정은 기존 일차 감정의 작동 원리에 대응시켜 그 메커니즘을 활용하며 나타난다.

이것은 인간이 입을 먹을 때만 쓰는 것이 아니라 말을 하는 데 쓰는 것과 같다. 입뿐 아니라, 눈은 사물을 보기 위할 때만이 아니라 심미적 감상에 동원되고, 손도 뭔가를 쥘 때뿐만이 아니라 시를 쓰기 위해 펜을 잡는 데 사용되는 것과 같이, 경제적인 쓰임을 좋아하는 자연의 운용방식이다.

그러나 일차 감정과 이차 감정이 같은 메커니즘을 공유하는 것만은 아니다. 보다 고차적인 감정의 경우에는 좀 더 고차적인 메커니즘을 덧붙이기도 한다. 부끄러움이 그와 같다. 그래서 이차 감정이지만 그 안에서도 좀 더 고등한 자리를 차지한다. 이를 뇌의 언어로 말하면, 일차 감정의 토대가 되는 변연계의 구조로는 이차 감정의 과정을 뒷받침하기에 충분하지 않다. 여기서 등장하는 것이 뇌의 가장 고등한 구조인 **전전두피질**[18]이다.

> 변연계의 연결망은 확장되고, 그리하여 전전두피질과 체성감각피질의 작동을 요구한다.[19]

여기서 체성감각피질은 피부 감각을 담당하는 제1체성감각피질이 아니라, 내장과 내부 근육을 담당하는 제2체성감각피질을 가리킨다. 그리고 전전두피질은 행위와 감정을 판단하고 조절하며 사회적 행위를 조정하고 집행하는 일을 한다.

이제 우리는 신체적 감정, 곧 신경과학을 중심으로 한 생리학의 언어로 감정이 어떤 것인지 결정을 내려야 할 때가 된 것 같다.

감정의 출현

신경과학의 관점에서 감정은 뇌 속에서 일어나는 미시적인 사건들이 모여 출현한다. 이는 작은 지류들이 모여 하천이 되는 과정과 비슷하다. 그 첫 번째 지류는 자극이다. 이때 자극은 실제 감각으로 포착되는 것일 수도 있고 기억 속에 있는 것일 수도 있다. 부끄러움을 느끼는 현재의 사건일 수 있고, 오래전 경험했던 기억일 수도 있다.

이 자극은 뇌 속에 이미지를 형성한다. 이를 표상이라고 하며, 이 표상은 뇌의 감정을 촉발하는 부위들로 신경 신호의 형태를 띠고 전달된다. 시상하부, 뇌 앞쪽 깊숙한 부위, 중뇌 가장 윗부분 등의 부위들에 신경 신호가 전달되면, 그것을 탐지하고 활성화가 된다. 만약 MRI를 찍으면 이곳이 밝게 빛날 것이다. 특히 시상하부에서는 화학물질이 피 속으로 분비되는데, 옥시토신이나 바소프레신, 또 잘 알려진 도파민이 내장 기관을 변화시킨다. '사촌이 논을 사면 배가 아픈' 신경학적 이유는 이들 화학물질이 내장을 자극해서 생긴 결과다.

부끄러움이라는 감정은 다른 뇌 부위를 더 활성화시킨다. 보다 구체적으로 측두엽의 편도, 보조 운동 신경 영역, 대상 피질, 복내측 전전두피질 등이 부끄러움으로 활성화된다. 앞서 말한 것처럼 부끄러움과 같은 이차 감정, 말하자면 좀 더 고등한 감정은 전전두피질을 활성화시킨다. 이곳은 사회적 감정을 촉발하는 곳이며, 전달된 자극들의 '감정적 의의'를 탐지한다. 감정적 의의를 따지는 것, 곧 인지적 요소의 여부가 감정을 일차인지 이차인지 구별하는 기준이 된다.

부끄러움으로 얼굴이 붉어지거나 혀가 굳고 목이 메며, 어이없는 웃음이나 눈물이 맺히고, 회피하고 도망치는 까닭은 감정을 만들어내는 이들 뇌 속 부위들이 움직여서 생겨났기 때문이다. 감정을 신체 운동으로 부른 이유가 여기에 있다.

모든 감정에서 동시다발적으로 나타나는 신경 및 화학 반응은 일정 시간 동안 신체 내부 환경, 내장, 근골격계에 일정 유형의 변화를 가져온다. 그 결과로 표정, 목소리, 자세, 달리거나 얼어붙듯 꼼짝 않기 혹은 구애나 자식 돌보기 같은 특별한 행동 유형들이 나타난다. 내부 장기뿐만 아니라 신체의 화학 역시 동조한다. 감정은 바로 이와 같은 변화와 동요, 또는 신체적인 대격동을 말한다.[20]

타인과 나를 이어주는 거울뉴런

1922년 뇌과학의 역사에서 특이할 만한 발견이 있었다. 이탈리아 연구자 리촐라티는 원숭이의 뇌실험 중에 우연한 발견을 했다. 뇌를 구분해 붙인 F5라는 기호는 행동을 계획하고 선택 및 실행하는 일을 담당하는 신피질 부분의 복측 전운동피질 영역을 가리킨다. F5 영역은 손의 기본적인 운동(쥐기, 잡기, 찢기, 먹을 것을 입으로 가져오는 동작 등)을 부호화하는 일을 전담하는 수백만 개의 뉴런이 있는 곳이다.

어느 날 리촐라티 연구팀 가운데 하나가 오렌지를 잡기 위해 손을 뻗었다. 그와 동시에 뇌의 F5 부근에 전극을 꼽은 원숭이 한 마리로부터 어떤 신호음이 나는 것이었다. 그 소리는 원숭이가 제 손을 뻗어 물건을 잡을 때 나는 것이었다. 하지만 원숭이는 가만히 있었다. 그놈은 단지 사람이 오렌지를 잡기 위해 손을 뻗은 것을 보고만 있었을 뿐이었다!

실제 손을 뻗지 않았지만 단순히 보았다는 사실만으로도 손을 뻗

1부. 수치, 감정과 문화

은 것처럼 뇌가 활성화된 것이다. 원숭이는 사람의 손동작을 모사하고 그 손동작의 의미와 의도를 지각한 것이다. 원숭이의 전운동피질의 뉴런들은 실제 원숭이가 손을 뻗을 때나, 남의 행동을 보는 경우에도 마치 거울에 비친 것처럼 이를 복제하는 역할을 하는 뉴런이었던 것이다.[21] 이렇게 거울뉴런이라는 이름으로 뇌의 한 가지 숨겨진 비밀이 세상에 드러났다.

> 우리의 뇌 안에, 타인들의 행동과 감정을 명시적 반성매개 없이 내적으로 복제함으로써 타인들의 행동과 감정의 의미를 직접 이해하는 신경기제(거울기제)가 존재한다. … 이러한 이해에 개념적 추리는 필요치 않다. … 우리에게 타인들의 마음의 직접적인 경험적 파악을 가능케 해주는 기본기제는 개념적 추리가 아니라 거울기제를 통한 관찰된 사건들의 직접적 복제다. … 인간이 하는 사회적 상호작용을 생명이 없는 세계의 지각과 그토록 다르게 만드는 것은 우리가 타인들의 행동을 수행하기도 하고 우리가 유사한 감정을 체험하기도 한다는 것이다.[22]

거울뉴런은 신체운동을 시청각적으로 모사하는 것으로 우리의 교감, 공감 작용과 큰 관련이 있다. 부끄러움은 고등한 감정이고 이는 공감과 연관이 있기 때문에, 거울뉴런의 존재가 부끄러움이라는 감정을 과학적으로 잘 설명할 수 있게 해준다.

신체적 모사가 뇌 속에서 이루어지면 자신에게 신체적 움직임이 일어난 것이나 다름없다. 거울뉴런이 이것을 가능하게 만들어준다. 그가 춤추는 것을 보는 것만으로도 나도 따라 춤추고, 춤출 때 필요한 뇌의 기제가 똑같이 활성화되는 신기한 일이 일어나는 것이다. 모범 (본보기)을 따라야 하는 온갖 교육과 수양의 과학적 원리가 여기에 있었다. 이러한 모사는 변연계를 자극해 신체적 모사 대상인 외부 타인의 감정과 유사한 감정이 관찰자 뇌 안에서 재생된다. 이것이 바로 공감empathy이다.

다시 말하자면, 공감이란 뇌의 거울뉴런에 의해 상대방의 신체변화와 감정을 거울처럼 모사한다. 그렇다면 공감은 순식간에 즉각적으로 서로를 이해할 수 있게 하기 위해 진화한 인간의 본능이다. 흔히 역지사지易地思之라고 해서 타인의 입장과 자리를 바꿔 그 처지를 미루어 생각하는 것이 공감이라고 하지만, 그런 생각과 추리의 간접적인 통로를 거치지 않고, 타인의 감정과 처지를 실시간으로 진실하게 알아 버리는 것이다.

거울에 비추는 것처럼 있는 그대로 반영할 수 있는 능력이 애초 우리의 머릿속에 장착되어 있다. 그렇다면 생각보다 더 빠른 것이 감정이며, 늘 주관적이어서 믿을 수 없으며 기만과 속임수의 위험이 따른다고 생각했지만 실상은 생각과 추리보다 더 빠르고 진실한 것이 감정이다. 또한 이는 신체라는 객관 차원에서 일어난 것이기 때문에 객관적 성격을 가지고 있다.

우리는 이러한 거울뉴런의 존재에 담긴 철학적 의미를 이렇게 생각해볼 수 있다. 나와 타인은 서로 분리되어 있는 엄연한 개인적 존재

1부. 수치, 감정과 문화

다. 하지만 나와 타인은 공감을 통해서 서로 의지한다는 상호의존성을 보장해 주는 물리적이고 생리적인 토대인 거울뉴런을 가지고 있다. 우리가 인간일 수 있는 이유는 이러한 감정 특히 공감 감정으로 서로가 본질적으로 연결되어 있다는 점에 있다.

부끄러움 또한 공감 감정의 하나이고 객관적인 것이기 때문에 부끄러움이 인간 존재에 공통적인 보편적 감정이라는 것을 입증한다. 이 때문에 부끄러움이 없다는 것은, 의도한 것이 아니라면 인간 존재가 아닌 다른 어떤 종 즉 비인간적^{nonhuman} 존재임을 의미하며, 만일 의도한 것이라면 인간이기를 저버린 반인간적^{inhumane} 존재가 된다.

'차가운' 교감과 '따뜻한' 공감

우리가 가족사진을 보면서 웃고 있는 아이를 볼 때 우리의 머릿속(뇌)에서는 거울뉴런, 섬, 변연계 특히 얼굴의 움직임에 활발히 반응하는 편도체가 동시에 활성화된다. 웃고 있는 아이를 보면 나도 웃음을 짓는다. 이때 내 머리 속에서 진행되는 자동적인 과정은 이렇다.

뇌의 앞부분에 달린 '거울'이 사진을 비추고 이를 복사하고 정보를 만들어 뇌섬으로 넘긴다 → 뇌섬은 이 정보를 감정 부호로 변환해서 변연계로 전달한다 → 변연계는 감정을 재현한다.

거울뉴런이 작동하면 상대방의 감정을 지각한다. 상대의 감정이 어떤지를 아는 것이다. 타인의 감정을 안다는 것은 타인의 표정을 봤다는 것이다. 좀 더 미세하게는 얼굴의 근육 운동을 보고 거울뉴런에 의해 자신이 감정을 느낄 때 발화하는 것과 동일한 부위에 있는 전운동피질의 거울뉴런이 발화하는 것이다.

그런데 웃는 아이의 사진을 보면 자동적으로 웃지만, 가령 누군가를 고문하면서 낄낄대고 웃는 자들의 사진을 보고도 우리는 따라 웃을까? 절대 그렇지는 않을 것이다. 그렇다면 이러한 경우에는 어떤 차단 메커니즘이 있는 것이 아닐까? 또한 그들이 웃고 있는 것을 지각할 수 있지만, 천인공노할 그 웃음에 공감할 수 있을까? 뇌의 과정이 자동적이라면 우리는 그 자동적인 과정에 단지 몸을 맡길 수밖에 없는 것은 아닐까? 결국 우리는 냉혹한 생리 법칙의 희생자일까? 하지만 대부분의 사람들은 그들의 웃음에 따라 웃지 않는다. 간혹 따라 웃는 자들이 있다면, 이들은 더 이상 인간이 아닌 자들로 간주된다.

웃음을 따라 하지 않는 이 상황을 뇌의 언어로 옮기면, 뇌섬이 변연계로 정보를 주지 않는 것이다. 이렇게 될 때 우리는 타인의 감정을 지각할 수는 있지만, 타인의 감정과 같은 감정을 동일하게 느끼지는 못할 것이다. 그러면 과연 뇌섬이 변연계로 정보를 주지 않는 결정은 누가 하는가? 이 결정은 뇌의 가장 고차 기능과 관련이 있다. 이를 전통적으로는 이성이라고 했지만, 직관적 감성본능으로 보는 것이 타당해 보인다. 이것은 우리가 사지를 가지고 있듯이, 신체(뇌)에 이미 본능처럼 장착되어 있는 판단능력이다. 이 능력에 의해서 어떤 상황에서 최적의 긍정적 의미를 판단했을 때 공감을 한다.

> 타인의 감정이나 의도가 유익하거나 적어도 여러 면에서 해롭지
> 않을 때에만, 또는 그것이 재미있거나 재미없지 않을 때에만, 또
> 는 그것이 아름답거나 적어도 추하지 않을 때에만, 또는 그것이
> 도덕적이거나 적어도 부도적이지 않을 때에만 타인의 감정에 공
> 감한다.[23]

'우리는 관찰되는 타인의 감정이나 의도가 긍정적이거나 적어도
부정적이지 않을 때에만 타인의 감정에 공감한다.' 군중심리의 감정
전염처럼 맹목적으로 우루루 몰려가지 않는 것이다. 이런 의미에서
공감은 자발적이고 선택적인 성격을 갖는다. 실제 신생아는 자아가
형성되는 6개월 전부터는 다른 아기가 울어도 따라 울지 않는다.

뇌섬에서 변연계로 신호를 보내지 않는 바로 이 단계, 얼굴 표정의
시각적 지각을 보고받고 타인의 감정을 재생 없이 그냥 지각하는 것
이 곧 교감이다. 그래서 낄낄대는 저 자들이 웃고 있으며 기뻐한다는
것을 지각하지만, 그 의미를 판단해 같은 감정이 재생되는 것을 차단
하는 것이다. 오히려 공감이 아닌 반감을 느낀다. 이런 의미에서 교감
과 공감은 너무도 다르다.

흔한 예로 싸이코패스를 들 수 있다. 이들은 상대의 감정에는 아랑
곳하지 않는 특성을 보인다. 그래서 상대의 감정을 모르는 자들로 보
이기 쉽다. 하지만 반드시 그렇지는 않다. 이들도 상대방의 감정을 잘

안다. 다만 교감에 따른 지각만을 할 뿐이며, 공감을 하지는 않는다. 곧 상대의 감정과 같은 감정을 느끼지 못하는 '불구'다.

하지만 교감이 그 자체로 반드시 나쁜 것은 아니다. 교감의 바탕 위에 공감이 세워질 수 있기 때문이다. 뇌의 언어로 보면, 교감은 내가 타인의 감정을 거울뉴런으로만 느끼는 것이다. 반면 공감은 타인의 감정을 느낄 뿐만 아니라 타인의 감정을 마음속에서 재생해 이 재생된 감정을 느끼는 것이다. 그렇기 때문에 교감은 공감을 위해 토대를 이루는 중요한 이전 단계다. 하지만 모든 자각에 대해 공감하는 것은 아니다.

만일 모든 사안에 대해서 공감을 한다면 중생의 신음을 관찰, 곧 공감하는 관세음觀世音보살 수준의 자비심이 아니고서는 힘들어 죽을 수도 있다(그래서 대자대비大慈大悲라고 한다). 영화나 소설을 보더라도 주인공이나 중요한 인물에 공감을 하며, 그 밖의 인물이나 사건과 배경 등에 대해서는 교감에만 그친다. 작품을 잘 기억하고 느낄 수 있지만, 모든 것에 감정을 불러내지는 않는다. 그래서 교감에 따른 앎은 어떤 의미에서 흑백의 차가운 속성을 가지고 있고 무정하고 덧없어 보인다. 이에 비해 공감은 따스하고 컬러풀하며, 다정하고 충만하다.

우리 주변에서 부끄러움이라는 감정을 가지지 못한 자들이 자주 눈에 띈다. 이들이라고 부끄러움의 상황을 모르겠는가? 알지만 그것이 부끄러움이라는 것을 느끼지 못한다. 그래서 실제로는 모르는 것이다. 왜 부끄러움은 우리 몫인가? 그것은 당신이 온전한 사람이기 때문이고, 사이코패스가 아니기 때문이다.

1부. 수치, 감정과 문화

인간에게 새겨진 다양한 감정들

감정이 생겨나기 위해서 가장 중요한 것은 내면(마음 혹은 뇌)에 앞서 외면을 먼저 고려하는 것이다. 외면에서 무언가 자극이 들어와야, 내면에서 이것을 어떻게든 처리해 감정을 불러일으키기 때문이다. 실재하는 외부의 어떤 사물만이 아니다. 내면에 있는 기억도 자극의 원천이 된다. 그래서 감정의 분류는 내면과 외면의 '어떤 것'이 우리 안에서 생겨난 이미지(심상)와 밀접한 관련이 있다.

심상은 지각을 통해서 생겨나는데, 이것은 본유적이고 천성적인 것이다. 심상은 마음속에 이미 내장되어 있기 때문이다. 우리가 텅 빈채로 태어나지 않았다는 말은 우리 안에 이미 뭔가가 마음에 새겨져, 즉 인상印象지워져 있다는 것을 뜻한다.

온갖 사물들의 실제적인 모습을 우리는 모른다. 나무나 새도 우리 인간의 눈과 귀를 통해서 지각한 것이며, 이 지각은 나무와 새로부터 받은 자극으로 내면에서 일으켜진 심상이 나무와 새들에 붙여주는 우리 마음속의 인상이다. 그래서 나무와 새는 실제로 존재하지만, 그것은 나의 심상이 가 닿아서 생겨난 것이라고 할 수 있다. 심상은 그래서 나면서부터 느끼는 선험적인 것이다. 예컨대 파랑 색맹은 파랑색을 보지 못하고, 빨강 색맹은 빨강색을 보지 못한다. 파랑색과 빨강색 심상을 타고나지 못했기 때문이다. 그러나 심상을 내면에 가지고 있는 사람이라고 해도, 실재하는 빨강색 노트라는 외부 자극을 통해 내면에서 심상이 일어나지 않으면 빨강색을 보지 못한다.

과학의 시대를 사는 우리에게는 이런 예가 더 적합할 것 같다. 파랑이나 빨강은 사물의 견지에서 보자면 그저 어떤 수치의 범위를 가진 파장이며 빛의 파동일 뿐이다. 시각뿐 아니라 혀에서 느껴지는 맛 또한 다만 특정 분자들의 자극이다. 우리가 자극을 받으면 감각 말단의 신경 세포들이 이를 감지해 이 정보를 뇌로 보내고, 참으로 성실한 우리의 뇌는 임무를 수행한다. 받은 정보를 빨강의 심상으로 변환해 빨강으로 감지하는 것이다.

그런데 세상은 너무 넓고 깊으며, 헤아릴 수 없을 정도로 각양각색의 사물과 사건이 있다. 우리는 삼라만상을 어떻게 다 알 수 있을까? 다른 존재가 아닌 인간은 이를 오감으로 한정해서 단순화하는 방식을 진화시켜왔다. 이에 따라 우리의 심상도 오감의 단순한 심상으로 환원된다. 빨강색이나 맛과 같은 오감의 심상뿐만 아니라 중요한 감정의 심상들도 그렇다. 슬픔이나 기쁨도 부끄러움이나 자긍심도 모두 심상들일 뿐이다.[24]

앞서 본 것처럼 감정의 출현은 변연계의 해당 부위가 움직이고, 근육과 호흡 및 맥박, 체액, 신경체계와 호르몬 등의 여러 움직임을 통해서 드러난다. 그런데 이런 움직임은 우리 내부에 존재하지만, 그 성격은 물리적(생리적) 움직임이기 때문에 우리가 말하는 마음 혹은 내면이 아니다. 그래서 이것이 곧바로 감정이 아니라, 신체의 움직임이며, 이 신체의 움직임이 감정을 만들어낸다. 즉, 신체적 감정론이다.

전통적으로 철학자들은 감정을 분류해왔다. 대표적으로 데이비드 흄David Hume은 모든 감정이 쾌락과 고통 및 이로움이나 해로움을 바탕으로 해서 생겨나며, 여기에는 직접 감정과 간접 감정이 있다고 했다. 전자는 욕구, 혐오, 비애, 기쁨, 희망, 두려움, 절망감, 안전감 등이고, 후자는 사랑과 미움, 자만감과 위축감 등이다.[25] 역사에 등장하는 철학자들마다 상이한 감정 분류를 찾아낼 수 있지만, 여기서는 최근의 경향을 살펴보자.

연구자들은 감정을 일차와 이차로 나누지만 그 종류에 대해서는 통일된 의견을 갖고 있지 못하다. 다마시오의 경우는 일차 감정primary emotion과 사회 감정social emotion 으로 나눈다. 두려움, 분노, 혐오, 놀람, 슬픔, 행동 등이 일차적 감정이다. 이들은 인간에게 보편적으로 발견되며, 동물들에게서도 찾아볼 수 있다.

사회적 감정은 동정, 당혹감, 부끄러움(수치), 가책, 긍지, 질투, 부러움, 감사, 동경, 분노, 경멸 등이 포함된다. 그런데 이 역시 인간에게만 한정되지 않는다. 침팬지, 개코 원숭이와 기타 원숭이들, 돌고래, 사자, 늑대, 개와 고양이에게서 발견할 수 있다. 언어나 문화적 도구가 없는 자연의 아들과 딸들이 이러한 감정을 배워서 안 것은 아닐 것이다. 아마도 이것은 특정한 유전체genome에 부여된 특별한 재능이며, 그 목적은 생존에 있는 것이 틀림없다.[26]

우리 문화를 기준으로 보면, 감정의 심상으로 대략 열한 가지 정도를 꼽을 수 있다.[27] 이 심상은 인간의 프시케 즉 영혼에 새겨져 있는 것이다. 물론 부끄러움도 여기에 새겨져 있다.

일차 감정과 부끄러움

부끄러움은 일차 감정이 아니라 이차 감정(사회 감정)이다. 그런데 그 표현은 일차 감정을 활용해 표현되는 경우가 많다. 자연은 복잡한 것을 단순한 것에 포개어 넣는 방식, 곧 둥지를 트는^{nesting} 방식으로 이를 구현한다.

> 사회적 정서에도 역시 포개 넣기 원리가 적용된다. … 낮은 단계의 요소가 포개 넣는 식으로 높은 단계에 편입되는 것이 분명하다. 경멸이라는 사회적 정서의 경우에 혐오를 드러내는 얼굴 표정이 나타난다. … 혐오는 잠재적으로 독성을 가진 음식에 대한 자동적이고 유익한 거부 반응과 관련된 일차 감정이다. 심지어 경멸이나 도덕적으로 격분할 만한 상황을 묘사할 때, '구역질이 난다'고 묘사하기도 한다. 역시 포개 넣기의 예다.[28]

원자로 이루어진 분자는 원자에 비해 상위 차원의 질서다. 그러나 원자는 하위 차원에 있지만 분자보다 근본 요소다. 아래 것이 더 오래되고, 아래가 모여 위의 것이 되었기 때문이다. 그런데 원자가 모여서 분자가 되었을 때 원자의 특성은 분자의 특성으로 고스란히 이어지지 않는다. 무언가 '돌연 새로움'이 생겨나서 분자의 특성이 된다. 이 돌연히 출현한 새로움이 원자에는 없다.

마찬가지로 분자가 모여서 훨씬 더 복잡한 세포가 될 때에도 '돌연한 새로움'이 출현하고, 세포에서 기관이 되고, 기관에서 더 복잡한 기관이 생겨나고, 저차의 마음에서 고차의 마음이 나오기까지 '새로움'은 계속 출현한다. 그러나 그 새로움은 이전의 것과 완전히 단절되지 않고, 이전의 오래된 아래 차원의 존재를 빌어서 자신을 표현하고 이전 것을 초월한다.

이처럼 부끄러움이라는 감정은 아래 차원의 일차 감정을 빌어서 스스로를 드러낸다. 그렇다면 부끄러움은 어떤 것과 연관되어 있을까? 바로 '혐오'와 '수줍음'이다. 이 둘은 근본적인 감정 가운데 하나로, 유전자에 각인되어 본능의 형식으로 우리에게 장착되어 있다.

뇌의 언어로 변연계는 감정을 일으킨다. 변연계를 이루는 편도체는 기쁨, 슬픔, 에로틱한 느낌, 혼란스러운 느낌, 불쾌한 맛과 냄새, 공포 등의 감정들에 대해 평가적으로 기능한다. 이뿐 아니라 고등한 감정들에 속하는 부끄러움을 포함해서 사랑, 동정심 등도 평가적이다. 평가적이라는 것은 행동이나 목표를 성취하기 위해 먼저 그것이 '좋은지 나쁜지 그저 그런지' 등을 신속하게 결정하는 것이다. 이런 평가의 자동성 때문에 편도체를 '감정컴퓨터'로 부르기도 한다. 그리고 즉각적인 감정의 평가는 좀 더 세련된 감정들에도 적용된다.

'좋고 나쁨'을 평가하는 것은 일정한 의미를 부여하는 것을 포함한다. 그래서 긍정적 평가와 부정적 평가가 즉각적으로 이루어진다. 하지만 부정적 평가가 긍정적 평가보다 더 오래 기억에 남는다. 이는 진화론적으로 당연하다. 나쁜 것을 잘 알고 있어야, 생존에 더 유리할 것이기 때문이다.

이제 부끄러움이 작동할 수 있는 일차 감정인 혐오와 수줍음 가운데 먼저 혐오에 대해서 살펴보고, 수줍음을 보도록 하자.

혐오, 꺼리고 물리치는 감정

혐오嫌惡는 한글로 보면 '싫어함'과 '역겨움'이다. 싫증이나 염증, 혐오감, 거부감 등을 포함하는데, 불쾌함을 나타내며 징그러움의 의미도 담고 있는 감정이다. 혐오는 증오와 약간 결이 다르다. 증오는 미움과 연결되는 반면, 혐오가 반드시 미움은 아니다. 그것은 꺼리고 물리치는 감정이다.[29]

진화론의 견지에서 '싫어함'은 음식에 대한 역겨움에서 기원했다. 역겨움을 유발하는 것들은 똥과 오줌이 있는데, 내 것이 아닌 타인의 것이나 동물의 것이 더 역겹다. 침이나 토사물, 흘리는 피 등도 여기에 속한다. 더불어 음식에 꼬이는 파리나 바퀴벌레, 쥐가 파먹은 음식 또한 깨끗할 리가 없다.

역겨움은 메스꺼움이나 욕지기와 가깝고, 이런 역겨움은 사회생활에서 또 얼마나 많이 느끼는가? 위선자, 배신자, 매국노 등은 말할 것도 없고, 가장 강렬한 싫어함이나 역겨움은 죽음이나 가난과 같은 형이상학적이면서도 현실적인 무거운 주제로도 옮겨간다. 어떤 연구자들은 비인간적인 유인원들이 역겨움을 못 느낀다고 보고하지만, 동물들도 나쁜 맛에 대한 거부감이 있다면 이는 수정되어야 할 것 같

1부. 수치, 감정과 문화

다. 강아지에게서도 음식을 메스꺼워 하는 것을 볼 수 있다.

부끄러운 상황을 보고 절로 "더러워!"는 탄식이 나오는 것을 보면, 이러한 연결은 자연스럽다. 다윈은 진화론적 관점에서 이 점을 분명히 지적하고 있다.

> 역겨움이라는 술어는 가장 단순한 의미에서 미각에 거슬리는 어떤 것을 뜻한다. … 역겨움은 일차적으로 먹거나 맛보는 행동과 연관 속에서 일어나는 만큼, 그 표현이 주로 입 주변의 움직임에 있다는 것은 당연하다. 그러나 역겨움은 또한 불쾌감도 야기하는 만큼 일반적으로 찡그림과 종종 역한 물건을 밀쳐 내거나 이 물건에 대해 자신을 방어하는 것 같은 몸짓과 찡그림을 동반한다.[30]

역겨움은 구역질이나 구토를 수반한다. 오래전부터 인간은 무언가 불쾌한 음식을 거부하는 능력을 가지고 있었다. 예컨대 중국의 신화에서 신농神農은 농업과 의약의 신인데, 무섭게 생긴 얼굴을 가지고 있다. 이는 독초를 몸소 먹어 이로운 식물을 가려내느라 얼굴에 독이 올라서 그런 것이라고 한다. 인간도 독초를 먹은 경험이 차츰 축적되고, 이를 전승시키는 문화를 건설하고부터는 독초를 분별하는 능력이 점차 상실되었다. 쓰지 않아서 퇴화한 것이다.

음식의 맛을 느끼는 데에는 미각과 더불어 후각이 동반된다. 코가 막히면 제대로 된 맛을 볼 수가 없다. 나쁜 음식은 더러운 음식이고 더러운 음식은 냄새 나는 음식이다. 썩고 쉰내 나는 음식은 구역질나게 싫은 것이다. 지금 이러한 생리적 현상은 모두 정신적 현상으로 전용轉用(다른 곳으로 돌려 씀)될 수 있다. 어떤 사람의 행동이나 언행이 더럽고, 구역질나고, 쉰내 나는 것은 그 사람이 '넌더리나게' 아주 싫다는 말에 다름 아니다.

뇌의 언어로 이를 살펴보자. 변연계는 위장을 관리하는 기능을 가지고 있다. 먹을 수 있는 것과 없는 것에 대한 판단은 이곳의 이차 체성감각 체계가 구역질과 역겨움에 대한 즉각적인 평가를 내리면서 효과적인 기능을 수행하기 때문이다. 그래서 싫어함의 기원인 역겨움과 구역질은 위장의 소화 반발에 기원을 둔다는 것을 짐작할 수 있다.

쓰레기는 먹을 수 없고, 그 냄새는 참을 수 없다. 이러한 혐오와 싫음은 미각과 후각뿐 아니라, 육체적 거부(위장, 얼굴 표정, 신체 표정 등), 고차적 인지, 미학, 도덕성 등에 광범위하게 펼쳐진다. 어떤 사람의 행동과 언행이 참으로, '싫다', '더럽다', '구역질난다', '토 나온다', '쓰레기같다'는 모두 같은 감정을 다르게 표현한 것이다.

이 가운데 성적 금기들은 더러움과 밀접한 관련이 있다. 강제적인 성교나 돈을 주고받은 성교는 몸을 '더럽힌' 것이다. 독신을 표방하는 종교에서 종교인의 성교는 '더러운' 행위다. 그런데 성교는 기본적으로 체액을 교환할 수밖에 없는 신체 행위다. 타인의 체액을 자발적으로 수용하는 것은 사랑의 육체적 표현이 되지만, 어떤 누가 그렇지 않은 상대의 침을 달게 삼킬 수 있는가?

육체적 생리적 반응은 정신적이고 도덕적인 정결과 부정의 관념으로 너무도 쉽고 자연스럽게 넘어가고 전용된다. 정결한 정신과 고결한 영혼은 모두 청소의 관념 즉 쓰레기를 치우는 것이고 정리와 정돈의 행위는 정결한 정신과 고결한 영혼을 기르는 신성한 행위다. '더러움'을 씻는 것은 모든 자기 수양의 기원이 된다.

동양에서 불교와 유교는 세심洗心을 말하고, 몸을 닦는 수신修身은 곧 마음과 영혼의 '씻음'이다. 죄를 사하는 세례洗禮는 씻음으로 시작된다. 우리가 누구를 미워하는 것은 증오지만, 이도 더러움에 대한 역겨움이 더 본질적인 바탕을 이루는 것 같다. 증오憎惡의 오惡는 악惡이면서 추醜이기 때문이다.

기독교의 사탄Satan은 악마惡魔, 곧 악한 마귀魔鬼이지만 또한 더러운 귀신鬼神이기도 하다. 《성서》에서 사탄의 별칭은 '똥 더미의 왕'이고, '파리 대왕Lord of flies'이다. 우리의 일상어에서 부끄러움을 당하고서 모멸감을 느낄 때 좀 거칠게 표현하면, '이제 똥됐네'라고들 한다. 똥은 더러움의 대명사이고, 그래서 가장 악한 것을 구체적으로 표현할 때 정말 적격인 말이다.

슬프게도 인간으로서 의미 있는 삶을 살지 못하거나, 그 기회를 박탈당한 채 하루하루를 연명하며 사는 사람이 스스로를 경멸하고 비웃으며 '나는 매일매일 똥 만드는 기계일 뿐이다'라고 하는 언사는 유독한 수치심이 내면화될 때 나온다. 혹은 누군가 무기력한 타인을 조롱하며 모욕할 때, 이 말은 타인을 극렬하게 '수치 주기shaming'하는 것이다. 이런 수치는 오히려 치욕이며 사람을 썩어가는 존재로 만드는 강한 독성을 가지고 있다.

⋮ 순수한 역겨움에서 도덕적 역겨움까지, 혐오의 4단계

이제 싫어함과 역겨움이 미각과 후각에서부터 도덕적 추악함으로 넓은 범위로 확대되어 가는 단계별 과정에 대해서 간략히 살펴보자.[31] 네 단계로 진행되어 나간다.

1단계 - 혐오의 근본

음식에 대한 순수한 역겨움을 기반으로 한 것이며, 여기에는 음식과 이를 먹은 사람의 동일시가 있다. 말하자면, 호두를 먹으면 머리가 좋아진다. 호두는 뇌처럼 생겼으니까. 달걀을 먹으면 목소리를 높이 낼수 있다. 닭은 이른 새벽을 가르는 시원한 목청을 가지고 있고, 달걀의 매끄러움은 목구멍에 윤활유가 되므로. 코끼리 코 요리는 남성이 먹어서는 안 된다. 발기가 되지 않는 흐물흐물한 남근의 모습과 닮았기 때문이다.

이런 원초적 인식(주로 공감 주술의 사고방식이며, 원시적 사유로 부른다)에서 역한 물체들은 동물이 배출하는 똥과 오줌, 구토물, 피 등이며, 그들에 의해 산출되는 쓰레기다. 만일 우리가 좋아하는 프라이드치킨이나 비프스테이크 등의 식재료가 보기 좋은 포장으로 되어 있기에 망정이지, 그 근원을 찾아 사육 장소와 도살 현장을 들여다본다면 적어도 한동안, 아니면 영구히 식욕을 잃을 것이다.

2단계 - 혐오의 확대

2단계에서 혐오는 음식과 밀접한 관련을 가지는 미각의 입과 후각의 코에서부터 몸 전체로 확대된다. 여기에도 역시 더러운 위생이 있고, 부적절한 성적 행동, 죽음, 이상적 외피나 외모의 훼손 상태(피, 기형성, 비만성 등) 등이 관련되어 있다.

더러운 위생은 나쁜 균이 전염되거나, 나쁜 균에 노출되어 감염되는 위험을 부른다. 이는 불결한 상태, 주로 손을 씻지 않거나 목욕한 지 까마득한 상태다. 성교 또한 불결한 것이 원인인 성병의 위험이 도사리고 있다. 기생충들이 병을 옮기곤 하고, 타인의 머리카락이나 털이 두렵기도 하다. 시체는 곧 썩고 모든 부패는 병을 부른다. 죽음의 형이상학이 감각으로 드러나는 것이 이런 냄새, 고름과 같은 썩은 징표들이다.

역겨움이 다소 진전된 형태에 이르면, 인간은 스스로가 동물이 되거나 짐승의 행태와 구별되지 않을 때 심한 역겨움을 느낀다. 먹고 자고 싸고 성교하는 것을 목도하거나, 욕하고 소리 지르며 주먹 다툼을 벌일 때, 참으로 역겨움을 느끼는 것이다.

> 우리에게 우리가 동물이라는 것을 상기시키는 어떤 것이든 역겨움을 유발한다.[32]

생명을 유지하려면 먹고 자고 싸며 성교해야 한다. 거의 대부분의 현대인들이 이것을 원활하게 하지 못해서 이미 병들어 있다. 그러나 이것들은 내밀한 사적 영역에 있으며, 공개되면 추하다. 수치스럽다. 그리고 살다 보면 싸워야 할 때도 있다. 다만 주먹이 아닌 말로 사리를 따지며 다퉈야 한다. 그렇지 않으면 추하다. 이겨도 수치스럽다. 가장 극렬한 격기 스포츠인 종합격투기 선수들에게는 막싸움을 벌이는 것이 아니라 규칙을 따라 공정한 경기를 하는 스포츠인이라는 자부심이 있다. 규칙이 곧 사리이기 때문이다.

2단계의 하이라이트는 욕설이다. 모든 문화권에서 상대에게 부끄러움, 더 나아가 수치, 다시 더 나아가 치욕을 주기 위해 동물을 이용한다. 이제 부끄러움의 치恥는 모욕의 욕辱과 연합된다. 그런데 우리가 이해심을 가진 사람들이라면 실제로 동물을 등장시키는 욕을 해서는 안 된다. 반려동물을 모욕하면서 깊은 유대의 감정을 해치는 것이 되기 때문이다. 그러나 이는 매우 고상한 인간의 품격을 요구한다.

3단계 - 낯선 것에 대한 공포

3단계는 인간들과 교류하면서 생겨나는 것이다. 즉 대인 혐오감이다. 여기에는 낯선 것, 질병, 불행, 도덕적 오점 등이 있다. 낯선 자에 대한 두려움은 세계화되어 가는 오늘날에도 흔하고, 이른바 '선진국'들에서도 인종차별의 기저 감정으로 내면화되어 있다. 더구나 코로나19로 인해 낯선 타인과의 접촉이란 곧 질병의 원인이 될 수 있다. 이에 대한 진화론적 의미는 명확하다. 낯선 이가 가져다주는 것은 질병이며, 우연한 사태로 인한 불행의 초래다. 또한 불행을 당한 이들은 어떤 의미에서 기피의 대상이 된다. 상이군인, 지체 장애인, 각종 전염 질환자 등이 그렇다.

그리고 인간의 사고방식은 참으로 미신에 사로잡히기 쉬워 사례를 옮기기조차 부끄러울 정도다. 전과자에 대한 낙인, 특정 지역 출신에 대한 차별 등이 그것이다. 하지만 이는 개탄 이전에 엄연한 실제적 사실이다. 편견의 진화론적 의미는 역시 생존이다. 위험으로부터의 감염을 줄이는 것이 그 목적이다.

4단계 - 도덕적 역겨움

배신자, 위선자는 도덕적으로 역겨운 자들이다. 이들은 사회 각층에서 활동하며, 특히 사회의 엘리트 계층이 배신과 위선을 범하게 되면 이러한 역겨움은 더 크게 증폭된다. 이들의 타락은 보통사람들에 비해 더 추잡하다. 예컨대 우리 문화에는 엘리트 계층, 전통적으로 선비라 불린 이들의 도덕적인 역겨움을 목격했을 때 그들의 정체를 지목하는 말이 있다. 바로 **부유**腐儒로, '부패한 선비'라는 뜻이다. 선비는 수신修身(몸을 깨끗이 닦음)을 하는 자들인데 이들의 정신은 이미 썩어 문드러져서 살아 있지 못하고 죽어서 부패하고 있다.

사회가 고도화될수록 사회를 건강하게 유지하기 위한 규범 체계를 위반할 때 도덕적 경멸감이 생겨난다. 미약하게는 교통질서 위반이 있고, 커다랗게는 국정 농단까지 넓게 펼쳐져 있다. 모두 부끄러움을 지나 수치스럽고 치욕스러운 것들이다. 또한 학계나 종교계와 같이 한 사회의 정신적 원리를 보존하는 분야라면, 도덕성의 규범은 매우 민감해서 작은 위반이라도 큰 여파를 몰고 온다. 이는 역설적으로 이들 분야가 가장 명예로운 곳이기 때문이다.

규범 가운데에는 정치와 경제 영역이 가장 큰 문제를 일으킨다. 유사 이래로 가장 빈번하게 혐오가 출몰하는 곳이기 때문이다. 많은 연구자들이 지금의 '신자유주의'는 인간을 수치스러운 존재로 만드는 사회 시스템이며, '괴물'을 만들어내는 이데올로기라며 크게 우려하고 있다. 철면피를 만드는 철면사회라는 비판이다.

지금까지 보아온 역겨움은 인간의 매우 오래된 사고와 행동의 층에서 피어나는 감정이기 때문에, 흡사 미신을 설명하는 문화인류학이나 민속학의 영역을 답사한 것 같은 느낌이 들 정도다.

우리는 마천루와 같이 높은 고상함을 추구하는 지성적이고 영적인 존재이고 싶어 한다. 그러나 하늘을 찌르는 마천루가 세상을 지탱하며 꼿꼿하고 위풍당당하게 서 있기 위해서는 그 높이만큼의 깊은 지하를 요구한다. 우리가 스스로의 기원이 되는 동물성을 잘 이해하지 못하면, 우리는 그보다 못한 존재가 될 것이다. 부끄러움을 이해하고자 하는 한 가지 목적도 여기에 있다. 다음은 부끄러움에 더 직접적인 감정인 수줍음이다.

수줍음, 경계에 그어진 붉은 기준

수줍음은 일차 감정에 속한다. 그런데 수줍음은 기쁨이나 슬픔과 달리 인간을 대상으로 한다는 특징이 있다. 대자연의 경관을 보면서 수줍어 하거나, 키우는 고양이를 볼 때 수줍음을 느끼는 사람은 없다. 만일 그런 사람이 있다면, 그것은 수줍음을 가장한 감정이거나, 아마도 수줍음을 빌어서 다른 감정을 표현한 것이다. 시적 표현으로만 가능할 수 있다는 의미에서 일차 감정은 아닐 것이다.

수줍음은 타인을 볼 때 생겨난다. 그래서 사회적인 감정으로 볼 수 있지만, 타인에 대한 공감이 없이 내 쪽에서 일방적으로 일어나고, 나를 의식해서 생겨나는 감정이다. 이런 뜻에서 수줍음은 일차 감정이라고 생각한다.

당황, 수치심, 오만, 죄책감 등은 자기 의식적self-conscious 또는 자의식적 감정으로 분류되었다. 그런데 이러한 분류는 일찍이 다윈이 수치와 같은 감정을 자신에 대한 주의self-attention나 집중 혹은 자기 관심에 해당하는 감정이라고 본 견해를 계승한 것이다. 이렇게 스스로를 의식하고 주의를 기울이거나 집중하는 자의식이라는 것은 타인의 시선을 의식하기 때문에 생겨난다.[33]

수줍음은 부끄러움이 출현하기 위한 기초적인 감정이다. 이에 비해 부끄러움은 수줍음이라는 일차 감정을 전용해서 생겨난 이차 감정이며, 공감 감정이다. 말하자면 부끄러움은 상대방의 어떤 감정에 대한 공감이 없이는 일어나지 않으며, 또한 자기의 감정에 대한 자기 공감이 없이도 일어나지 않는다. 그런데 수줍음은 타인의 시선에 노출될 때 생겨난다.

수줍음의 신체 표현은 얼굴이 빨개지거나 붉게 물드는 홍조 현상을 동반한다. 실제 부끄러움을 가리키는 치恥라는 한자는 귀를 가리키는 이耳와 감정을 가리키는 심心을 합한 말이다. 귀가 벌겋게 달아오르면 낯도 뜨거워진다. 이는 모두 부끄러움을 나타내는 표현이다.

그리고 부끄러움도 실은 '붉어진다'의 '붉'에 뿌리를 두고 생겨난 말이다. 그러니 수줍음과 부끄러움은 구별하기 어려울 정도로 유사한 감정이다. 그런데 얼굴이 달아오르는 현상이 꼭 수줍음이나 부끄러움에서만 비롯되는 것은 아니다. 실례를 범할 때 모두 그런 것은 아니지만 얼굴이 붉어지고, 겸손한 사람도 흔히 얼굴을 붉힌다. 겸양의 신체적 표현일 수 있는 것이다.

수줍음과 얼굴은 매우 밀접한 관계를 갖는다. 수줍음은 타인이 나를 바라보는 시선에 대한 민감함 때문에 생겨난다. 타인의 시선에 자신의 외모가 노출되는 것 자체가 수줍음의 원인이 되기 때문에 공감이 개재되지 않은 감정이다. 그런데 왜 수줍음은 얼굴과 연관이 있는 것일까?

이는 수줍음이 사회적 존재인 인간의 본성에 따른 감정이기 때문이다. 그렇지만 수줍음은 부끄러움에 자리를 내어주고, 스스로는 더 단순하며 일차적인 감정에 머문다. 만일 수줍음이 더욱 고도화된다면, 그것이 부끄러움이 된다. 타인은 가까운 가족이나 종족에서부터 낯선 이들, 더욱이 나를 해치고 우리의 공동체를 파괴하는 자들까지 넓은 범위로 분포되어 있다. 그런데 자아는 실제로 얇은 피부 조직의 안에 있는 것이고 그 바깥은 모두 타자다. 자아와 타자의 경계선은 늘 피부다. 그래서 우리는 내면과 외면을 나눌 때 면을 기준으로 한다. 면面은 어떤 것의 겉이지만 그것이 얼굴이기도 하다.

수줍음은 내면과 외면의 경계에서 외면의 불확실한 존재들, 특히 자아에 해가 되는 낯선 존재들에 대한 경각심에 토대를 두고 있되, 좀 더 완화된 감정이다. 나를 죽이러 오는 적들에게 수줍음이 생겨나는 사람이란 도대체 어떤 사람일까? 이럴 때는 수줍음이 생겨나지 않기 때문에 수줍음이란 타인에 대한 경각심이되, 여기서 타인이란 호의를 품고 있거나 적어도 적의가 없는 사람들로 한정된다. 이들을 대할 때 생겨나는 수줍음이란 바로 '첫인상'에 대한 평가이므로, 그 평가에 대한 자기의 관심에 따라 생겨난 감정이다.

남이 나를 어떻게 보아줄지에 대한 '가슴 졸이는 기대'는 원만하고 다툼 없는 조화로운 관계를 맺고자 하는 바람에서 생겨난다. 그리고 타인이라도 자주 보게 되면 얼굴은 더 이상 붉어지지 않기에, 붉어지는 얼굴은 대개 첫 만남이나 첫 인상에 한정된다. 이때의 평가는 향후 원만한 관계, 좀 더 진화론적인 언어로 말하자면 생존에 유리한 환경을 만드는 데 중요한 요인이 된다. 나이가 든 사람보다 어린 사람일수록 홍조를 동반한 부끄러움이 많은 것은 그만큼 맺어야 할 관계가 더 큰 가능성으로 잠재되어 있기 때문일 것이다. 사람이든 삶의 어떤 사건이든 이런 대면으로 인해 가슴이 설레고 가슴을 졸이니 붉어지지 않겠는가?

우리의 이런 해석은 다윈이 지지해준다. 지나치게 수줍어하는 사람들도 아주 친숙한 사람이나 자신에 대해 호의적으로 생각하고 있다고 완전히 확신하는 사람들 면전에서는 거의 수줍어하지 않는다. 가령 한창 수줍음이 많은 사춘기 소녀도 엄마 앞에서는 수줍어하지

않는다.[34]

타인에 대한 경각심에서 수줍음이 생긴다는 것과 관련해 두려움과 수줍음을 같은 감정으로 보는 경우도 있다.[35] 그러나 다윈은 두 감정이 다르다고 본다. 수줍음을 타는 사람은 낯선 사람을 꺼리지만, 낯선 사람을 무서워 한다고 말할 수는 없기 때문이다. 실제로 두려움의 감정은 도망치거나 꼼짝 않고 숨거나 맞서는 방어 자세를 동반하지만, 수줍음의 감정에는 그런 표현이 없다. 두렵다고 얼굴이 붉어질까?

귀여운 강아지도 수줍어하는 동작을 할지는 모르지만, 얼굴의 홍조는 없다. 털이 가득한 그들의 얼굴은 낯붉힘을 허용하지 않는다. 인간과 가장 가까이 있는 동물이 이렇다. 낯붉힘이 없다. 그래서 수줍음은 인간에게 고유한 것이라고 생각할 수 있다.

타인의 시선과 관심이 향하는 얼굴은 모종의 신체적 효과 즉 홍조를 만들어냈고, 셀 수 없는 세대에 걸친 빈번한 반복에 의해 각인되었다. 얼굴의 모세혈관은 유전의 힘에 의해서 이완되어, 타인의 주목을 받으면 얼굴이 붉어진다. 낯붉힘의 보편성은 혈관이 상대적으로 잘 보이지 않는 흑인종에게서도 나타난다. 상처 입은 하얀 흉터에 붉은 기운이 감지되는 것을 볼 수 있기 때문이다. 또한 장님으로 태어난 이도 낯붉힘이 있다. 예상할 수 있듯이 노인보다는 청년들이, 동성 간보다는 이성 간에 낯붉힘이 더 심하다. 외모에 신경을 쓰기 때문이다. 외모는 늘 타인들의 관심과 평가가 머무는 구체적인 장소이기 때문에, 실제의 외모뿐 아니라 외모라는 생각으로 심상을 일으켜도 낯붉힘이 생겨난다.

1부. 수치, 감정과 문화

그런데 얼굴만 붉어지는 것이 아니라, 귀와 목도 붉어지고, 어떤 이는 온몸이 벌겋게 되기도 한다.

우리는 세계를 통틀어 홍조를 수반하는 제스처들의 의미를 이해할 수 있다. 이 제스처들은 얼굴 감추기나 땅 쪽을 향해 얼굴 돌리기 등이다. 눈은 일반적으로 시선이 빗나가고 동요한다.[36]

부끄러움을 느낄 때 우리의 신체 반응은 수줍음을 느낄 때의 신체 반응을 빌려 표현한다. 수줍음이 독특한 점은 인간에게만 있다는 것이다. 부끄러움과 같은 좀 더 고등하고 복잡한 감정도 수줍음의 신체 반응과 유사하다.

●

지금까지 부끄러움을 이해하기 위해 감정의 신경과학적 근거를 살폈고, 이어 부끄러움에 기반을 둔 혐오와 수줍음의 기본 감정에 대해서도 짚어봤다. 이제 부끄러움의 객관적 측면에 대한 이야기를 지나서, 우리가 살고 있는 문화와 사회로 옮겨가 보자.

2장
부끄러움의 언어문화

부끄러움과 언어학

인간이 스스로가 어떤 존재인지 묻는 오래된 질문의 답 가운데 하나
는 언어와 관련되어 있다. 인간은 언어를 사용하는 존재라는 것이다.
고개가 끄떡여지는 답이지만, 현대 세계란 좀 더 정밀한 것을 추구하
는 시대이기 때문에, 이에 대한 반론이 고개를 든다.

　　침팬지는 물론이고, 돌고래도 언어가 있는 걸. 우리가 못 알아들
　　어서 그렇지, 새들도 언어가 있고. 곤충도 있잖아, 이를테면 개미
　　말이야. 그리고 은행나무도 언어로 소통한다던데.

　　인간 이외의 존재도 언어를 사용하는 것이 사실이다. 그런데 인간

의 언어는 더 체계적이고 복잡하며, 이런 의미에서 동물이나 식물의 언어와 비교할 수 없다. 언어는 생리적인 토대가 있으며, 더욱 중요하게는 문화적인 토대가 있다. 한글과 영어 및 중국어는 서로 다른 문화적 토대에서 생겨났다. 생리의 관점에서 언어는 '부끄러움'이나 '츠恥'나 '쉐임shame'이 구별되는 것과 달리, 공통적으로 변연계에서 일어나는 전기 신호에 토대를 둔다. 그러나 문화의 관점에서 위의 언어들 사이에는 공통점이 있지만 또 다른 개별적 특성도 있다. 이 개별적 특성 때문에 언어는 문화의 맥락에 의존한다. 부끄러움을 이해하기 위해서는 이 개별적 특성을 분명하게 알아야 한다.

부끄러움의 문화적 맥락은 두 가지 방향을 따른다. 첫 번째는 문자의 의미를 사전적으로 짚어보는 것이다. 부끄러움이란 어떤 의미이며 치恥나 비슷한 뜻인 '자괴감'할 때의 괴愧와 어떤 의미적 차이가 있는가? 어떤 글자로 우리가 느끼는 부끄러움이라는 감정을 표현했을까? 거기에는 어떤 문화적 맥락이 있는가? 한국 사람은 이 감정을 어떤 문자적 형상에 담아내었을까?

두 번째로는 언어학의 도움을 받아서, 부끄러움과 관련된 언어 표현을 살펴본다. 부끄러움과 같은 감정을 나타내는 말은 본질적으로 심리적인 특성을 지니고 있는 추상명사이기 때문에 감정을 개념화하는 방식에서 드러난 한국인들의 개성을 살피는 것이다.

부끄러움의 문화적 맥락은 언어와 관련해서 한자문화권이라는 큰 마당을 고려할 수 있다. 지금도 그렇지만 한국의 옛 사람들은 한자의 형상 속에 자신의 생각과 느낌을 담고 살아왔다. 이 유산이 고스란히 우리의 외면에 존재하고 있지만, 내면의 기억에도 전승되어 있다. 따라서 동서 문화들 간의 언어를 비교하기보다는 우리말에 집중해서 우리말의 배경을 이룬 한자문화권의 맥락을 중시해서 살펴보기로 한다.

벌거벗겨지면 불처럼 타오르는 감정

부끄러움의 옛말은 '붓그럽다'와 '붓그리다' 등이 쓰인다. 먼저 '붓그럽다'가 쓰인 예는 《내훈內訓》에 보인다.[37]

> **비록 큰 허므리 업슨둘 ᄒ오사 안ᄒ로 ᄆᆞᅀᆞ매 붓그럽디 아니 ᄒ니.**
> 비록 큰 허물이 없은들 혼자 안으로 마음에서 부끄럽지 않으니.《내훈》(3:27)

이는 "종무대구 독불내괴어심縱無大咎 獨不內愧於心"을 번역한 것이다. 그런데 한 구절만 가져온 것이라서 무슨 뜻인지 잘 모를 수 있다. 실제로 이 내용은 노모가 벼슬에 있는 아들에게 청렴을 가르치는 내용이다. 대강의 뜻은 이렇다.

요즘 돌아가는 세태를 보건대, 벼슬에 있는 자식이 돈과 재물을 부모에게 바치면 부모는 이를 기뻐할 줄만 알고, 이 돈과 재물이 어떻게 해서 생긴 건지 묻지는 않더구나. 녹봉을 쓰고 저축한 것을 가져왔다면 대견한 일이지만, 혹시라도 부정한 것이 아닐까 두렵구나. 부정한 것을 가져 왔다면 이는 도둑질이나 다름없는 일이다. 천만다행으로 눈을 피해 벌을 받지 않는다고 해도, (사람이라면) 어찌 마음속으로 부끄러움이 없겠느냐?[38]

우리의 관심은 내용보다는 단어의 뜻에 있으니, 단어를 살펴보자. 여기서 '붓그럽디'는 '부끄럽지'이고, 한자의 괴愧를 번역한 것이다. 오늘날 '부끄럽다'와 거의 비슷한 형상과 발음이다. 옛 한글의 발음이 더 부드러운 듯하다.

부끄러움의 또 다른 옛말에는 '붓그리다'도 있다. 《두시언해杜詩諺解》에 나온 말이다.[39]

프른 구루미 니픠 칙칙호물 붓그리고 힌 누니 고지 하물 避ᄒ리로다.
푸른 구름은 무성한 잎을 부끄러워하고 흰 눈은 흐드러진 꽃을 피할 것이로다. 초간본 《두시언해》(15:19)

두보 시의 한 구절인 "청운수엽밀 백운피화번靑雲羞葉密 白雲避花繁"을 번역했다. 청운과 백운의 순결함이 '무성한 잎'이나 '흐드러진 꽃'과 같은 세속의 탐욕, 치솟는 권세와 한 자리에 있을 수는 없음을 나타내는 것으로 보인다. 흥미로운 점은 '부끄러움'과 비슷한 뜻으로 '피하다'를 대구로 쓴 것이다. 피하는 것은 수줍음의 신체적 표현 가운데 하나다. 그렇다면 무엇을 '붓그리고' 피하는 것일까? 세속의 덧없는 부귀영화, 특히 불의한 부귀영화가 아닐까? 여기서 '붓그리고'는 '부끄러워하다'는 뜻이며, 수羞가 이에 대응한다.

부끄러움의 옛 한글은 그 형상이 거의 비슷하지만 한자어는 괴愧와 수羞가 사용되었다. 치恥가 부끄러움의 대표 한자인 줄 알았지만, 실제로 그렇지는 않았다. 그런데 과연 '붓그럽다'와 '붓그리다'는 어떤 어원을 가진 것일까? 단어의 기원에 더 깊이 들어가면 어떤 뜻이 바탕에 놓여 있을까?

정확히는 알기 어렵다. 다만 '붓그럽다'와 '붓그리다'에서 '붓'은 더 오래된 말로 '붇'이며, 이는 얼굴과 뺨을 뜻하기 때문에 '얼굴이 붉어진다'는 의미로 해석할 수 있다.⁴⁰ 그런데 조금 더 분석해야 할 것 같다. 우리가 지금도 쓰는 '붉다(적赤)'는 《두시언해》에서 보면 '븕다'이며, 불(화火)에서 파생된 것이다. 그래서 붉은색은 '불의 색'이고 이는 빛과 열을 내뿜는 불이 표출하는 색이라는 느낌을 잘 전해 준다.

그렇다면 '붓그럽다'와 '붓그리다'의 옛 말과 '부끄럽다'는 모두 '불'에서 나온 것이다. 그리고 이러한 흐름에 따르자면 부끄러움의 가장 바탕에 있는 뜻은 낯'붉힘'이 된다. 이는 부끄러움을 감정의 신체적 표현에서 찾은 것이며, 수줍음과 같은 일차 감정과 거의 동일한 것으로 여긴 것이다. 부끄러움은 말 뜻 그대로 얼굴이 발갛게 달아오르는 '낯붉힘'이었다.

그런데 '븕'에 대한 흥미로운 또 다른 해석도 가능하다. 앞에서 우리는 그것이 '붉다'이고 불을 어원으로 한다고 보았다. 하지만 '븕'은

1부. 수치, 감정과 문화

나체를 뜻하는 '벌거숭이'와도 관련이 있다. 벌거숭이는 '벌거벗다'에서 온 말인데, 어린이들이 옷을 벗을 때는 '빨개벗는다'고 한다. '빨개'는 '벌거'를 되게 발음한 것이다.

하지만 '벌거(빨개)'의 뜻은 알 수 없다. 사전에서는 '벌거벗다'를 '벌거'+'벗다(탈脫)'로 설명하는데, '벌거'는 알 수 없는 미상으로 남겼다.[41] 고전의 옛 한글에서 벌거숭이는 '붉가숭이'로 표기하고 있고, '벌거벗다'는 '붉가벗다'로 되어 있다.[42]

그렇다면 '붉'은 '벌거벗다'의 '벌거'와 같은 어원이고, 그와 동시에 '붉다'와 같은 뿌리를 갖는다. 이 붉은 발가 즉 나체다. 벌거숭이의 상태란 문명을 전후로 해서 문명 이전에는 옷을 입지 않고 있는 것이고, 문명 이후에는 옷으로 가리지 않는 상태를 뜻한다. 그렇다면 부끄럽다와 벌거숭이는 모두 '벗은 몸'의 상태를 가리키는 말이 된다. 문명인에게 '빨개벗을' 때만큼 부끄러움을 원초적으로 드러내는 상황이 있을까?

과연 부끄러움을 만든 붉이 불에서 온 붉음인지, 벌거숭이와 같은 벌거벗음의 붉(발그, 붉)에서 온 것인지 단언하기는 어렵다. 하지만 진화론과 관련해 양자 모두 충분히 설득력이 있는 해석이다. 우리는 '붉음'(적赤)과 '벌거'(라裸)의 뜻이 모두 관련이 있다고 생각한다. 심리학적으로 일반화해보면, 붉음과 벌거벗음은 모두 성性과 관련이 있어 보인다.

부끄러움의 한자 표현들

수羞

'부끄러울 수'는 부끄러움을 표현하는 대표적인 한자어 가운데 하나다. 맹자의 '수'오지심이 가장 유명한 사례일 것이다. 수오지심은 부끄러워하고 혐오하는 마음이다. 그리고 혐오는 토가 나올 정도로 비위가 상하고 거슬려서 싫은 감정이다.

갑골문에 따르면 수의 자원은 손으로 양羊을 잡고 있는 모습이다. 글자의 윗부분은 양의 형상이고, 아래의 축丑은 손(수手)의 변형이다. 《설문해자說文解字》의 해석에 따르면 손으로 양을 잡은 것은 신에게 제사를 지내기 위해 희생을 바치는 상황을 나타냈다.[43] 즉 진헌進獻을 가리킨다.

수는 희생을 손으로 잡고 있는 것이기 때문에 그 자체로 맛있는 희생을 가리킨다(수 유자미자羞 有滋味者). 맛이 없는 것을 신에게 바칠 수는 없다. 그런데 신에게 드리는 값진 희생을 봉헌하는 이 글자의 뜻이 부끄러움이 된 까닭은, 바로 손을 가리키는 축이라는 글자 때문이다.

서로 뜻이 전혀 다르지만 중국어에서 축丑과 추醜는 발음이 'chǒu'로 같았다. 본래 축丑은 갑골문에서 손톱(조爪)이 달린 손을 뜻하는 글자다. 그에 비해 추醜는 당시 가장 추하다고 여긴 귀신(귀鬼)의 얼굴(면面)을 본떠 만든 가면을 형상한 글자다. 따라서 추는 '혐오'의 감정을 표현하기 위해 만든 것이라고 할 수 있다. 사탄을 가장 더러운 '똥 더미의 왕'으로 표현한 것을 연상시키는 인식이다.

하지만 본래 축은 12지지의 하나로만 사용되었을 뿐 추하다는 의미는 가지고 있지 않았고, 오히려 맛있는 희생음식이었다. 억울하게도 완전히 상반된 의미로 전용된 것이라고 볼 수 있다. 이러한 과정을 거쳐 추는 '혐오' 감정을 대표하며, 모욕과 분노를 나타내는 글자가 되었다.

> 소왕은 이를 듣고서 글을 지어 모욕을 주고 싶었다(소왕문지 이욕추지이사昭王聞之. 而欲醜之以辭).《여씨춘추呂氏春秋》
> 얼굴에 노기를 띠지 않을 수 없을 것이다(막불추어색莫不醜於色).《회남자淮南子》〈설림說林〉

게다가《장자莊子》에서는 '부끄럽다'는 뜻에도 쓰였다.

> 과인은 부끄럽구나!(과인추호寡人醜乎)《장자》〈덕충부德充符〉

이런 이유로 맛 좋고 아름다운 희생을 드린다는 '수' 또한 추한 혐오의 감정을 나타내거나, 부끄러움을 나타내는 대표적인 글자가 되었다. 글자의 형상 아래에 놓인 의미는 추醜를 핵심으로 한다. 부끄러움과 관련해서 그것은 낯설고 두려운 미지의 존재나 외부의 국외자를 가리키고, 얼굴 부위에 시선이 머물고 있는 글자였다. 이제 맹자가 '수오지심'을 말하면서, 왜 '수'와 '오'를 한 자리에 놓았는지 그 이유를 알 수 있게 되었다. 추醜는 오惡와 의미가 같기 때문이다.

치恥

현대 한국인에게 부끄러움을 나타내는 가장 친근한 한자어는 '치'일 것이다. 치도 '부끄러울 치'로 읽는다. 치의 글자 형상은 이미 말한 것처럼 신체 변화를 본뜬 것이다.

> 잘못을 듣고 스스로 부끄러워하는 뜻을 취한 것이다. 무릇 사람의 마음이 부끄러움을 느끼면, 귀가 뜨거워지고 얼굴이 벌겋게 되는 것이 그 증거가 된다(취문과자괴지의 범인심참 칙이열면적 시기험야取聞過自愧之義 凡人心慙 則耳熱面赤 是其驗也).《강희자전康熙字典》

자괴감自愧感, 곧 부끄러움을 알고 스스로 이를 부끄러워한다는 것은 부끄러움이 공감 감정이라는 것을 알려준다. 이와 관련해서 '치'의 라임을 이용한 재미있고 멋진, 하지만 준열한 문장은 맹자가 처음 만들었다.

> 사람은 부끄러움이 없어서는 안 되니, 부끄러움이 없음을 부끄러워한다면 부끄러운 일이 없을 것이다(인불가이무치 무치지치 무치의人不可以無恥 無恥之恥 無恥矣).《맹자孟子》〈진심상盡心上〉

맹자의 말씀은 인간됨의 본질적인 감정이 곧 부끄러움일진대, 그럼에도 부끄러움이 없는 상태를 부끄럽게 느낄 줄 모른다면 치욕스러운 일을 겪을 수도 있다는 뜻이다. 부끄러움을 스스로 느낄 수 있는 것은 공감 감정의 발로다. 자기의 감정을 스스로 불러일으켜 느끼는 것이기 때문이다.

맹자는 이러한 공감 감정이 없는 자는 인간이 아니라고 했다. 부끄러움은 사단四端의 마음 가운데 하나이기 때문이다. 그런데 부끄러움을 느끼는 것만으로는 부족하다. 그것은 교감이기 때문이다. 교감이 공감이 되려면 스스로 부끄러움을 느낄 수 있어야 한다.

이차 감정이 없는 '짐승'들은 부끄러움을 느낄 수 없지만, 인간은 부끄러움을 느낄 수 있다. 그런데 느끼는 지각만 한다면 이 또한 인간이 아니다. 그것을 내면에서 다시 불러일으켜서 느껴야 한다. 그래야 인간이다. 이는 타인의 존재와 외면의 사건들에 무관심한 것, 즉 공감할 줄 모른다면 인간이 아니라는 의미다.

사이코패스psychopath도 교감은 한다. 부끄러움도 지각知覺한다. 그러나 그것을 스스로 느끼지는 못한다. '못한다'는 의미에서 사이코패스는 짐승과 같다. 그러나 짐승은 모르기 때문에 못하지만, 사이코패스는 알아도 느끼지 못한다. 더 나쁜 경우는 알고 하지 않는 것이다. 이는 의도적인 것이고, 이런 태도를 보이는 자들을 우리는 너무도 많이 봐왔고 또 알고 있다.

우리 사회의 문제점은 여기에 있다. 공감할 줄 모르는 자들이 사회 관계망에서 문제를 일으키고, 스스로 부끄러워할 줄 몰라도 괜찮다는 분위기가 사회에 형성되면서 문제가 커진다. 가장 큰 문제는 이러한 사회에서 공감 감정을 가진 나와 내 가족과 친구들이 그들과 함께 살아야 한다는 것이다.

치가 오늘날 부끄러움을 가리키는 대표적인 글자라는 사실은 부끄러움을 이해하는 데 중요한 지점이다. 그러나 더욱 더 중요한 것은 치와 욕辱이 한데 결합해 '치욕'이 된다는 것이다. 치욕은 부끄러움이 부정적이게 되면서 수치로 변하고, 더 부정적이게 되어 도달하는 가장 수치스럽고 가장 혐오스러운 단계다.

게다가 치욕은 이를 '씻고', 즉 더러움을 '씻고' 명예를 회복하는 설욕雪辱도 연관된다. 설욕은 복수, 분풀이, 앙갚음을 하고 싶은 인간의 동기다. 이 동기는 긍정적으로든 부정적으로든 인간 세상의 다양한 사건을 일으키는 원인이 된다.

치욕은 개인도 그렇지만 예부터 책임 있는 자리에 있는 자나 그에 걸맞은 명예를 가진 자들이 자주 하는 말이었다.

> 옛적 우리 임금이 제후의 나라에게 수치를 당했다(석자 부차치오군 어제후지국昔者 夫差恥吾君 於諸侯之國).《국어國語》〈월어상越語上〉
>
> 공손한 것이 예에 가까우면 부끄러움과 욕됨을 멀리할 수 있다 (공근어례 원치욕야恭近於禮. 遠恥辱也).《논어論語》〈학이學而〉

'치'가 '욕'으로 옮겨 가는 것은 문자적으로 보면 전주轉注다. 전주는 육서六書 가운데 하나로, 한 가지 뜻으로 쓰이던 글자가 전혀 다른 뜻으로 쓰이는 것을 가리킨다. 예를 들어 애愛는 그 뜻이 '사랑하다'인데, 사랑이 지나치면 '아끼다'가 되는 것과 같다.

부끄러움은 부정적인 쪽으로 갈수록 결국 '욕되게 만드는 것', '욕보이는 것'이다. 이는 한자 표현으로 견욕見辱이다. 여기서 견見은 사동사이기 때문에 실제로는 '욕을 당한다'는 의미가 된다. 따라서 '본다'라고 쓰면 잘못된 표현이지만 우리말에서는 이렇게 써왔고 그 뜻도 관습적으로 통한다.

우리말에서 '욕되다'는 뜻은 부끄럽다는 뜻이다. 이러한 부끄러움의 자기 성찰적 의미를 잘 살린 시인이 윤동주다.

> 파란 녹이 낀 구리거울 속에
> 내 얼골이 남아 있는 것은
> 어느 왕조의 유물이기에
> 이다지도 욕될까. 〈참회록〉

여기에 등장하는 '욕되다'는 의미는 나라를 잃은 식민지의 지식인으로서 느끼는 부끄러운 역사와 그 안에 실존하는 자신에 대한 성찰의 감정이다. '치욕'과 '굴욕'의 역사를 겪거나 들어온 한국인이라면 누구든 시인의 마음에 공감할 것이다. 이처럼 '욕되다'는 부끄럽다, 수치스럽다, 치욕스럽다는 뜻과 같다. 그런데 치욕의 욕은 우리가 흔히 하는 상스러운 욕설에 그 뜻이 잘 드러나 있다.

누구를 욕하는가? 왜 욕을 할까? 인간이 욕을 하는 이유에 대해서는 정신분석의 도움을 받아 설명되어야 하겠지만, 단순하게 보면 타인과 스스로를 포함해 욕을 하는 대상을 '욕보이기 위한' 공격이라는 것을 알 수 있다. 그래서 부끄러움은 수치와 치욕을 넘어서 능멸과 모멸의 감정까지와도 연결된다.

참慙

'참'은 오늘날 그 쓰임이 잘 드러나지 않지만, 옛 글에서는 자주 등장하는 편이다. 혹자들은 참慙이 참斬(베다)과 같다고 하여, '능지처참凌遲處斬'이란 형벌에 착안해 형벌을 받게 된 죄인이 자신의 죄를 깊이 뉘우친다는 뜻이라고 본다.

그런데 '능지처참'은 뜻 그대로 '언덕을 서서히 오르듯 고통을 천천히 최대한으로 느끼면서 죽어가도록 하기 위해, 사지를 먼저 자르고 이어 어깨와 가슴 등을 잘라낸 다음 마지막에 심장을 찌르고 목을 베어 죽이는' 끔찍한 형벌이라서 부끄러움과 어울려 보이지는 않는다.

실제로 임금의 허물을 가리키는 참덕慙德은 임금이 '부덕의 소치'라면서 스스로를 반성할 때 쓰는 말이기 때문에 그런 끔찍한 형벌과 이어져 쓰기에는 부적합하다. 임금이 자신의 허물을 '사지와 목을 벨 정도의 죄'와 같다고 생각하지는 않았을 것이며, 그런 어법은 불경스럽기 때문이다.

《강희자전》과 같은 옛 글자 사전에서 참이란 괴愧(부끄러움)나 괴媿(창피주다)와 같으며, '정직하지 못해서 절도를 잃었을 때'를 일컬었다(부직실절위지참不直失節謂之慙). 이를 보면 참이라는 글자에는 예절이라는 사회적 규범이나 법도를 위반한 것을 허물로 인식하고, 그것을 뉘우치는 반성과 성찰의 의미가 저변에 있음을 알 수 있다.

괴愧와 작怍

'괴'와 '작'이라는 글자가 쓰인 사례로는 맹자의 글이 유명하다.

> 하늘을 우러러 보아도 부끄러움이 없고, 땅을 굽어보아도 부끄러
> 움이 없다(앙불괴어천 부불작어인仰不愧於天. 俯不怍於人).《맹자》〈진심상〉

부끄러움을 탐구하는 우리들에게 맹자는 많은 통찰을 전해준다. 저 글에서 말하는 부끄러움이 없는 당당함은 맹자가 말하는 이상적인 인간인 군자의 세 가지 즐거움 가운데 두 번째에 해당한다. 그 첫 구절은 2,200년 뒤 한국에서 부활해 한국인들이 애송하는 시구가 될 정도로 유명한 말이 되기도 했다. "하늘을 우러러 한 점 부끄러움이 없기를."

그런데 부끄러움을 나타내는 '괴'는 사실은《맹자》보다 훨씬 더 오래된《시경》에 나오는 글자다.

> 그대가 홀로 방에 있을 때에 방안 귀퉁이에도 부끄럽지 않게 할
> 지니, 드러나지 않다고 해도 나를 보는 이가 없다고 말하지 말라
> (상재이실 상불괴우옥루 무왈불현 막여운구相在爾室 尚不愧于屋漏 無日不顯 莫予云
> 覯).《시경》〈대아 억抑〉

위 시는 춘추시대 위나라 무공武公이 아흔다섯의 나이에 스스로 경계하고자 지었다. 시에 나온 '방안 귀퉁이'는 '옥루屋漏'를 옮긴 것인

데, 옥루는 방에서 가장 으슥한 서북쪽 모퉁이로 사람들의 눈에 잘 뜨이지 않는 곳을 가리킨다. 이 구절은 유교의 형이상학이라고 할 수 있는 《중용中庸》의 신독愼獨 사상과 연관된다.

신독은 홀로 있을 때에도 삼가라는 것으로, 타인의 시선이 없을 때라도 그때조차 하느님은 모르지 않으니 내면과 외면을 '경건'하게 하라는 수신의 원리를 가르쳐 준다. 여기서 경건은 경敬을 말한다. 경은 엄숙하고 공경하는 마음이자 그 태도로, 부끄러움의 감정이 한층 고양되고 승화될 때 어떻게 되는지를 보여준다. '괴'는 뉘우침의 회悔와 연관이 된다. 부끄러움이 부정적인 감정만이 아니라 보다 긍정적인 감정이기도 하다는 것을 보여주는 한 사례. 요즘 언어로 바꾸면 회는 자기성찰과 자기교정의 의미를 담고 있다. 성리학에 기초를 놓은 한 사람인 소강절邵康節의 어록에서도 《시경》과 《맹자》의 사상, 곧 성찰과 교정의 관념이 연결된 유명한 구절을 볼 수 있다.

> 말에 부끄러움이 없는 것은 처신에 부끄러움이 없는 것만 못하고, 처신에 부끄러움이 없는 것은 마음에 부끄러움이 없는 것만 못하다(무괴어구 불약무괴어신 무괴어신 불약무괴어심無愧於口 不若無愧於身 無愧於身 不若無愧於心). 《황극경세서皇極經世書》

'작'도 부끄러움을 가리키는 글자다.

> 장차 자리에 나아갈 적에 용모가 부끄러움이 없게 하며(장즉석 용

무작將卽席 容毋怍),《예기》〈곡례禮記〉

일상의 세세한 예절들을 다루는 '곡례'에서 내면의 수양은 외면의 수양과 상응하기 때문에, 용모에 부끄러움이 없으면 내면에도 부끄러움이 없는 것이다. 바로 맹자가 말한 군자의 몸가짐이다.

부끄러움에서 용모는 매우 중요하다. 용모는 타인의 시선이 머무는 곳이기도 하지만, 내면과 외면이 만나는 곳이기도 하다. 그래서 단정함은 자신의 명예와 위신을 지키는 태도다. 이처럼 부끄러움이 없는 몸가짐을 나타낼 때 작이 쓰인다.

창피猖披

창피는 '챙피하다'의 바른 말이다. 창피의 한자말은 낯설고 어렵다. 먼저 창은 '미쳐 날뛰다'는 뜻의 창광猖狂에 쓰이고, 좀 더 친근하게는 '코로나 창궐猖獗'과 같이 전염병이 퍼지는 상황에 나오는 말이다. 모두 걷잡을 수 없는 상황을 가리킨다. 일상어에서 답답하고 억울해서 '미치고 팔짝 뛰겠다'고 할 때가 바로 창피의 원말이다. 하지만 오늘날 창피는 부끄럽다 혹은 망신스럽다 등의 의미를 가지고 있다.

피披는 '들추다', '폭로하다'는 뜻이다. 피가 쓰인 대표적인 말로 피력披瀝이 있다. 어떤 이가 마음속에 품고 있던 평소의 생각을 작정하고 드러낼 때를 가리킨다. 그래서 창과 피를 합친 창피는 '제정신을 차리지 않고 미친 듯이 무언가를 들추어냈을 때'의 반응을 의미한다. 그 무언가란 바로 마음속이자 몸이기도 하다. 몸을 들추면 옷이 마구 풀어헤쳐지면서 황급한 용모를 드러내게 된다.

또한 부끄러움의 한 가지 기원이 되는 뜻에는 벌거숭이도 있다. 벗거나 들춰지는 등 노출은 모두 용모를 추하게 만드는 상황이고, 용모가 추해졌다는 것은 부끄러운 일이기에 '창피'는 매우 부끄러운 감정을 가리키는 말로 그 뜻이 확대되었다. 이러한 말의 변화는 부끄러움이 자신을 수양하는 데 있어서 '회초리'와 같은 역할을 한다는 것을 암시한다.

염치廉恥

염치는 오늘날에도 일상에서 흔하게 쓰인다. 주로 부끄러워할 줄 모르고 행동하는 사람을 두고 하는 말이다. 그래서 '염치가 없다'는 것은 '부끄러움을 아는 마음'이 없거나, '무례하다'는 뜻이다. 비슷한 말로는 '얌통머리가 없다'가 있는데, 염치라는 말의 사투리다. 또한 저만 아는 얄미운 짓을 할 때도 염치가 없다고 질책한다. '얄밉다'는 재빠르게 제 것만을 챙기는 이기적인 행위를 '혐오한다'는 뜻이다.

그런데 염치는 잘 들여다 보면 다소 어려운 말이다. 일단 치의 의미는 알 것도 같지만, 청렴하고 검소하다는 뜻의 염廉하고 연결되어 어떤 의미가 되는지는 파악하기가 쉽지 않다. 옛 시대에 염치라는 말은 예의와 합친 '예의염치'라는 말로 자주 쓰였는데, 이는 국가를 다스리는 중요한 원리라는 의미였다.

조선이 개국하고 문물을 정비해 가던 태종 시기의 기록을 한 번 보자. 삼관三館의 유생들이 의정부에 잡과 출신자들과의 차이를 인정해

달라고 건의하면서 불만을 표시하는 대목이다.

> 성균관, 예문관, 교서관의 유생들이 왕에게 글을 올렸다. … 나라
> 에서 유학을 높이고 선비를 대접하는 뜻에 부족함이 있는 것 같
> 습니다. 경전에서 말하기를, '예의염치禮義廉恥 이것을 사유四維라
> 고 한다'고 했으니, 사유가 진작되고 폐하게 되는 것이 실로 풍화
> 風化에 관계됩니다. 저희들이 이것을 생각하면 저으기 유감스런
> 점이 있습니다.《태종실록》, 1407(태종 7) 11월 25일

사유는 동서남북의 네 방위로, 전체 체계를 유지하는 가장 중요한
네 가지 요소 혹은 원리를 뜻한다. 이는 '사유가 바로 서지 않으면 나
라가 망한다'고 한 말에서 연유했다.

> 관자가 말하길, '예의염치'를 사유라고 하는데, 사유가 반듯하게 펼
> 쳐지지 않으면 나라가 멸망하고 만다(관자왈 예의염치 시위사유 사유
> 불장 국내멸망管子曰 禮義廉恥 是謂四維 四維不張 國乃滅亡).《관자管子》〈목민牧民〉

선비를 대접하지 않으면 사회적 기강이 수립되지 않아서 나라가
위태로워진다고 하는데, 그것을 '염치'의 언어로 정당화하는 것이다.
이처럼 염치는 유교 문명의 중요한 이념이었다. 그런데 사유는 병렬
적으로 쓰인 말이라서, 예절, 정의, 청렴, 부끄러움이 동등한 가치를
가진다. 이렇게 보면 염치란 청렴과 부끄러움을 병렬한 말이다. 그러

면 '염치가 없다'는 것은 '부끄러움이 없으니 고결한 성품이 아니다'라는 비판으로 읽힌다. 하지만 우리는 이것을 다른 식으로 읽어보자. '염'은 세심하게 살핀다는 뜻이 있다.

> 임금이 잘 살피지 않아서 변고가 생긴다(인군불염이변人君不廉而變).
> 《관자》〈정세正世〉

여기서 염은 찰察(살피다)이나 사査(조사하다)의 뜻이다. 그러면 염치는 '부끄러움을 잘 살핀다,' '부끄러움을 성찰한다,' '부끄러운 상황을 잘 안다'는 뜻이다. 따라서 염치가 없다는 것은 '부끄러움을 알지 못한다'의 뜻이 된다. 또한 염치는 '무엇이 부끄러운 줄 알고 행동을 절제한다'는 의미도 포함한다. 자기반성과 자기교정의 의미가 담기는 것이다.

부끄러움과 가까이 있는 말들

"옷이 딱 달라붙어 민망해요."

'민망하다'는 표현도 부끄러울 때 잘 쓰는 말이다. 그런데 **민망**憫惘은 '근심하고 멍하니 있다'는 뜻이라 직접 부끄러움이 드러나지는 않고, 부끄러움 때문에 생겨난 마음의 상태를 나타낸다. '민망하다'라고 할 때는, '부끄러움 때문에 머리가 멍할 정도로 근심이 됩니다'와 같이 겸양을 담는 표현이 된다.

"망신스러워서 얼굴을 들고 다닐 수가 없구나."

'망신亡身'이라는 말도 자주 쓰인다. 망신이란 한자 뜻으로 보면, '몸을 망친다,' '몸을 더럽힌다'는 의미다. 부끄러움은 본시 몸과 관련이 있으며, 이 몸은 신체뿐 아니라 인격의 주체를 표현할 때 쓰는 말이다. 자기己의 기르는 몸이다. 이와 관련해서 '망신살'은 역술의 언어로 크게는 패가망신敗家亡身에서부터 작게는 이런저런 일로 명예를 손상당한다는 운수를 뜻한다.

또 심한 망신을 가리켜 금수의 대명사인 '개'와 같이 불명예스러운 단어를 만드는 데 쓰이는 접두어를 붙여서 '개망신'이라고도 말한다. 지독한 수치, 곧 치욕을 뜻한다.

"수모를 당했지 뭐야."

'수모受侮'는 말 그대로 남에게서 치욕이나 모욕을 받고, 모멸이나 능욕을 당하는 매우 수치스럽고 불명예스러운 일을 겪을 때 쓰는 말이다. 심하게 부끄러운 상황에서 자연스럽게 나오지만, 반드시 피해야 할 정도로 좋지 않은 상황에서 쓰이는 불미스러운 말이다.

"남세스러워서 밖을 나갈 수 없어요."

'남세스럽다'는 '남우세스럽다'가 줄어든 말로 '남사스럽다'와 같
은 뜻이다. 남에게서 비웃음이나 조롱을 받는 상황을 의미하며, 다음
과 같이 '우세'만을 따로 떼어 쓰기도 한다. "아이고, 우세스러워라."
    이 표현의 관건은 '남우세'인데, 본래 '남에게 웃음을 산다'는 뜻이
다. 따라서 '너 우세 한 번 당해볼래'라는 말은 '조롱거리가 돼서 치
욕을 맛볼래'라는 뜻이다.

"서로 계면쩍어 그냥 눈인사 정도만 하지요."

'계면쩍다'는 본래 '겸연쩍다'는 말에서 온 것인데, 오늘날에는 둘
다 표준어로 쓰인다. '쑥스럽거나 미안해 어색하다'는 뜻이다. 얼핏
순 우리말 같지만 한자에서 유래되었다. 겸연慊然은 옛 글에서 자주 쓰
였는데, 두 가지 뜻이 서로 상반된 의미를 가진 특이한 글자다. 곧 겸
慊은 만족스럽다는 뜻을 가진 반면에 '찐덥지 않다'는 말로도 쓰인다.
'찐덥다'는 순 우리말로 '남을 대하는 데 흐뭇하다'는 뜻이기 때문에,
'찐덥지 않다'는 말에는 싫고 거슬린다는 의미가 들어 있다. 그러면
겸연의 '겸'은 과연 어느 쪽의 뜻을 담고 있을까?
    '겸연쩍다'에서 '쩍다'는 '어떠한 분위기를 느끼게 하는 데가 있
다'는 뜻을 더하는 접미사로, 무언가 상대를 대하는 데 좀 꺼림칙하고
별로 탐탁치 않다는 뉘앙스를 담고 있다. 그래서 '겸연쩍다'는 약간

                                 1부. 수치, 감정과 문화

부끄럽거나 다소 어색한 상황일 때 쓴다.

이와 관련해서 '**어색**'이라는 말도 부끄러움의 의미를 담고 있다. 어색語塞은 '말문이 막힌다', 곧 말이 나오지 않는 상태나 상황을 나타내는 말이다. 우리는 쓰는 말이나 행동이 모종의 규범에 맞지 않아서 부자연스러울 때 부끄러운 감정을 살짝 느낀다.

"남자들 앞에서 넘어진 한 여자가 무색해서 어쩔 줄을 몰라 했다."

무색無色은 옛 시에서 대표적인 사례를 찾을 수 있다. 당 시기 시인인 백거이白居易가 현종과 양귀비의 애정을 노래한 〈장한가長恨歌〉 가운데 무안색無顏色이라는 구절이 나온다.

(양귀비가) 눈웃음 한 번에 모든 애교가 나오니
화사하게 꽃단장한 미녀들 모두 낯빛을 잃어버렸네
(회모일소백미생 육궁분대무안색回眸一笑百媚生 六宮粉黛無顏色).

양귀비의 교태에 압도되어 궁녀들은 자신들이 보잘 것 없음을 알고 부끄러워 고개를 들지 못했다는 뜻이다. 여기서 무색 대신에 무안無顏을 써도 같은 뜻이 된다. 고개를 들지 못할 정도로 '무안했다'와 같은 의미가 무색이다.

"아는 척을 했는데 그냥 지나치자 쑥스러웠다."

흔히 '쑥스럽다'라고 쓰지만, 올바른 맞춤법으로는 '쑥스러웠다'라고 한다. 이 말 또한 한자에서 기원한다. '쑥'은 숙맥菽麥의 '숙'을 되게 발음한 것이다. 일상어에서 어리바리하거나 세상 물정에 어두운 사람을 '숙맥 같다'고 한다. 여기에는 오래된 고사가 있다.

숙맥은 원말이 불변숙맥不辨菽麥이다. 곧 콩과 수수가 어떤 것이 어떤 것인지 가릴 줄도 모르는 어리석은 사람이라는 뜻이다. 진나라 도공은 형을 대신해 어린 나이에 왕위를 계승했다. 법도로는 형이 왕위를 물려받아야 마땅했지만, 형이란 위인은 '숙맥도 못 가릴' 정도로 사리에 어두웠기 때문에 어린 아우가 왕위를 계승한 것이다.

이러한 고사를 바탕으로 '쑥스럽다'는 어리숙하거나 다소 어린('어리석다'의 원말) 사람이 가지는 수줍고 부끄러운 감정과 태도에서 비롯해 지금의 뜻을 얻었다. 그래서 쑥쓰러움은 순진한 사람의 무해한 부끄러움을 가리킨다.

"성적이 떨어져서 부모님을 똑바로 쳐다보는 것이 면구스러웠다."

'**면구스럽다**'에서 면구가 무엇을 뜻하는지는 알기가 어렵다. 어떤 풀이에서는 면구面灸라고 해서 '얼굴에 뜸뜨다'라고 봤다. 이 말은 부끄러움의 신체 표현인 치恥처럼 '얼굴이 확확 달아오를 정도로 낯 뜨겁다'는 뜻이다. 얼굴의 모세혈관이 확장되어 붉어지면 그와 동시에 간지럽거나 가려운 느낌이 들고, '낯간지럽다'와 같은 표현도 생길 수 있다. 그래서 '면구하다'는 매우 강렬한 표현이다. 얼굴에 뜸을 뜰

정도라니.

다만 좀 더 신중하게 생각하면, 면괴面愧라는 옛 말이 면구로 바뀐 것일 수도 있다. 이 역시 '낯부끄럽다'는 뜻이다. 지금은 쓰지 않는 말이 되었는데, 면괴가 면구로 바뀌고 면구에 해당하는 한자를 찾아서 면구를 대응시킨 것이 아닐까 한다. 면구는 재미있는 말이다.

부끄러움에 대한 속된 표현

"쪽팔려서 죽고 싶거든."

'쪽팔리다'는 아마도 부끄럽다는 감정을 표현하는 데 가장 흔히 쓰이는 말일 것이다. 속어라고 했지만, 국어사전에도 실려 있는 말이다. '쪽'과 '팔리다'가 결합한 합성어이며, 쪽은 얼굴을 가리킨다. '팔리다'에도 두 가지 뜻이 있다.

첫 번째로 '팔다'가 아닌 피동적으로 '팔려나간다'는 의미에서 '당한다'는 뜻이 있다. 그리고 사고파는 매매의 대상으로 삼지 않는 것은 매우 소중하다는 뜻이며, 그것은 바로 얼굴로 상징되는 자존심의 주체인 나 자신이다. 그래서 '쪽팔리다'는 것은 자존심이 내 의지와 상관없이 타인에 의해서 짓밟히는 수모를 당한다는 의미다. 비속어로 출발했지만 부끄러움이 어떤 것인지 잘 보여주는 말이다.

"우리가 돈이 없지 가오가 없냐?"

가오^{かお}는 얼굴을 가리키는 안顔의 일본말이다. 한국에서는 가오가 비속어로 쓰이는데, 일종의 체면體面을 가리킨다. 그래서 '가오잡는다'고 하면, '멋부리다,' '폼잡다' 등으로 쓰이지만 부정적인 맥락이 우세해서 '허세부린다', '잘난 척하다'는 뜻이 더 크다.

"돈이 없지 가오가 없냐"라는 말은 일종의 유행어처럼 되어 지금도 흔하게 쓰이는 표현이다. '돈과 가오'는 부귀영화를 자본주의적으로 대체한 '돈'과, 자본주의에서는 대체하기 어렵거나 경시하는 명예의 상징인 '얼굴', 그리고 그것이 드러내는 부끄러움을 극렬하게 대비시키는 생동감 넘치는 표현이다. 그 말뜻은 부정적인 맥락이 아니라 다음과 같은 의미일 것이다.

"자존심을 돈에 팔아넘길 정도로 너는 스스로에 대한 존중이나
명예가 없는 건가? 너는 체면도 없는 거야?"

비록 일본어가 들어간 비속어지만, 부끄러움이 자의식을 고양하는 긍정적인 감정이라는 흔적을 보여주는 표현이다. 그러나 지금은 부끄러움이 도처에서 피어나기 때문에, 명예를 나타내는 부끄러움은 사라지고, 자괴감의 부정적이고 나아가 병적인 부끄러움이 창궐하는 '쪽팔리고' '가오가 상하는' 시대다.

지금까지 우리 문화의 공간에서 부끄러움의 감정을 나타내는 여

러 말들을 문헌 속에서 살펴보았다. 이제 우리는 좀 더 실증적인 측면에서 부끄러움을 살펴보자. 과연 지금 여기에서 우리가 사용하는 부끄러움이라는 말은 어떤 의미를 가지고 있을까? 문헌의 공간이 아닌 삶의 거리와 현장으로 나가보도록 하자.

부끄러움의 언어화

신체적 감정론에 따르면 감정은 신체 변화를 반영하는 뇌의 심상이다. 그래서 감정은 언어화가 될 때 신체적 표현과 밀접하게 연결된다. 예컨대 화가 나는 것을 '열'받는다고 한다. 실제 화가 나면 얼굴과 몸에서 열이 나는 것을 체험할 수 있다. 무서움은 등골이 싸늘해진다고 한다. 실제로 무서우면 소름이 끼치면서 몸이 얼어붙는 것 같은 한기를 느낀다.

부끄러움은 얼굴이 붉어지고 귀가 빨개지는 신체 변화를 동반한다. 그래서 이와 관련된 언어화 양상이 나타날 것이다. 우리의 말과 글에 나타난 부끄러움의 구체적 언어 표현을 살펴보자.[44] 이를 위해 현실의 한국인들이 사용하는 어휘가 담긴 대표적인 국어사전과 소설 작품을 대상으로 삼았다.[45] 대표적인 열 가지 감정을 나타내는 말은 28곳의 신체 부위를 표현의 수단으로 하고 있다. 간략하게 그 빈도를 나타내면 다음과 같다.

감정	기쁨, 자부심, 경탄, 감동, 슬픔, 화, 두려움, 긴장, 미움, 부끄러움, 걱정.
신체	가슴, 간, 고개, 귀, 눈, 다리, 등, 머리, 목, 몸, 발, 배, 뺨, 부아, 비위, 살, 속, 손, 애, 어깨, 얼굴, 오금, 이, 이마, 입, 입술, 코, 혀.

부끄러움으로 한정하면 고개, 귀, 머리, 몸, 뺨, 손, 얼굴 등이 꼽힌다. 이런 결과는 구체적인 경험을 통해서 증명할 수 있다. 모두 부끄러움의 징표가 드러나는 곳이다. 신체 표현은 그 감정을 대표한다. 제임스-랑게이론과 달리 일반인들은 캐논-바드이론을 상식으로 가지고 있다. 그래서 감정과 생리적 반응이 동시에 일어나며, 특히 인과관계로 인식할 때는 자극을 받으면 감정이 일어나고 신체의 생리적 반응이 따라서 일어난다.

이런 이유로 이것은 비유법 가운데 환유에 속한다. 환유는 언어들의 근접성에 따른 것이기 때문이다. 인과관계만큼 선후로 가까이 근접한 것은 없다. 이 경우는 특히 '생리적 환유'라고 할 수 있다. 나뭇가지가 흔들리면 바람이 분다는 것을 알듯이 어떤 사람의 신체 표현을 통해서 감정을 아는 것이다. 실제로 어떤 사람은 감정을 느끼고 신체의 생리적 표현을 드러내는 과정을 갖는다. 곧 바람이 부는 원인이 나뭇가지를 흔드는 결과를 낳았다. 우리는 이 과정을 역순으로 해서 상대의 감정을 안다.

연구자들은 이런 연구를 하면서 다소 우울한 특징을 발견했다. 곧 부정적 감정이 긍정적 감정에 비해 '압도적'으로 많았다. 부정적인 감정은 대략 86퍼센트 정도이고 긍정적인 감정은 14퍼센트에 그쳤다. 한 시인은 '나를 키운 것은 8할(80퍼센트)이 바람'이라고 했는데, 그 직관이 맞은 것일까? 우리 안에 이토록 부정적인 감정이 많은 데에는 어떤 이유가 있는 것일까? 우리의 감정은 삶의 토대가 되는 사회와 문화에 의해 절대적으로 결정되는 것이기에 부정적인 사회상을 반영하는 것일까? 부끄러움의 경우도 이런 것이 아닐까? 부끄러움은 두 얼굴을 가지고 있어서, 명예와 자존심의 부끄러움이 숨으면 부끄러움이 무디어지고, 자기 파괴적인 수치가 개인을 해치고 사회에 만연하는 것일까?

이제 신체적 표현을 빌은 한국인의 감정 가운데 부끄러움에 집중해 보자. 자료는 일상의 삶을 다룬 한국의 소설과 말뭉치^{corpus}다.[46] '말뭉치'란 컴퓨터가 읽을 수 있도록 단어들을 모아서 정리해둔 것이라서, 언어의 빈도와 분포를 확인할 수 있는 자료다. 인문학에서 자연과학적 방법론이 가장 성공적으로 적용된 사례. 이러한 말뭉치는 우리가 어떤 단어를 검색할 때, 그와 관련된 다양한 연관관계를 파악하는 경우에 쓰인다.

부끄러움의 생리적 환유와 문학적 은유

부끄러움의 신체 외부적 반응은 보다 세분해서 19가지 부위로 나눌 수 있다. 우리말의 부끄러움에서 신체와 관련된 모든 부위가 망라되는 것이다. 몸이 뜨거워지고, 얼굴이 달아오르며, 동시에 볼과 뺨, 귀와 목 또한 그렇게 된다. 그리고 몸이 아래로 수그러진다. 얼굴을 못들거나 이마와 눈길을 떨어뜨리고, 턱을 가슴에 묻고 고개를 떨군다. 그리고 고개와 목, 몸도 움츠러든다. 이마와 콧잔등에 땀이 맺히고, 목이 메고 가슴이 두근대거나 거북하고 찌르르하다든지 숨이 멎는 것 같다. 행동도 쭈뼛대는 등 부자연스럽고 아찔하거나 흐리멍덩해지며 의식에 장애가 생기는 것 같다. 여기에 신체 내부적 반응에 대한 우리말 표현 두 가지를 추가할 수 있다.

신체의 표현이 다양한 까닭은 감정이란 신체의 언어이기 때문이다. 또한 은유로 옮겨진 부끄러움은 주로 친근한 것들이 많았다. 인용한 것들은 한 두 세대 전의 소설에서 가져온 것인데, 오늘날 소설 속에서는 또 다른 은유가 만들어지고 그것은 지금의 사회를 더 잘 반영하고 있을 것이다. 사례는 한 개씩만 들어보자.

부끄러움을 은유하는 신체적 표현

머리

그들은 모두 의미 있게 쳐다보며 웃는데 봉돌이는 면구해서 **머리**만 긁적이었다. 이기영,《외가리 촌村》

얼굴, 낯

"성례시켜달라지 뭘 어떻게…" 하고 되알지게 쏘아붙이고 **얼굴이** 발개져서 산으로 그저 도망질을 친다. 김유정,《봄 봄》

"김첨지 당나귀가 가버리니까 온통 흙을 차고 거품을 흘리면서 미친 소와 같이 날뛰는 걸. 꼴이 우수워 우리는 보고만 있었다우. 배를 좀 보지." 허생원은 모르는 곁에 **낯**이 뜨거워졌다. 이효석,《메밀꽃 필 무렵》

이마

그것에는 혹은 삼십 독신녀의 젊은 남녀에게 대한 빈정거림이 있었는지도 모른다. 구보는 소년과 같이 **이마**와 콧잔등이에 무수한 땀방울을 깨달았다. 박태원,《소설가 구보 씨의 일일》

여기서부터 사리에 맞도록 이말 저말을 주섬주섬 꺼내오다가 나의 며느리가 되어줌이 어떻겠느냐고 꽉 토파를 지었다. 치마를 흡싸고 앉아 갸웃이 듣고 있던 나그네는 치마끈을 깨물며 **이마**를 떨어뜨린다. 김유정,《산골나그네》

뺨

"애, 그런 소리는 하지 말고 어서 바누질이나 가리쳐주렴! 얼른 해가지고 오라는데 기애가" 하는 순영이는 오히려 부끄러운 듯이 두 **뺨**이 가만히 붉었다. 이기영,《민촌民村》

관자놀이

"시집갔니, 안 갔니."

관자놀이가 금시에 빨개진 것을 민망히 여겨 곧 뒤를 이었다.

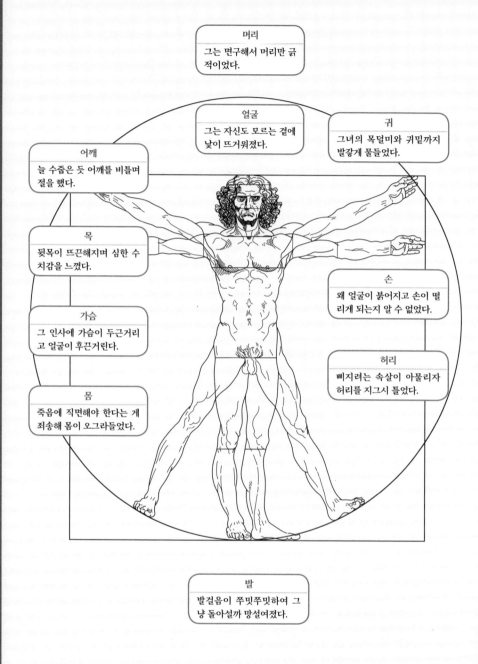

머리
그는 면구해서 머리만 긁
적이었다.

얼굴
그는 자신도 모르는 곁에
낯이 뜨거워졌다.

귀
그녀의 목덜미와 귀밑까지
발갛게 물들었다.

어깨
늘 수줍은 듯 어깨를 비틀며
절을 했다.

목
뒷목이 뜨끈해지며 심한 수
치감을 느꼈다.

손
왜 얼굴이 붉어지고 손이 떨
리게 되는지 알 수 없었다.

가슴
그 인사에 가슴이 두근거리
고 얼굴이 후끈거린다.

허리
삐지려는 속살이 아물리자
허리를 지그시 틀었다.

몸
죽음에 직면해야 한다는 게
죄송해 몸이 오그라들었다.

발
발걸음이 쭈밋쭈밋하여 그
냥 돌아설까 망설여졌다.

표1. 부끄러움을 나타내는 신체적 표현

레오나르도 다 빈치, 비트루비우스적 인간Vitruvian Man 모사.

레오나르도 다 빈치, 자화상 소묘. 1510년대. 토리노왕립도서관 소장.

"평생 시집 안 갈 테냐." 이효석, 《분녀粉女》

눈

송가원은 고개를 꾸벅하며 새삼스러운 눈길로 여자를 쳐다보았다. 다소곳이 고개를 수그렸다가 드는 여자의 눈과 마주쳤다. 여자는 당황스럽게 **눈길**을 떨구었다. 조정래, 《아리랑》

코

장죽을 두드리며 서릿발 같은 꾸중을 할 참인데 그 망나니가 넌지시 학문에 대한 문답을 시작했다나? 그 늙은네 형편없이 당황했다는 게야. 손주뻘 되는 젊은 사람 앞에서 **코**를 싸쥔 거지. 박경리, 《토지》

귀

수천댁과 어머니의 말에 강실이는 고개를 수그리고만 있었다. 그네의 연한 목덜미와 **귀밑**까지도 어느새 발갛게 부끄러운 물이 들었다. 최명희, 《혼불》

입, 입술

"그런데 이규씨는 절 원하세요?" 꺼져버릴 듯한, 그러면서 떨리는 윤희의 **목소리**에 이규는 퍼뜩 정신을 차렸다. 이병주, 《지리산》

무안에 취하여 푹 숙인 계집 뺨에다 꺼칠꺼칠한 턱을 문질러 본다. 소리를 암만 시켜도 **아랫입술**을 깨물고는 고개만 기울일 뿐 소리는

못하나 보다. 김유정,《산골나그네》

턱

남편 없고 몸 붙일 곳 없다는 것을 간단히 말하고 난 뒤, "이리저리 얻어 먹고 단게유" 하고 **턱**을 가슴에 묻는다. 김유정,《산골 나그네》

고개

우리는 강의실 창문 바깥에서 목쉰 소리로 우리를 불러내려는 고함 소리를 들었을 때 창피하고 부끄러운 기분으로 **고개**를 움츠리었다. 최인호,《무서운 복수》

목

강모는 **뒷목**이 뜨끈해졌다. 그리고 온몸의 털이 거슬러서는 심한 수치감을 느꼈다. 최명희,《혼불》

어깨

모화는 사람을 볼 때마다 늘 수줍은 듯 **어깨**를 비틀며 절을 했다. 김동리,《무녀도巫女圖》

몸

그가 그의 행복과 단란을 버리고 살벌한 이국의 싸움터, '갓댐 철원', '갓댐 장단' 영하 30도의 이름 모를 고지 같은 데서 끊임없이 죽음에 직면해야 한다는 게 죄송해서 **몸**이 오그라들었다. 박완서, 《나목》

허리

나그네는 주춤주춤 방안으로 들어와서 화로 곁에 도사려 앉는다. 낡은 치맛자락 위로 삐지려는 속살이 아물리자 **허리**를 지그시 튼다. 나도향, 《산골나그네》

손

나는 그만 말문이 막히고 말았다. 보고 싶다든가, 그립다든가 하는 어휘들을 마음속에 담는 것만으로도 왜 말을 더듬고 얼굴이 붉어지고 **손**이 떨리게 되는지 그 까닭을 알 수 없었다. 김주영, 《홍어》

발

중문간을 들어설 때는 **발걸음**이 쭈밋쭈밋하여, 누가 볼까 싶어지면서 그냥 돌아설까 망설여졌다. 최명희, 《혼불》

머리, 머릿속

그러면 이번에는 하는 수 없이 그 동무 아버지의 전당국으로 가야겠다. 한 발자국이라도 더디게 떼어놓아 그 전당국으로 들어설 때 가슴은 거북하고 **머리**는 열이 올라와서 흐리멍덩하다. 나도향, 《행랑자식》

가슴

그 인사하는 소리가 내 귀에는 어째 비소하는 것 같기도 하고 모욕하는 것 같기도 하여 공연히 **가슴**이 두근거리고 얼굴이 후끈거린다. 현진건,《빈처》

부끄러움을 은유하는 문학적 표현

그릇 속의 액체

무슨 파렴치한 행위를 저지른 것처럼 역겨운 자괴심이 **끓어올라** 도무지 마음을 안정할 수가 없었다. 이동하,《도시의 늪》

시간, 적

노점에서 점심요기 삼아 **술 한 잔을 들이킬 때도** 이마빡을 치듯 수치심이 달려들었고, 그러면 용이는 해란강 나루터를 나간다. 그곳에서 강물을 바라보며 언제까지 서 있는 것이다. 고향을 버린 죄라고 뇌며서. 박경리,《토지》

물건

"오빠, 우리 좀 당당해집시다. 부끄러움, 가책 같은 건 **갖지 말기로 합시다.**" 박경리,《토지》

식물

"다시 뵙게 되어 반갑습니다. 그간에 벌써 1년 세월이 흘렀군요."

송수익은 이렇게 말하며 몇 걸음을 옮겼다. 여인이 몸을 돌리지 않아도 되게 하려는 것이었다. 여인의 옆얼굴이 드러났다. 여인의 고개가 더 수그러들었다. 붉은 기운 감도는 여인의 귓불에 부끄러움이 **꽃빛**으로 돋아 있었다. 조정래,《아리랑》

술

사회자는 그만 **무안에 취해서** 얼굴을 붉히며 매우 난처한 표정을 짓다가, "아까 박동혁 군이 말할 때는, 시간이 없다고 주의를 시킨 것이지 말의 내용을 간섭헌 것은 아닙니다" 하고 뿌옇게 발뺌을 한다. 심훈,《상록수》

강물

"자, 밥이다. 먹고 드러누워라. 이 치운데 저것이 무슨 청승이냐."
진태는 온 전신을 사를 듯이 **부끄러운 감정이 홱 흐르며**, "글쎄 싫다니까. 안 먹어요. 먹기 싫어요." 나도향,《행랑자식》

천

부월이는 복면처럼 **부끄러움을 가려 주는 어둠**한테 고마움을 느꼈다. 윤흥길,《완장》

부끄러움 계열 언어들의 관계

사전적 의미의 관계를 비교하는 것이나 언어의 역사를 살펴보는 것에 이어, 지금 여기에서 자주 사용되는 언어들의 관계에 대해서 좀 더 실증적으로 파악해보고자 한다. 여기에 해당하는 말은 아쉽지만 부끄러움, 창피함, 쑥스러움, 수치스러움, 수줍음 등에만 한정된다. 역시 방법론은 말뭉치를 가지고 한다.[47]

분석 결과 가장 높은 빈도 수를 보이는 감정은 다음과 같았다. 여기에 각 감정을 나타내는 어휘와 관련해서 함께 등장하는 어휘들을 고려해서 상대적인 빈도 수도 고려했다. 이를 시각화해 펼치면 다음에 나오는 〈표2. 부끄러움 계열 말들의 관계도〉가 나온다.[48]

〈표2〉에서는 수치만 외로운 섬처럼 따로 떨어져 있고, 나머지 어휘(부끄러움, 창피함, 쑥스러움, 수줍음)들은 서로 몰려 있다. 이는 어휘의 사용 문맥에서 수치스러움이 가장 차별적이라는 것을 보여준다. 그런데 여기서도 부끄러움과 창피함이 서로 더 가깝고, 쑥스러움과 수줍음이 인접해 있는 특징이 발견된다. 지금까지 논의해온 부끄러움 계열의 감정들이 가진 차별성이 실증적으로 증명되어 있다.

또한 이 연구에서는 부끄러움 계열의 감정을 나타내는 말과 같은 문맥에 위치하는 어휘들도 확인할 수 있었다. 역시 신체 부위가 가장 많았고, 타인들이 밀접하게 관련되어 있었다. 타인들 가운데는 가족을 지칭하는 어휘가 가장 많았다(남편, 당신, 아내, 아들, 아버지, 엄마, 형 등). 그리고 일시적으로 일어나는 비교적 뚜렷한 원인이 있는 사건들

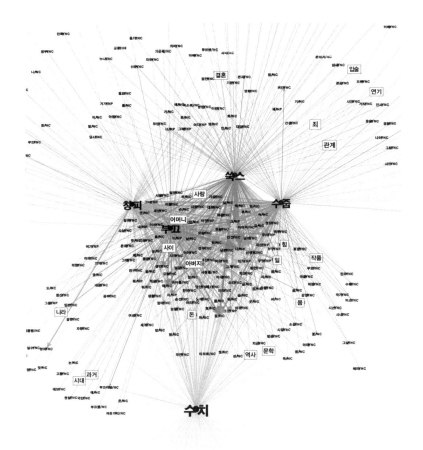

표2. 부끄러움 계열 말들의 관계도

1부. 수치, 감정과 문화

이 많았고, 주목할 만한 것으로는 경제적인 것과 밀접한 어휘들이 등장했다(돈, 모습, 옷, 일, 집, 차, 힘).

수치스러움의 언어적 변별성

수치스러움과 같은 맥락에 위치하는 어휘로는 도덕적 기준과 연관 있는 것이 많았다(거짓말, 교회, 대인군자, 도리, 도학, 마땅, 맹자, 법정, 법칙, 선비, 왜곡, 하나님). 흥미롭게도 이 어휘들은 수치스러움을 제외한 부끄러움, 창피함, 쑥스러움, 수줍음 등에서는 발견되지 않았다. 수치스러움은 역시 도덕적인 기준과 큰 관련성이 있음을 확인할 수 있다. 이와 관련해서 타인의 부정적인 평가를 보여주는 것도 발견된다.

수치스러움과 근접한 어휘들 가운데에는 역사와 밀접한 관련을 가진 것이 상대적으로 많았다(과거, 역사, 조선, 청산, 국가). 특히 역사적 사건들을 대면할 때 더욱 그러했으며, 분노로 표출되는 경우도 많았다. 앞서 보았듯이 이 경우는 수치가 아니라 치욕이다. 심하게 욕보인 감정을 나타내고 있는 것이다.

또한 현실 정치적인 상황이나 입장 표명에 관련되는 것도 많다(당, 민심, 언론, 입장). 이 역시 부정적인 맥락이다. 그리고 수치와 성性이 밀접한 관련을 보이고 있다.

'말'로 보는 수치의 지도

말뭉치에서 수줍음은 이성 관계와 깊은 관련을 맺고 있다(결혼, 관계, 관심, 그리움, 사랑, 사이, 첫사랑). 수줍음과 근접도가 높게 측정되는 신체 부위 어휘도 많았다. 이는 수줍음이 신체 운동의 이미지인 신체적 감정론에 따라 일차 감정에 해당하기 때문일 것이다. 수치와 성이 다소 부정적인 맥락에서 관련을 맺고 있는 것과 달리 수줍음은 긍정적인 관련을 맺고 있다. 우리의 분석처럼 수줍음은 무해한 감정이다.

쑥스러움은 예술적인 활동과 연관이 있는 어휘들과 관련성을 맺고 있다(모델, 모양, 무대, 문학, 연기, 음악, 인기, 인물, 인사, 작품, 표정, 표현). 부끄러움 계열의 감정 어휘들이 그렇지만, 쑥스러움은 특히 타인의 시선이 주목되는 상황에 잘 등장한다. 그러나 반드시 부정적인 것은 아니었다. 다만 조금 어색한 상황이나 익숙하지 않은 경험을 나타내는 데 쓰이고 있었다. 이 또한 쑥스러움이 숙맥이라는 말에서 진화되어 온 것처럼, 순진한 사람의 좀 어리숙한 모습에서 생겨나는 '수줍음'을 가리키는 말이라는 기원을 확인시켜준다.

창피함은 상대적으로 광범위하고 포괄적이었다. 이와 관련해서 부끄러움과 창피함은 다른 세 가지 감정의 어휘보다 더욱 포괄적으로 사용되는 것을 보여준다. 앞의 그림에서도 두 감정 어휘는 근접해 있었다.

●

이상으로 부끄러움 계열의 감정들이 서로 관계되는 양상에 대해서 실증적인 연구를 살펴보았다. 앞선 연구와 합해서 이제 우리는 이른바 '수치 의미 지도'를 다음과 같이 만들 수 있다.

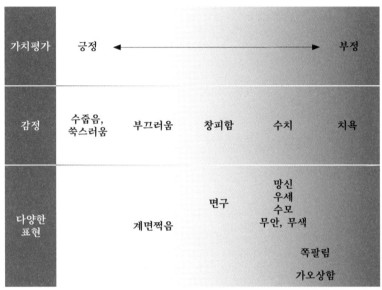

표3. 수치 의미 지도

수치,
아래쪽 얼굴

지금부터는 수치의 아래쪽 얼굴인 부정적인 감정에 대해 살펴본다.
수치가 생겨난 심층 문화를 탐색하기 위해 에덴의 신화와 신학적 해석,
《실낙원》이라는 기독교 문학 등을 알아본 다음 정신분석학에서
해석하는 수치의 심리학적 무게감을 가늠한다.

1장
수치의 탄생

인간의 타락과 수치의 시작

부끄러움은 비교적 중립적인 가치 평가를 갖는 쪽이지만, 표현상으로는 수치와 대응해서 교환될 경우에는 대개 부정적인 감정이다. 이에 비해 수치와 이를 더 짙게 나타낸 치욕은 처음부터 끝까지 부정적 감정이다.

수치가 부정적인 감정으로 번지게 된 이유를 설명하는 것으로《성서》만 한 것이 없다.《꾸란》에도 이와 관련된 기사가 있지만, 한국인에게는《성서》가 더 친숙한 편이다.《성서》의 〈창세기〉에는 천지창조의 장엄한 사건이 기록되어 있고, 이어 신의 형상으로 빚은 최초의 인간이라는 아담(인간이라는 뜻을 가졌다)과 그의 갈비에서 생겨난 여자(아직 이름이 없었다)의 탄생이 소개되어 있다. 물론 이는 신화다.

신화라서 사실이 아닌 허구이며, 사실성이 없어서 진실하지 않다고 생각할 수도 있다. 하지만 신화는 과학의 사실성과는 또 다른 차원의 사실성을 가진 설명 방식이며 통찰의 체계다. 신화에는 과학으로는 설명할 수 없는 문제에 대한 설명이나, 과학이 접근하기 어려워서 괄호 속에 넣어 놓은 문제들에 대한 해답이 있다. 신화가 오늘날 우리에게 중요한 의미를 가진 까닭은 이러한 설명과 해답에 인간의 자기이해 방식이 배어들어 있기 때문이다. 신화는 과녁을 돌려 인간에 대한 진실한 내용을 좀 더 원초적인 형태로 전달하고 있다. 원초적이기 때문에 더 간단하고 쉬우며, 인간을 빗대어 설명하는 것이라서 그 은유적인 설명 방식이 재미나다. 그러니 신화적인 설명을 포기할 수 없다.

수치라는 감정은 인간 존재의 본질적 요소이기 때문에, 이를 알기 위해서는 그것이 드러나 있는 신화의 이야기에 주목할 필요가 있다. 더구나 모든 것을 설명하는 최초의 이야기다. 아담과 그의 짝은 낙원에서 살고 있다. 그런데 《성서》에서는 두 남녀가 낙원에서 사는 모습을 구체적으로 이야기하고 있지 않다. 다만 모든 만물이 짝이 있듯이 둘은 결혼했다. 그냥 남녀가 아니라 부부였다.

이러므로 남자가 부모를 떠나 그의 아내와 합하여 둘이 한 몸을 이룰지로다. 아담과 그의 아내 두 사람이 벌거벗었으나 부끄러워하지 아니하니라. 〈창세기〉(2장 24~25절)

'큰 사고'를 치기 이전 두 부부는 벌거벗고 살았으며, 벌거숭인데도 부끄러움이 없었다. 여기서 부끄러움은 히브리어로 '보쉬'의 동사 형태다. 이 뜻은《성서》에서 가난, 부족함, 패배, 실패, 포로로 사로잡힘, 슬픔, 근심, 애도, 간음의 표시로서 모두 부정적인 뜻을 지닌다. 그러나 여기에서만 예외로 쓰였다.

'에덴'은 기쁨을 뜻하는 히브리어다.《성서》대로 에덴의 동산은 생명과 풍요로움과 평화로 충만한 기쁨만이 가득한 곳이었다. 부부는 여기서 기쁨 속에 살고, 심지어는 벌거숭이로 있어도 부끄러움이 없었다. 곧 가난과 부족함에서 연유한 궁핍의 고통도 없었고, 슬픔이나 근심에서 생겨나는 고뇌도 없었다.

'둘이 한 몸을 이루었다they shall be one flesh'는 것은 결혼의 의미이며, 구체적으로는 성관계를 맺음을 가리킨다. 이런 기쁨이 충만한 세상에서 섹스가 관능적 쾌락을 동반하는지는 알 수 없으나, 그 역시도 기쁨과 쾌락이 아닐 수는 없을 것이다. 육신flesh의 일인 섹스는 본래 그런 것이니까 말이다.

다만 부끄러움이 없는 것은 오래되고 친숙한 사이라서 그런 것일 듯하다. 하지만 애초 부부가 되기 이전에 처음 보았을 때에도 부끄러움이 없었는지는 알기가 어렵다. 결론적으로 이들 부부의 삶은 현실 인간이 사는 삶과는 다른 것 같다. 이들은 비록 육신을 가졌으나 인간이기보다는 지복至福의 장소에서 사는 거의 신과 같은 존재다. 신의 형상대로 지어졌다고 했으니 더욱 그렇다.

아담 부부의 이와 같은 위상과 관련해,《꾸란》에서는 아담 부부(실제로는 아담만 거론한다)가 천사들의 인사를 받을 정도로 존귀한 존재였음을 보여준다. 그들은 천사들보나 위에 있는 존재였더.

> 하나님(하느님)이 너희들을 창조하사 형상을 두시고 천사들로 하여금 아담에게 인사하라 하니, 그들 모두가 인사하였으나 이블리스는 그렇지 아니하고, 인사하는 자 중에 있기를 거절하였다.
> 《꾸란》(7장 11절)

하느님(알라=하나님=유일신)은 인간을 존중해 그 위상을 천사보다 더 높은 존재로 설정했다. 참으로 감격스럽다. 모든 천사들이 인간에게 경배를 올렸으나, 이블리스만이 하느님의 명령을 거역했다. 이블리스가 누군지 몰라도, 사탄이나 악마의 반열에 드는 존재라는 것은 금세 알아챌 수 있다.[49] 실제 '이블리스'라는 말은 옛 그리스어 디아볼로스διάβολος에서 유래한 것으로 '절망'과 '단념'의 뜻을 갖는다. 디아볼로스는 악마Devil다. 흥미롭게도 앞의 말 '디아'는 '분리'를 뜻하니(영어 divide에도 흔적이 있다), 일자一者 즉 하나이신 하느님에게서 떨어져 나온 존재라는 뜻이다.

《꾸란》에서 아담 부부는 신적인 존재로 대접을 받는다. 《성서》에서도 그 같은 위상은 마찬가지다. 다만 유일신 전통에서 다른 신은 설정할 수 없으니, 대신 그들은 신성을 가진 존재다. 그런데 이블리스는 이러한 인간의 위상을 인정하지 않는다. 《성서》에서 이블리스의 역할은 뱀이 맡았다. 잘 알려진 것처럼, 뱀은 하느님의 명령을 거역하라고, 불복종하라고 '달변의 혀'를 놀린다.

> 그러자 뱀이 여자를 꾀었다. "절대로 죽지 않는다. 그 나무 열매
> 를 따먹기만 하면 너희의 눈이 밝아져서 하느님처럼 선과 악을
> 알게 될 줄을 하느님이 아시고 그렇게 말하신 것이다." 여자가
> 그 나무를 쳐다보니 과연 먹음직하고 보기에 탐스러울 뿐더러
> 사람을 영리하게 해줄 것 같아서, 그 열매를 따먹고 같이 사는 남
> 편에게도 따주었다. 남편도 받아먹었다. 〈창세기〉(같은 곳, 4~6절)

에덴동산 한가운데에는 두 그루의 특별한 나무가 서 있다. 하나는
생명의 나무Tree of life이고, 다른 하나는 선악을 인식할 수 있는 나무다.
그런데 하느님은 선악을 알게 해주는 이 나무의 열매를 먹지 못하게
금지의 명령을 내렸다.

> 이 동산에 있는 나무 열매는 무엇이든지 마음대로 따먹어라. 그
> 러나 선과 악을 알게 하는 나무 열매만은 따먹지 마라. 그것을 따
> 먹는 날, 너는 반드시 죽는다. 〈창세기〉(2장 16~17절)

기쁨이 충만한 이 동산에서 무엇이든 할 수 있다. 그렇다면 생명의
나무에서 열린 열매도 따먹을 수 있고, 실제로 따먹었을 것이다. 그러
나 선악의 인식과 관련된 열매는 따먹을 수 없다. 지엄한 하느님의 명
령을 누가 어길 것인가? 불복종은 꿈도 꿀 수 없는 일이다.

그러나 뱀은 무엄하게도 하느님을 거짓말쟁이로 만들었다. 그 분의 금지 명령은 거짓이고, 그런 거짓말은 아담 부부가 선과 악을 인식할 수 없도록 하기 위한 것이었다. 뱀은 천지를 창조한 하느님을 자기 것을 나누거나 뺏기는 것을 두려워해서 거짓말이나 일삼는 모종의 하자를 가진 매우 열등한 존재로 격하시켰다. 그런데 왜 하느님은 애초에 이런 사악한 존재를 만드시고 공연히 욕을 당하시는가? 이는 어린이도 할 수 있는 단순한 질문이지만, 시대를 초월한 대철학자와 신학자들도 풀기 어려운 천고의 의안으로 대물림되어왔다. 이윽고 수치(부끄러움)가 등장한다.

> 그러자 두 사람은 눈이 밝아져 자기들이 알몸인 것을 알고 무화과나무 잎을 엮어 앞을 가렸다. 〈창세기〉(3장 7절)

이 구절에서는 정작 수치란 말은 없고 그 감정의 신체적 표현도 생략되어 있다. 단지 무화과 잎을 따서 그것을 엮어 '앞을 가렸을' 뿐이다. 앞을 가린 것도 온 몸을 가린 것이기보다는 행주치마처럼 허리춤 아래, 곧 노출된 성기 부분을 가린 것으로 보인다. 영어 표현도 대부분 그렇다(They made themselves aprons 또는 They made themselves loin coverings). 이는 단순한 알몸이 아니라 성기가 노출된 알몸^{naked}이며, 이러한 상태가 부끄러움, 곧 수치를 일으킨 것이다.

그런데 평소에도 알몸으로 살던 사람들이면서, 게다가 알 것 다 아는 부부지간에 이제 와서 새삼스레 무슨 내외라도 하려는가? 이 무슨 해프닝인가? 실제로는 무슨 일이 일어난 것일까? 역시 신화라서 구성은 단순하고 표현은 조잡한 것일까?

욕망하는 인간의 수치 보따리

우리가 이 신화를 살펴보는 이유는 일종의 '수치 보따리'를 만들고자 해서다. 이 보따리 안에 들어가는 말들은 서로 간에 밀접한 관련을 가지고 있다. 이 말들이 서로 결합하고 연결되어 일정한 이야기를 만들어낸다고 생각하기 때문이다. 말하자면 이야기 재료들이다.

맨 처음 그들이 열매를 먹고 변화가 되면서 느낀 감정은 기쁨도 슬픔도 아닌 부끄러움, 그것도 부정적인 부끄러움인 수치다(영어 표현은 모두 'shame'이라 우리말처럼 구별이 안 된다).[50] 에덴동산에 슬픔은 없을 것 같고, 열매를 맛보기 전에도 관능적 쾌락을 포함한 온갖 기쁨을 맛보았을 테지만, 이는 인간 이전의 일이라서 제외한다. 열매를 맛본 행위는 그들을 이전과는 다른 존재, 곧 신격이 사라진 인간이 되게 했다. 그래서 보따리에 '인간됨'이 들어간다. 그리고 '모종의 명령을 위반'한 대가로 생겨난 감정이 존재했다. 이것도 들어간다. 그리고 '알몸'과 '성기'도 보따리에 들어간다. 이 말들은 특히 중요하다.

여기서 그들을 변화시킨 것이 무엇이었는지 좀 불분명하다. 예컨대 열매 속의 어떤 '마약' 성분이 작용한 것인지, 아니면 열매를 맛본 그 행위, 곧 불복종 때문인지, 선악에 대한 각성으로 생겨난 인식의 변화인지 말이다. 아마도 세 가지 모두가 해당할 것이다.

열매의 성분은 알 수 없고, 비록 뱀의 꾐에 빠진 것이라고 하지만 결국은 스스로의 의지가 가져온 선택에 따라 맛을 보았고, 그 결과 각성이 동반되었다. 그녀는 모든 것이 만족스러운 에덴에 살고 있었지만, 무언가 결핍을 느꼈던 것 같다. 결핍이 없었다면 채워야 할 일도 없었을 것이기 때문이다. 이 결핍은 욕망을 부른다.

> 여자가 그 나무를 쳐다보니 과연 먹음직하고 보기에 탐스러울 뿐더러 사람을 영리하게 해줄 것 같아서, 그 열매를 따먹고 같이 사는 남편에게도 따주었다. 남편도 받아먹었다. 〈창세기〉(3장 6절)

열매는 먹음직스럽고good for food, 눈이 즐거울 정도로 탐스럽게 보여pleasing to the eye 더욱 먹음직했다. 그리고 더욱 중요하게는 그것을 먹고 나면 지혜를 얻을 수 있을 것만 같았다. 그녀는 그 나무가 그들을 지혜롭게 만들어 줄 수 있기를 갈망했다The tree was desirable to make one wise. 여자는 지혜를 욕망했다. 여기서 지혜는 선과 악을 아는 것이며, 뱀의 해석으로는 너희가 신처럼 될 수 있는 능력이다.

그런데 왜 선악을 아는 것이 지혜인가? 선악이 그렇게 중요한가? 선악이 없는 에덴의 세상이란 어떤 곳인가? 뱀은 선악의 어느 편에서 있는가? 여기서 우리는 하느님이 선악의 열매를 만드는 과정을 다시 생각해 볼 필요가 있다.

창조, 분리, 타락

하느님은 창조의 첫 날에 천지를 짓고 나서, 어둠속에서 빛을 만들었다. 빛과 어둠이 나누어지자, 낮과 밤이 구별되었다. 하느님은 그 빛이 보시기에 좋았다.God saw that the light was good. 하느님이 보시기 좋은 것이 바로 선good이다. 히브리어로 선善은 토브다.[51] 둘째 날도 비슷한 일을 하시고, 창조의 날도 그렇게 지났다. 셋째 날 하느님은 대지와 바다를 만들고 그것이 '보시기에 좋다God saw that it was good'고 했다.

넷째 날 천체를 다스리고 역시 좋다고 하셨다. 다섯째 날은 물속을 헤엄치는 것들과 하늘을 나는 것들을 지으시고, 번성을 축원하셨다. 역시 보시기에 좋았다. 여섯째 날은 땅에 사는 것들을 만드셨다. 그리고 하늘과 바다와 땅에 사는 것들을 다스리는 일종의 관리인으로서 남녀를 만드셨다. 당신의 모습대로 지으셨으니, 분신이었다. 오늘도 보시기에 좋았다.

아무것도 결핍이 없었고, 추함은 보이지 않았다. 모든 것이 좋았다. 그런데 선악의 등장은 태초에 천지를 지을 때 함께 등장한 것이다. 하지만 선은 등장했으나, 악은 어디로 갔는가? 선이 생기는 것은 필연적으로 악을 동반하지만, 악은 어디에도 보이지 않는다. 그리고 당시 사람들에게 선악이란 단순히 도덕적 평가에만 머물지 않고, 시비를 포함한 일체의 것을 가리킨다.[52] 따라서 창조는 필연적으로 분리를 동반한다. 그리고 《성서》의 세계에서 특이한 점 하나로 찾을 수 있다. 천과 지, 빛과 어둠, 낮과 밤, 생명체들과 인간 남녀 등의 사이에 모두 선악의 가치평가로 인해 기울기가 생겨났다는 것이다. 전자는 특히 최초로 빛을 보기 좋아하시면서, 내내 그것을 선이라고 한 이후, 후자의 짝들은 그만 못한 것이 되었다. 이러한 신화의 도식은《성서》세계관의 특징으로 자리 잡았다.

하느님은 6일 동안 일하고 이레째는 일에서 손을 떼고 쉬셨다. 그런데 이때 또 새로운 창조 작업을 몸소 하신다. 아마도 우리처럼 일요일에도 일을 하신 것 같다. 땅에서 물이 솟아 온 땅을 적시자 촉촉한 진흙이 생겼는데, 그것으로 아담을 짓는다. 그리고 굳이 에덴을 마련해 아담의 보금자리로 만들어주셨다. 그리고 "보기 좋고 맛있는 열매를 맺는 온갖 나무를 그 땅에서 돋아나게 하셨다. 또 그 동산 한가운데는 생명나무와 선과 악을 알게 하는 나무도 돋아나게 하셨다".〈창세기〉(2장 9절)

숨겨진 징조, 비워진 알몸

선악은 천지가 창조되면서부터 생겨난 것이 틀림없다. 창조하지 않으면 아무 것도 생겨나지 않았을 테지만, 창조하니 선과 악이 생겨났다. 창조는 분리에서 비롯된다. 여기서 선은 좋은 것이며, 특히 하느님이 보시기에 좋은 것이다. 선이 보기 좋은 것이라면 악은 그와 반대되는 것이다. 보기 좋지 않은 것이고 시선에 거슬리는 것이다. 좋음에 거역하고 반대하는 것이 악이다. 선을 높이고 악을 그 아래 두려는 고결한 마음씨를 가진 사람들에게는 미안한 일이지만, 악은 선에 종속되는 것이 아니라 하나의 당당한 실체다. 이는 어둠이 빛에 종속되거나 밤이 낮에 종속되지 않는 이치와 같다.

하느님의 천지 창조는 '좋음'(선善)과 이를 거스르고 반대하는 '나쁨'(악惡)을 만들었다. 이는 선악을 알게 하는 나무를 만든 것에서 명시적으로 드러난다. 좋은 것만 있는 에덴에 그에 반하고 거슬리는 존재 즉 악이 있다는 것은 창조의 비밀이다. 그러나 이것은 천지의 이원론 구조에서 등장할 수밖에 없는 엄연한 사실이다. 선과 악은 좋음과 나쁨이며, 보기에 좋은 것이고 보기 싫은 것이며 아름다움과 추함이다. 이것이 비밀이 된 이유는 악(나쁨, 보기 싫음, 추함)을 숨겨놓았기 때문이다. 창세기의 세계관은 두 가지 대극들이 동등한 것이 아니라, 하나가 다른 하나의 우위에 있고 그로 인해 가치의 우열도 정해지는 세계이기 때문이다.

선악을 알게 해주는 나무에 매달린 열매에는 일종의 비밀이 담겨져 있다. 한 쪽의 우위로 인해 우열이 생겨나고, 한쪽의 세력을 유지하기 위해서는 다른 하나를 억압 혹은 은닉해야 한다. 그래서 비밀이 생겨나고, 이 비밀스러운 지식은 금단의 지식이 된다. 수치 보따리에도 선과 악, 아름다움과 추함이 들어간다.

창조에 필연적으로 포함된 악에 선보다 못한 가치를 부여하자, 악은 완전함에 대한 불완전함으로 인식되었다. 완전한 세계, 곧 에덴으로 대표되는 진선진미한 세계에 불완전한 악은 은닉 혹은 억압되어 있다. 완전히 소멸될 수는 없는 것이기 때문이다. 이미 세계는 분리되면서 생겨났다. 이 은닉되고 억압된 것은 실제로 하느님의 그림자다. 빛을 보고 좋아하신 그 분이 창조로 인해 필연적으로 그림자를 낳았다. 비유하자면, 이것의 표상이 뱀이다.

그리고 하느님의 형상을 따라 지어진 인간에게도 이러한 그림자가 존재했으니, 그것은 어둠과 악의 계열에 속하는 불완전성, 곧 결핍이다. 인간에게 결핍은 욕망으로 드러난다. '욕欲'이라는 한자는 비어 있는 계곡을 뜻하는 '곡谷'과 모자라고 부족하다는 의미의 '흠欠'이 합쳐진 말이다. 욕망은 늘 비어 있기 때문에 채워지기를 바란다. 허기진 배고픔처럼 말이다.

뱀이 왜 존재하는가? 이 세계에 불완전성이 존재하기 때문이다. 그것은 하느님의 그림자였다. 하느님은 일자一者지만, 창조된 빛과 그림자의 세계에서는 일자가 되려면 양자의 대극을 포괄해야 한다. 하지만 빛을 내세우려면 어둠은 은닉되거나 억압되어야 한다. 은닉과 억압의 존재가 뱀으로 나타났고, 선악을 아는 나무에는 이 사실이 열매 속에 감춰져 있었다. 이 은닉된 비밀은 하느님의 대리인인 인간의 욕망과 감응했다. 그리고 이 인간은 여자였다. 여자는 남자에게서 나온 것이기에 불완전하며 결핍된 존재였다. 여자는 욕망이었다.

여자의 욕망은 하느님이 되고 싶다는 것이었으며, 이는 완전해지고자 하는 욕망의 발현이다. 하느님이 되고 싶은 욕망은 창조의 비밀을 알고 싶은 것이며, 또한 금단의 지식을 소유하고 싶은 것이다. 에덴은 소유가 아닌 존재로 머무는 것이었으나, 욕망을 가진 존재는 결핍을 채우고자 소유를 갈망했다. 열매는 탐스러웠다.

죄와 벌, 추방과 각성

금단의 지식은 세계 창조의 비밀이며 은닉과 억압에 의해 왜곡된 지식이 아닌 전체의 지식이다. 이런 의미에서 완전한 지식이고, 이는 지혜다. 선과 악이라는 대극에 대한 지식은 하느님만이 가진 것이다. 그런데 어찌된 일인지 지혜를 알자 수치가 생겨났고, 두 부부는 불복종에 대한 죄책감으로 두려웠으며, 이를 피하기 위해 도망쳐 숨었다. 보따리에 불복종, 죄책감, 도망 등이 들어간다.

> 날이 저물어 선들바람이 불 때 야훼 하느님께서 동산을 거니시는 소리를 듣고 아담과 그의 아내는 야훼 하느님 눈에 뜨이지 않게 동산 나무 사이에 숨었다.
> 야훼 하느님께서 아담을 부르셨다. "너 어디 있느냐?"
> 아담이 대답하였다. "당신께서 동산을 거니시는 소리를 듣고 알몸을 드러내기가 두려워 숨었습니다."
> "네가 알몸이라고 누가 일러주더냐? 내가 따먹지 말라고 일러둔 나무 열매를 네가 따먹었구나!" 〈창세기〉(3장 8~11절)

아담 부부의 은신은 명령을 어긴 것을 자각하고, 그 대가를 피하기 위한 행동이었다. 그러나 하느님을 누구라서 피할 수 있겠는가? 불복종은 죄책감을 동반하고, 도망과 회피는 무책임한 행위다. 그러면 수치는 왜 생겨났는가? 그들의 실존이 각성되었기 때문에 생겨난 것이다. 알몸은 그들이 인식하지 못했던 자신들의 존재가 어떤 것인지를 알려주는 표시다. 선악에 대한 각성은 스스로가 완전하지 않다는 사실에 대한 확인이었다. 욕망은 완전성에 대한 것이었지만, 돌아온 것은 억압과 은닉에 의해서 감춰진 금단의 지식을 감당할 수 없다는 사실이었다. 이 사실은 불완전성에 대한 자각이다.

아담 부부는 사고를 치기 전에는 알몸의 존재에 대해서 어떤 수치심도 없었다. 그들은 하느님이 은닉하고 억압한 에덴의 완전성 속에서 거주했기 때문이다. 이를 종교적으로 '은총의 옷'을 입었다고 해석하는 것은 매우 타당하다. 일자인 하느님은 비록 창조 속에 거주할 때는 일자가 아니지만, 은닉과 억압을 감당할 수 있는 존재다. 하느님의 은총 속에서 인간은 완전성을 향유했다. 그러나 열매를 맛본 뒤로 알몸은 은총의 옷이 아니라, 불완전한 존재, 곧 죽음으로 상징되는 유한한 실존의 알몸이 되었다. 이 알몸은 인간이 시간의 변화 속에서 육체적인 결핍을 느끼고, 그 결핍을 채우면 살고 그렇지 못하면 죽는 필멸의 존재임을 드러낸다. 수치는 완전할 수 없다는 근원적 상태에서 파생되는 온갖 부정적 감정의 표상이 되었다. 따라서 수치는 죄의식, 패배감, 열등감을 동반하고 자기분열, 고독감, 자기기만, 집착과 편집 등을 일으켰다.

여기서 수치의 두 얼굴이 다시 등장한다. 앞서 온갖 부정적 감정의 우두머리면서, 동시에 비로소 인간의 모습을 갖추게 되었다. 이원적 세계 속에서 사는 필멸해야 하는 불완전한 존재가 된 것이다. 선악의 열매에 담긴 금단의 지식은 있는 그대로의 모습을 자각하게 했다. 이제 어떻게 해야 하는가? 그가 가진 것은 하느님의 형상과 그분이 불어넣어준 생기breath of life이며,53 또한 어둠을 닮은 죽음의 현실뿐이었다. 비로소 시작하는 인간의 실존이다. 역설적으로 인간이 되는 순간 생겨난 감정이 바로 수치다.

수치는 인간으로 살아가는 길이 쉽지 않다는 것을 알려주며, 그 길은 이전처럼 거저 주어진 것이 아니라는 엄혹한 현실을 알려주는 신호이기도 하다. 이는 역설적으로 수치의 감정은 완전함에서 타락한 감정이지만, 타락의 바닥에서 위로 올라가야 하는 신호를 가리키기도 한다. 타락과 상승, 수치의 두 얼굴이 가진 심원한 의미다.

남은 이야기는 죄와 벌이다. 대죄를 진 자들은 벌을 받는다. 그런데 수치스러운 이들은 이제부터 참으로 인간다운 행위를 했다. 아담은 여자를 탓하고 여자는 뱀을 탓했다. 뱀은 저주를 받아 배로 기어다니며 흙을 먹어야 했고, 여자는 출산의 고통을 알게 되고, 남편의 손아귀 속에서 살아야 한다. 그리고 아담은 죽도록 일하며 땅을 갈아먹고 살아야 한다. 에덴의 은총 대신에 자신의 엄연한 실존 속에서 살아야 하는 것이다. 이어서 이 모든 사건의 실제 연출자인 하느님은 이상한 행동을 하신다.

야훼 하느님께서는 가죽옷을 만들어 아담과 그의 아내에게 입혀 주셨다.
야훼 하느님께서는 '이제 이 사람이 우리들처럼 선과 악을 알게 되었으니, 손을 내밀어 생명나무 열매까지 따먹고 끝없이 살게

"여자가 그 나무를 쳐다보니 과연 먹음직하고 보기에 탐스러울 뿐더러 사람을 영리하게 해줄 것 같아서, 그 열매를 따먹고 같이 사는 남편에게도 따주었다. 남편도 받아먹었다." 〈창세기〉(3장 6절)

아담과 이브, 야코프 요르단스Jacob Jordaens, 1640년경.

되어서는 안 되겠다'고 생각하시고 에덴동산에서 내쫓으셨다. 그리고 땅에서 나왔으므로 땅을 갈아 농사를 짓게 하셨다.

이렇게 아담을 쫓아내신 다음 하느님은 동쪽에 거룹들을 세우시고 빙빙 돌아가는 불 칼을 장치하여 생명나무에 이르는 길목을 지키게 하셨다. 〈창세기〉(3장 21~24절)

종교의 입장이 아닌 신화를 독해하는 입장에서 읽어가다 보면, 이 구절은 참 이상하다. 살기 좋은 에덴에서 추방해 내쫓는 것은 합당한 벌이라고 할 수 있다. 또 알몸을 가리기 위해 가죽옷을 지어주는 것도 자애로움의 발로라고 이해된다. 그런데 생명의 나무에 달린 열매를 따먹은 데다 영생을 하지 못하게 하기 위해 추방했다는 설명은 의아하다. 더구나 언제 창조되었는지 모를 새로운 존재인 천사들^{cheru-bim}(지천사智天使)이 불 칼을 들어 인간이 다시는 에덴으로 들어오지 못하게 막은 조치는 더욱 이해하기 힘들다.

이런 의문은 신심을 가진 이들이 잘 풀어줄 것으로 믿는다. 다만 우리로서는 에덴에 다시 들어가야 할지 어떨지 모르겠다. 벌거벗고도 수치를 모른 채 사는 것이 인간의 실존이 아니라면, 그런 삶은 다시 회복될 수 없는 것일지도 모른다. 에덴의 동쪽으로 추방된 인간은 저 자신이 태어난 고향을 잃은 신세가 되었지만, 그것은 패배가 아닌 또 다른 삶일 수도 있다. 그들은 창조의 비밀이 담긴 금단의 열매 맛을 보았다. 호된 맛이었다. 그래서 하느님도 이제는 쉽게 이들을 다루지는 못할 것이다. 그들에게는 금단의 지식이 있으니 말이다.

수치의 변화, 불의한 음욕

기독교 문화권에서 오랫동안 생각해온 주제 가운데 하나가 죄와 벌이다. 타락 사건 이후 아담 부부의 불복종 행위를 죄로 규정하고 이에 대한 주제를 발전시킨 이는 바울^{Paul}이다.

> 한 사람이 죄를 지어 이 세상에 죄가 들어왔고 죄는 또한 죽음을 불러들인 것 같이 모든 사람이 죄를 지어 죽음이 온 인류에게 미치게 되었습니다. 〈로마서〉(5장 12절)

죄는 아담 부부(실제로는 여자만을 가리킨다)의 불복종을 가리키는 것이고, 그 결과 인류는 죽음을 불러들이게 되었다. 이러한 인간 실존의 유한성과 필멸성은 심리적으로 죄를 지었다는 자책감, 곧 죄의식을 불러온다. 죄는 대대로 영속되기 때문에 인간은 늘 죄를 지었다는 생각으로 스스로를 꾸짖고 심하면 비난한다. 형이상학적인 논의지만, 이러한 형이상학은 훗날 인간의 정체성을 설명하고 이해하는 데 중요한 관점이 된다.

바울에 따르면 이러한 근원적 죄의식을 극복할 수 있는 것은 의인^{A righteous man54}이 되는 것뿐이다.

> 죄가 죽음으로 사람을 지배한 것과 같이, 은혜가 의를 통하여 사람을 지배하여, 우리 주 예수 그리스도로 말미암아 얻는 영원한

생명에 이르게 하려는 것입니다.〈로마서〉(21절)

의인은 의로운 자이며, 성서의 문화에서 의로움은 계약에 비견된
다. 계약을 잘 이행한 자가 의로운 자이며, 계약을 어긴 자는 불의한
자다. 하느님과 인간의 약속을 인간의 삶이자 역사로 본다면, 의인이
란 하느님과의 약속을 잘 지키는 자다. 그러므로 아담 부부는 불의한
자들이다. 불복종한 자들이며 죄를 이고 사는 죄인들이다. 죄의식의
바탕을 이루는 감정은 수치이므로, 불의한 자들은 수치스럽고 치욕
스러운 자들이다. 그들의 삶은 스스로 욕된 삶이다.

바울은 의인이 되기 위해서는 은혜가 의를 통해 사람을 지배해야
한다고 말했다. 여기서 은혜는 '죄사罪赦함', 곧 용서를 받는 것을 의미
한다.[55] 에덴의 타락을 없었던 일처럼 처음으로 되돌려주는 하느님
의 권능이 곧 용서다. 이 용서는 당신의 아들인 예수가 대신 죄를 갚
는 대속으로 십자가에서 못 박혀 죽음으로써 이루어졌다. 여기서 수
치를 벗어나는 한 가지 길이 제시된다. 바로 용서와 희생이다. 그러면
영원한 생명을 산다.

수치를 계속 추적해야 하는데, 기독교에서 잠시 멈춘 까닭은 기독
교적 사고방식이 깊게 건설해 놓은 생각의 틀이 수치의 한 가지 얼굴
을 잘 보여주기 때문이다. 하지만 용서와 희생의 사랑에 대해 알아보
기 전에 수치의 변형을 살펴보고자 한다.

부정적인 감정의 우두머리, 정욕

4~5세기에 은총의 박사로 불린 아우구스티누스^Aurelius Augustinus^는 원죄^Original Sin^라는 개념을 확립한 신학자로 알려졌다. '진리를 향한 불꽃'을 지닌 그는 선악의 문제로 일생을 탐구한 진지한 사람이었다. 그런 만큼 에덴에서 이루어진 대사건에 대해 큰 관심을 가졌다. 박사는 선악과를 먹은 뒤 나타난 수치에 대해 이렇게 생각했다.

> 불순종의 죄과로 단죄받은 의지를 거슬러 정욕(음욕)이 순종하지 않고 움직였으므로, 수치심에서 부끄러운 데를 가렸던 것이다. 그리하여 만민이 바로 저 혈통에서 나온 소생들이기에 지금까지도 부끄러운 데를 가리는 것이 심성에 박혀 있다.[56]

아우구스티누스는 정욕^concupiscence^을 '죽을 수밖에 없는 육신에 남은 죄의 법'으로 보았다. 그런데 여기서 정욕은 육신에서 일어나는 여러 욕심이라기보다는 음욕을 가리킨다. 음욕에 따라 수치심이 생겼다고 본 것이다. 타락 이전에는 이러한 음욕을 포함한 정욕은 없었다.

> 거기서는 죽음을 두려워하지 않았고, 육체의 건강이 나빠질까 두려워하지 않았고, 선한 의지가 추구하는 무엇이 멀리 떨어져 있지도 않았고, 행복하게 살아가는 인간의 육신과 마음을 손상시키는 무엇도 내재해 있지 않았다.[57]

이러한 해석은 우리의 견해와 같지 않다. 창조 이후로 욕망은 늘 있었기 때문이다. 다만 은닉되고 억압되었을 뿐이다. 경건한 신학자로부터 수치는 육신의 정욕에서 생겨난 죄 많은 성적 쾌락sinful lust에 따른 감정이라는 것을 알게 되었다. 이것은 원죄로 유전된다. 다른 말과 대비하면, 일종의 까르마karma 혹은 집단무의식이라고 할 수 있을 것이다.

뒤이어 13세기에 천사 박사로 불린 토마스 아퀴나스Thomas Aquinas도 정욕을 원죄로 본다.

> 인간 욕구의 능력은 본성적으로 이성에 의해 통치된다. 그러므로 욕구는 그것이 이성의 명령을 따르는 한 인간에게 본성적인 것이다. 반면에 이성의 한계를 넘어서는 정욕은 인간의 본성에 반하는 것이다. 그리고 바로 그와 같은 것이 원죄의 정욕이다.[58]

천사와 같은 이 박사는 이성이 감성을 통제할 수 있는 것이 인간의 본성이라고 믿었다. 하지만 정욕만은 이성의 한계를 넘어간다. 그래서 선악과를 따먹은 것이다. 인간의 본성을 넘어설 수 있는 이러한 무질서한 힘은 어디서 온 것일까? 바로 약속을 어긴 불복종이며 불의함에서 비롯되었다. 수치는 인간의 본성을 넘어서는 무질서한 힘이 드러났을 때 느끼게 된 감정이다. 수치는 인간의 본성과 그것을 넘어서는 경계에 있는 감정이다.

기독교 신학의 태두인 두 박사를 통해서 수치가 정욕의 한 표현이라는 것을 알게 되었다. 수치는 인간이 태생적으로 가진 원죄에서 비롯된 것이고, 그것은 강력한 성욕이며 죄스러운 성적 쾌락이기 때문에 음욕의 감정이라는 함의를 지닌다.

이렇게 수치가 성과 밀접한 관련을 갖는 문화적 전통이 시작되었다. 정욕은 나무의 뿌리와 같아, 뿌리가 사라지면 나무도 사라지게 되는 근원의 감정이다. 이러한 개념은 서양 문화의 근간을 이루는 기독교의 신화적 사유에서 처음 등장한 것이다. 수치는 성욕과 관련을 갖지만 특히 무절제하고 무질서한, 그래서 음탕한 성욕과 함께하는 감정이 되었다. 수치가 부정적 감정의 우두머리라고 한다면, 정욕 가운데 음욕이 우두머리이기 때문이 아닐까?

'그날'의 문학적 재구성

에덴의 타락에 대한 지성적 해석은 특별한 문학적인 성취를 가져왔다. 17세기 영국의 시인 밀턴John Milton은 이를 주제로 삼아 서사시의 양식으로 《실낙원Paradise Lost》을 지었다. 우리가 〈창세기〉의 간략한 구절에서 짐작하기 어려운 사건들의 인과관계를 그때까지 축적된 신학과 이것이 속화된 여러 문화적 상식들을 집대성해 문학적으로 그려낸 것이다.

내용도 기독교 문화에 어두운 사람일수록 신기하게 보인다. 하느님에 반대하는 타락한 천사들이 하느님의 세상을 차지하려고 언감생

심 전쟁을 일으킨다든지, 결국은 타락천사가 대패해 어두운 곳에 숨어서 복수의 기회를 노린다든지, 그 절호의 찬스를 이브의 히영에서 찾아내어 뱀더러 아담 부부를 무너뜨리게 만들면서 하느님의 세상에 타격을 주는 작은 승리를 한다든지, 〈창세기〉를 통해서는 알 수 없는 이야기를 풀어내고 있다. 이 장대한 이야기 속에서 수치의 심층 문화적 의미를 찾아내고자 한다.

우선 우리의 관심이 머무는 세 부분에 초점을 맞춰보자. 첫 번째는 '알몸이지만 수치가 없었다'는 타락 이전 부분, 두 번째는 이브가 열매를 먹을 당시의 생각, 세 번째는 아담도 열매를 함께 먹고 나서 부부가 공연히 수치를 느꼈다는 부분이다.

참고로 밀턴은 이 서사시를 지을 때 아내를 잃고 설상가상으로 실명에 이른다. 그는 옛 시절 호메로스가 그랬듯이 눈이 먼 상태에서도 이러한 위대한 작품을 지었다. 인간의 내면을 통투^{通透}하는 것이 본업인 시인의 목소리를 따라서, 과연 수치는 어떻게 해서 생겨난 것이고 그 의미는 무엇인지를 들어보자.

타락 이전의 수치

아담은 자신의 갈비에서 나온 이브와 어떤 관계를 맺어야 하는지 천사 라파엘과 대화를 나눈다. 알몸이었으나 수치를 몰랐다고 하는 것이 어떤 의미인가?

(천사 라파엘이 말했다.) 그녀와의 사귐에 있어 그대는 더 높은 것, 매력 있고 인간적인 사랑으로 더욱 발전하는 것이다. 사랑하는 것은 좋지만 정욕은 그렇지 않으니, 여기에 참된 사랑은 없다.(455)[59]

그대가 하늘의 사랑에까지 올라갈 수 있는 사다리어늘, 육체의 쾌락에 빠지지 말라. 그런 까닭에 짐승 속에서 그대 배필을 찾을 수는 없다.(458)

아담의 갈비뼈에서 이브가 생겨난 까닭은 금수와 짝이 될 수 없었기 때문이다. 인간은 수성獸性을 갖지 않은 존재다. 물론 이는 인간이 한때 고결했던 시절의 이야기다. 그래서 천사는 이야기의 끝에서 수성을 가진 인간으로서는 차마 지킬 수 없을 것 같은 고결한 이상을 말한다. 오늘날 우리는 인간의 본성이 수성과 연속성을 가진다는 진화론의 관점을 상식으로 가지고 있다. 지금의 인간은 타락한 본성을 이어받고 있지만, 그때는 타락 이전이니 그 고결함을 어느 정도는 이해할 수 있겠다.

군세어라, 행복하게 살라, 그리고 사랑하라, 무엇보다도 신을. 신을 사랑한다는 것은 신을 좇는 일이다.(491)

명심하라, 정욕에 행여 판단을 그르치지 말라.(493)

라파엘은 마치 미래를 암시하고 있는 듯이 말한다. 우리는 앞서 두 박사님들이 타락의 원인으로 지적한 '정욕'이 이때도 있었다는 것을 확인한다. 그렇다면 아담은 극기한 것이다. 판단을 그르친다는 것은 수성의 발현, 곧 음욕을 뜻하는 것이 분명하다. 그런데 왜 그것이 음욕인지 모르겠다. 그녀는 아담과 한몸이 된 그의 신부가 아니었던가?

> 그대와 자손만대의 복리와 재앙이 그대에게 달려 있다. 경계할지 어다. 나나 다른 천사들이나 모두가 그대의 인내에 기대한다.(495) 굳세게 설지어다. 서든 쓰러지든 그대 자신의 자유로운 선택에 달려 있다. 안으로 완전하여 밖의 원조를 구하지 말라. 반역하려 는 모든 유혹을 물리쳐라.(497)

그렇다. 에덴에서도 정욕이 있었고 수치 또한 있었다. 다만 아담은 정욕의 유혹을 인내했을 뿐이다. 마치 속세와 인연을 끊은 독신자 승려들처럼 말이다. 인류의 행복을 위해 무거운 임무를 부여받은 아담은 다가올 사건에 대해 아무 것도 모른 채, 지금 사람들처럼 천사를 기리고 있다.

> 바라건대 인류에게 언제까지나 깊은 은혜를 베푸시고 때때로 돌아오소서. 이렇게 그들은 작별하였다. 천사는 짙은 녹음에서 하늘로, 그리고 아담은 자기 오두막으로 향하여.(505)

밀턴은 수치가 없었던 것이 아니라, 정욕을 인내하고 통제했기 때문에 수치가 발현되지 않았다고 본 것이다. 인내하고 통제한 까닭은 아마도 감정에 대한 이성의 우월성을 믿었기 때문일 것이다. 그렇다면 사건은 언제든 일어날 준비가 된 상황이라고 할 수 있다. 여기서 수치가 드러나지 않는 방도는 이성에 따른 삶을 사는 것이라는 주장을 발견한다. 이 주장은 다른 모습으로 현대에서도 계속 등장한다.

인간이 에덴의 동쪽으로 간 까닭

> 인간의 여신이여, 손을 뻗어 마음대로 맛을 보시라.(578)[60]

뱀은 한낱 말 못하는 미물이었으나, 이 열매를 먹고 말을 할 수 있게 되었다고 열매의 놀라운 능력을 자랑하며 이브를 꾄다.

> 뚫어지라고 열매를 노려보니 보기만 하여도 넉넉히 유혹이 되는 터에 더욱이 귀에서 그의 설복의 말소리가 아직도 쟁쟁히 울려 이성으로 보아하니 진리에 넘치는 듯하다.(581)

열매를 보는 이브의 시선은 그녀 내부의 욕망이 어떤 것인지를 드러내는 표현이다. 뱀의 꾐은 그 욕망을 채울 시간이 되었음을 환기시킨다. 배고픔은 늘 그렇듯이 채워지지 않으면 고통을 준다. 이브의 욕

망은 주제넘게 이성의 판단으로 주린 배를 채우는 행위를 정당화한
다. 이는 일종의 자기기만이다. 우리도 늘 하는 자기합리화가 이성의
주된 기능이다. 마치 범죄인의 언행을 정당화시켜 주고 옹호하는 변
호사처럼 말이다.

그런데 그 열매를 따먹은 시간이 정오 무렵이었나 보다.

> 그럭저럭 점심 때도 다가오니 눈을 뜨는 것은 간절한 허기. 이 열
> 매의 몹시 향기로운 냄새가 더욱 솟아나니, 욕망에 쫓겨 지금은
> 만지고 맛보고도 싶은 생각이 간절하게도 그녀의 그리워하는 눈
> 을 유혹한다.
> 그래도 잠시 주저하다 혼자 이렇게 말한다. '참으로 큰 힘, 열매 중
> 의 열매, 사람에게는 금지되어 있으나 칭송을 받을 만한 열매여.
> 너무도 오래 참아온 그 맛, 첫 시험으로 벙어리에게 달변을 주고,
> 또 말하기 위하여 만든 것이 아닌 혀에 말을 가르쳐 그대를 찬미
> 케 하였다.(584~590)

욕망은 결핍이고 이는 공복의 느낌, 곧 허기에 자주 비유된다. 허
기는 갈망渴望이고 갈애渴愛다. 이브는 빈 곳을 풍족하게 채워주고 주
린 배를 포만케 해주며, 한 모금의 물로 마르다 못해 타는 목구멍을
적시고, 마치 절박한 성욕처럼 열매를 갈구한다. 그녀의 이성은 그 욕
망을 찬미한다. "아름다운 열매여."

이브는 선악과에게 말을 건넨다.

2부. 수치, 아래쪽 얼굴

그대를 먹는 것을 금한 신도 또한 그대에 대한 찬미를 우리에게
감추지 않고 그대를 일컬어 지식의 나무, 선악의 나무라 하였다.
그는 우리에게 맛보는 것을 금하나 그 금지가 더욱 그대를 천거
하는 것, 그대가 주는 혜택이 우리에게 없다는 것은 분명한 현실.
그리고 미지의 혜택이란 없는 것이나 마찬가지. 비록 있다 할지
라도 그것이 미지라면 없는 것과 전혀 다를 것이 없다.
　　그러면 솔직히 말하여 아는 것을 금함이 아니고 무엇이리? 우리
에게 선도 금하고 슬기로움도 금하니 말이다.(591~598)

　이브는 당돌하게도 불복종의 이유를 찾고, 신이 내린 금단의 명령
이 부당하다고 주장한다. 이는 소유욕의 발출이다. 욕망은 결핍을 채
우는 것이지만, 채우면 다시 비워지는 반복성을 갖는다. 그래서 그것
은 영원히 채우고 싶은 소유의 양식에 집착한다. 소유의 양식은 결핍
의 반복성을 차단하는 것이다. 영원히 채워져 있는 욕망의 실현은 신
이 금지하는 슬기로움(지혜)과 선에 대한 지식에 있다는 것이 이브의
추리다. 열매에는 욕망의 결핍이 주는 고통이 아닌 욕망이 완전히 실
현된 소유의 기쁨이 있다. 이 지식은 결국 신의 전능함이며, 이브는
그것을 간절히 원한다.

　이 아름다운 열매를 먹는 그날로 우리의 심판은 죽어야 한다는
것. 뱀은 어떻게 죽는가?
　그는 먹고도 살며, 알고, 말하고, 추리하고, 분별도 있다. 이제까

지 이성 밖의 생물이었는데도.

오직 우리를 위해서만 죽음이 마련되었다는 것인가? 또는 이 지성의 양식이 우리에게는 거부되고 짐승에게는 구비되었다는 것인가?(601~607)

이브는 금단을 위반할 때 일어나는 일, 즉 하느님이 내린 명령을 불복종할 때 생겨나는 죽음을 의심하고 회의한다. 하느님의 말씀에 대한 의심은 뱀의 꾐을 증거로 삼아 더욱 강화되어, 급기야 자신의 행위는 정당화된다. 뱀의 말이 맞고 하느님의 말씀은 거짓이다. 우리가 일상에서 그러하듯이, 자신이 저지른 어떤 사건에 대한 책임을 스스로 지려고 하지 않는 정신의 습관은 여기에서도 나타난다. 그러나 이브여, 문제는 뱀이 아니라 너 자신이다. 문제는 약속을 지키느냐 그렇지 못하느냐. 이는 약속의 주체가 스스로의 내면에 있지 않고 주위의 상황에 있다는 기만적인 자기 정당화에 불과하다.

여기서 이브는 신적 능력에 대한 욕망을 가지고 있었으며, 이는 인간의 완전함에 대한 욕망이었다. 현대의 심리학에서는 우리가 스스로를 완전하다고 생각하면서 삶을 시작한다고 말해준다. 또한 그러한 생각이 축복일 수도 있고 재앙일 수도 있다는 것도 알려준다. 이브는 재앙을 불렀다. 그리고 그것이 기독교 문화가 가진 원초적 생각의 틀이었다.

수치의 옷으로 갈아입은 인간

> 그녀는 유혹의 맛있는 과일을 아낌없이 손으로 따주었다.(789)
> 그리하여 지금은 새로운 술을 마시고 함께 취한 듯이 둘은 환락
> 에 잠기어, 속에서 신격을 느끼고 파닥거리며 땅을 차고 날아오
> 를 날개가 돋쳤다는 환상을 품는다.
> 그러나 저 허위의 열매는 아주 다른 구실을 처음에는 보이더니,
> 육욕에 불타 그가 이브에게 음탕한 시선을 던지기 시작하자, 그
> 녀도 아담에게 음탕한 시선을 보낸다.
> 피차가 정욕에 불탄다.(799~805)

우리는 부부가 열매를 한 알씩 먹었다고 생각했는데, 그것이 아니
었다. 한 바구니 이상을 배터지게 먹은 것 같다. 금단의 열매는 이브
에게만 영향을 끼치지 않고, 아담도 함께 먹고 나서야 서서히 그 효능
을 발휘했다. 마치 마약 같았다. 취한 듯한 환락과 나는 것 같은 환각
증세가 동반되었다. 신이 된 것 같았다. 그리고 드디어 육욕의 불길에
휩싸였다. 봉인이 풀린 것이다.

하느님의 말씀을 거역한 것은 하느님을 하느님으로 대하지 않는
독신瀆神의 행위다. 그 결과 취해 비틀거리며 정신이 혼미해지게 되었
다. 이는 하느님의 형상을 본받아 지어진 존재의 가치를 말살하는 것,
곧 원죄를 짓는 것이다. 원죄에 민감했던 바울은 지금의 모든 추악한

인간의 행위가 여기에서 비롯된다고 울부짖었다.

> 이것 때문에 하느님께서는 그들을 부끄러운 정욕대로 살게 버려
> 두셨습니다. 그래서 여자들까지도 정상적인 성생활을 버리고 변
> 태적인 짓을 즐기며, 남자들도 그와 같이 여자들과의 정상적인
> 성생활을 버리고 자기들끼리 서로 정욕을 불태우면서 부끄러운
> 짓을 하는 등 그 잘못에 대한 마땅한 대가를 받았습니다. 사람들
> 이 하나님을 알려고 하지 않으므로 하느님께서도 그들이 부패한
> 마음으로 악한 일을 하도록 내버려 두셨습니다. 그들은 온갖 부
> 정, 추악함, 욕심, 악한 생각, 시기, 살인, 다툼, 사기, 악의로 가득
> 차 있습니다. 그리고 그들은 수군거리며 서로 헐뜯고 하느님을
> 미워하고 건방지고 교만하며 자랑하고 악한 일을 꾸며내고 부
> 모에게 불순종하고 미련하며 신의도 인정도 없고 무자비합니다.
> 〈로마서〉(1장 26~31절)

거듭 말하지만 우리는 기독교인의 입장이 아니고, 다만 수치를 살
펴보면서 인간의 현실을 목도하고 개탄하는 한 인물의 절규를 보고
있을 뿐이다. 그만큼 수치는 정욕과 깊은 관련을 맺고 있으며, 이어
모든 추한 마음의 부정적 감정과 그 행위의 진원지가 되었다는 것을
깨달았기에, 그는 한탄했다. 우리도 우리의 현실에서 일어나는 이와
유사한 일들을 보고, 울부짖는 바울처럼 울부짖는다. 바울에 공감하
는 것이다. 이 공감의 감정에 수치가 있다.

우리가 이 맛있는 열매를 멀리하는 동안 많은 쾌락을 잃었고, 이 제까지도 참다운 풍미를 맛볼 줄 몰랐소.(810)

그러나 자, 충분히 배도 불렀으니 우리 즐깁시다. 이렇게 맛있는 별식 후에 어울리게.

지금은 어느 때보다 더욱 아름답구려. 이 효험의 나무 덕인가? (814~815)

이렇게 말하고 그는 애정에 넘치는 마음으로 흘겨보면서 희롱을 사양할 줄 모르매, 이브도 이를 잘 깨닫고 눈에는 정염의 불길이 타오른다.

아담은 그녀의 손을 잡고 머리 위에 녹음이 우거진 나무 그늘의 대지臺地(주위보다 넓고 평평한 땅)로 이끌어가니, 싫어하는 일이 전혀 없다.(820~824)

여기서 둘은 사랑과 위안을 극한까지 충분히 맛보니, 이는 상호 죄과의 낙인이요 또 죄의 위안이다. 이윽고 애정의 놀음에 지쳐 이슬 같은 잠이 그들을 휩싼다.(827~829)

선악과의 효능은 육욕을 일깨우는 것이어서, 그들이 처음 한 일은 '사랑의 위안'이었다. 여기서 사랑은 관능적 쾌락을 주는 섹스를 가리킨다. 둘은 본래 부부였으나, 열매를 따먹기 전에는 이 같은 관능적 쾌락을 탐하는 섹스를 나누어본 적이 없었다. 현대를 사는 우리로서는 둘의 섹스를 죄로 보거나 욕할 이유가 없다. 섹스의 강도가 강렬하거나 다소 질펀해지는 도착적인 형태로 나가더라도 마찬가지다. 더구나 이들은 사랑의 위안을 극한까지 받았다. 다만 선악의 비밀을 알아버린 것이 고작 이 정도일까? 그리고 에덴의 삶이 그토록 고단한 것이었을까? 이런 의문이 들 뿐이다.

　우리의 탐색은 아직 수치가 생겨나기 전, 금지된 행위와 육욕(육욕도 금지된 욕망이었다)이 생겨났으며, 이를 뒤이어 수치가 생겨나는 과정까지를 본 것뿐이다. 그러나 수치 이전에도 쾌락의 기쁨이 먼저 생겨났다는 것에서 수치는 이차 감정군에 속한다는 것을 다시 상기하게 된다.

　　면사포와도 같이 악의 지식으로부터 그들을 가리우던 순결함은 사라지고 말았다.
　　올바른 신뢰와 타고난 정의, 그리고 체면은 그들로부터 사라져 알몸 그대로 죄과를 입은 수치에 이르렀다. 수치는 몸을 가렸으니 그의 옷을 더욱 벗겨 놓았다.(835~839)

　옷의 메타포를 가지고 말하면, 타락 이전은 실제로는 알몸이지만 '은총의 옷'을 입은 것이고, 타락은 은총의 옷이 벗겨져 알몸이 된 것이며, 이는 또한 '수치의 옷'으로 갈아 입은 것이다. 결국 알몸이라는 상태는 그대로지만 수치의 옷을 입고, 수치는 어떤 정해진 규칙(금단의 규칙)을 깼기 때문에 내면에서 피어오른 것이다. 그런데 이 수치는 죄의 감정이다.

말없이 어리둥절하여 오랫동안 앉아 있었다. 마침내 아담은 이 브보다 부끄럽지 않아서가 아니지만, 결국 어쩔 수 없이 이러한 말을 꺼냈다.(843~845)

"정말 우리는 눈을 떴다. 그리고 선악을 알게 되었으며 선을 잃고 악을 얻었다는 것을 깨닫게 되었다.

지식의 악한 열매여, 안다는 게 이런 것이라면 이처럼 우리를 벌 거숭이로 놓아두고, 체면도 잃고 순진도 신념도 또 순결도 잃어, 우리의 평상의 장식도 지금은 때 묻고 더러워지고, 우리 얼굴에 는 추악한 정욕의 표적이 뚜렷하니, 여기서 재앙이 솟아나온다. 가벼운 재앙은 물론이려니와 악의 극점인 부끄러움도 함께 솟아 나온다.(849~854)

수치 보따리에 관련된 말을 짚어보자. 눈을 뜸, 선악을 앎, 깨달음, 악함, 벌거숭이, 체면, 순진과 신념과 순결을 상실, 때 묻음, 더러움, 추 악함, 정욕, 재앙. 아담은 분명히 말하고 있다. 악의 극점이 수치다. 그 렇다면 선의 극점은 무엇인가? 바로 은총의 옷을 다시 입는 것이다. 그래서 인간의 명예는 수치와 관련이 있다.

"내가 수치를 당하지 않게 하소서!"Do not put me to shame!61

수치를 이기기 위해서 새로운 옷을 준비한다. 그런데 옷은 성기를 가리는 것이고, 가린다는 것은 이를 불결한 것으로 보고 있음을 전제로 삼는다. 그리고 수치는 타락 이후에 닥친 최대의 감정 상태다. 악의 극점이기 때문에 그런 것일 듯하다.

> 허나 지금은 우리가 나쁜 처지에 있으니, 당신은 최선의 대책을 강구하여 가장 보기 싫고 부끄럽고 망측하게 보이는 몸의 부분을 서로 가리도록 합시다.
> 어느 나무의 넓고 매끄러운 잎을 함께 꿰매어 허리에 걸치면, 가운데 부분을 가리어 이 새로운 방문자인 수치가 거기에 앉아서, 우리를 불결하다고 꾸짖는 일은 아마도 없을까 생각이 되오."(865~870)

죄를 짓고 난 이들 부부가 수치를 일으킨 알몸을 가리기 위해 옷을 짓느라 애를 쓰지만, 이미 끝장난 처지를 생각하자 설움에 북받쳐 눈물을 흘렸다. 그리고 그 이후가 문제였다. 판도라의 상자를 연 것처럼 때늦은 후회가 생겨나는가 싶더니, 내면에서는 오히려 더한 사악한 감정의 소용돌이가 휘몰아친다.

> 이와 같이 어느 한 부분을 가리면 부끄러움을 다소 감출 수 있으리라고 두 사람은 생각했지만, 사실은 마음의 평화를 얻을 수 없어 그들은 앉아서 울었다.(887)
> 눈에서는 눈물만 흘러나올 뿐만 아니라, 보다 사악한 소용돌이가 안에서 인다.

격정, 노여움, 증오, 불신, 시기, 불화가 일찍이 평화가 차지하고 있던 자리를 뒤흔들어 끊임없는 혼란을 일으킨다.(890)

수치는 죄를 짓고 생겨난 감정이며, 옷으로 감추려고 해도 감출 수가 없다. 이러한 메타포는 내면화되는 수치와 이것을 은닉하려는 사회적 얼굴 사이의 갈등이 인간의 심리에 중요한 문제가 되리라는 것을 알려준다. 나아가 그것이 영속적인 갈등이라는 사실도 함께 말이다. 부정적 감정의 우두머리가 수치라는 것을 확인해 주는 것이기도 하다.

공교롭게도 타락의 사건을 노래한 《실낙원》의 제9편은 이렇게 끝을 맺고 있다.

"또한 그들의 부질없는 다툼은 끝이 없었다."(947)

우리가 수치를 어떻게 다루는가에 따라 우리 내면의 소란도 다룰 수 있을 것이다.

2장
수치, 리비도를 막는 댐

타고난 욕망, 리비도

19세기 말이 되었다. 인간의 마음 밑바닥을 탐사한 불세출의 인물이 나타났다. 체코에서 태어난 유대인 프로이트Sigmund Freud다. 정신분석학에서 맨 앞에 놓이는 그는 수치라는 감정을 어떻게 생각했을까.

프로이트는 죄의식에 대해서는 중요하게 언급했지만, 수치는 비교적 적게 언급했다. 그러나 언급은 적었을지언정 그의 학문에서 수치는 중요한 위상을 가지고 있다. 그는 수치와 죄의식을 병치해서 사용했다. 그럼에도 수치를 적게 말한 까닭은 이것이 채 하지 못한 탐구의 영역이었기 때문일 것이다. 이에 대해서는 뒤에서 다시 이야기하고, 여기서는 프로이트가 말하는 수치를 그가 살았던 장구한 문화의 장 속에 넣은 다음 그 의미를 생각해보고자 한다.

프로이트는 수치를 하나는 명시적으로 사용했으며, 다른 하나는 암시적으로 사용했다. 명시적인 것은 잘 드러나지 않지만, 암시적인 것은 확연히 드러난다. 이 무슨 역설일까? 앞선 것은 그의 리비도 이론과 관련되어 있고, 뒤의 것은 그 유명한 오이디푸스 콤플렉스라는 아이디어다. 하나씩 살펴보자.

프로이트는 자신의 학설로 세상 사람들에게 많은 비난을 받았다. 그러나 그에게 퍼부어대던 욕들은 필요 이상으로 부당한 것이 더 많았다. 물론 현대인들의 시각에서 보아도 욕을 먹은 이유가 수긍이 가는 학설도 있다. 바로 '유아성욕론'이다. 말 그대로 우리의 어린 아들과 딸이, 포대기에 싸여 있는 그 귀엽고 물정 모른 핏덩어리들이 죄 많은 우리 성인들처럼 성욕을 가지고 있으며 그것도 잠재적인 것이 아니라 늘 표출하고 있다는 매우 불경스러운 생각이다.

> 인간과 동물이 성적 욕구를 가진 존재라는 사실은 생물학에서 배고픔, 즉 섭취 본능과 유사한 '성적 본능'이라는 가설로 표현된다. 일상 언어에서는 성적 본능에서의 '배고픔'을 표현하는 단어가 없지만, 정신분석에서는 그에 맞는 리비도라는 단어를 사용한다.[62]

인간의 세계관은 신화의 세계와 이를 바탕으로 한 종교적 세계에서 과학의 세계로 들어온 지 한참이 지났다. 여기서 인간과 동물은 전혀 다르게 지어진 존재가 아니라, 일종의 연속성을 가지고 있다. 둘은 자연의 자식들이라는 점에서 차이가 없다. 특히 식욕과 성욕의 본능을 함께 가지고 있다. 성욕의 본능은 리비도라고 부른다. 과거 '정욕'으로 인간의 타락을 일으킨 주범이라는 인식은 약화되어 있거나 아예 무시되고, 대신 리비도라는 매우 중립적인 언어로 기술된다. 바야흐로 과학이 인간의 마음을 깊게 탐색하는 시대가 도래한 것이다.

많은 현대인들이 이른바 '정신분석'이 과학이냐고 묻지만, 경험과 관찰에 기대어 합리적인 가설과 검증의 체계를 갖는다는 의미에서 그것은 과학이다. 아마도 이는 금단의 열매를 따먹고, 타락의 대가를 치르고 갖게 된 열매의 맛이라고 할 수 있을 것이다. 인간은 하늘에서 땅바닥으로 추락하고 인성은 타락했지만, 바닥에서 위로 상승하고 새로운 지위로 명예를 회복하기 위해 하늘로 향하고 있다. 에덴의 동쪽으로부터 위로 향하는 인간의 길을 찾은 것이다. 프로이트는 종교와 신학의 장막을 거두고 인간을 바라보았다. 그가 말하는 본능은 우리가 앞에서 이야기한 신체적 정서론의 선구자가 된다. 정신과 신체(물질)가 둘로 나뉜 것이 아니라, 묘합妙合해 있다는 생각이다.

> '본능'은 몸속으로 끊임없이 흐르는 자극의 근원이 심리적으로 표현된 것으로, 외부로부터 오는 단일한 자극에 의해 정해지는 흥분과 대조되는 것으로 이해될 수 있다. 그러므로 본능의 개념은 정신과 육체 사이의 경계에 놓여 있는 것들 중의 하나다.[63]

여기서 본능은 독일어 트립Trieb을 옮긴 말이다. 간혹 충동이나 욕동으로 옮겨진다. 영어로는 드라이브drive다. 실제로 드라이브(트립)는 일상에서 친숙한 개념이다. 차를 몰고 올림픽대로를 '드라이브'하고, 셔틀콕에 회전을 주어 힘껏 나아가게 하는 것이 '드라이브'이며, 디스크에서 데이터를 읽어 내거나 기록하기 위한 컴퓨터의 C: '드라이브', 침체된 경제를 활성화시키기 위한 '수출드라이브', 이브처럼 탐욕에 눈이 멀 때를 '드리븐driven되었다'고 하는 등, 말하자면 '드라이브'는 '몰아간다'는 의미가 짙게 깔려 있다.

신체란 하나의 생물학적 유기체에 속한다. 그래서 신체적 생리가 작동되는 방식은 동물의 그것과 큰 차이가 없으며, 신체는 생리적 욕구를 갖는다. 이 욕구는 결핍 때문에 생겨나며, 결핍은 긴장을 유발시킨다. 허기는 배를 채우고 싶은 욕구(식욕)로 '드라이브'되고, 성장하면 짝짓기의 욕구(성욕)가 '드라이브'되고, 이성과 섹스의 욕구도 '드라이브'된다. 살아 있는 한 이 과정은 반복되고, 하지 않으면 안 된다. 죽거나 병들기 때문이다. 이것은 강박적이기까지 하다. 강박적 반복이 지속되는 것이다.

이러한 신체적인 욕구로부터 좋음이나 좋지 않음, 그로 인해 기쁘거나 즐겁거나 하는 느낌이 생겨난다. 바로 이 지점이다. 느낌이 생겨난다. 이는 마음의 탄생이다. 이 마음은 신체와 분리되지 않는 신체적 마음이라고 할 수 있을 것이다. 이것이 일차 감정의 토대가 된다.

리비도 이론은 이러한 트립을 내용으로 가지고 있다. 훗날 식욕과 성욕은 에로스Eros 본능으로 불린다.[64] 리비도를 가진 인간은 탄생 초기부터 에로스의 힘이 발휘된다. 이 힘 또는 에너지가 없다면 살아내기가 어려울 것이다. 식욕과 달리 인간의 성장, 특히 정신적인 성장은 리비도에 따른 것이다. 식욕은 그보다는 생명체 유지의 욕구다. 하지만 에로스의 하나이기 때문에, 식욕과 성욕은 비슷한 발현을 보인다. 예컨대 먹는다는 표현에서 두 욕구를 읽을 수 있다.

수치, 인간을 인간으로 올리거나 끌어내리는 저항

유아성욕론은 유아의 리비도가 자연스럽게 흘러가는 과정을 포착한 데에서 나왔다. 리비도가 시간에 따라 흘러가야, 인간의 성장이 일어난다. 그런데 리비도는 성적 욕구이므로 그것이 흐르고 멈추고 집중되는 지점은 성감대와 같다. 성감대의 포인트는 성욕이 집중되는 것이고, 이곳의 자극은 성적 쾌감을 불러온다. 입과 입술, 항문, 말할 것도 없이 성기, 폭 넓게는 피부의 어떤 곳이라도, 그리고 오감을 통한 자극 모두가 성적 쾌감을 준다. 이 쾌감은 우리를 성장시키고 감정을 만들어내며, 생각의 기초가 된다.

그런데 인간의 성장, 인간의 감정, 생각의 기초는 리비도의 순행만으로 이뤄지지 않는다. 리비도가 나이를 먹어가면서까지 그대로 발출된다면, 그것은 그냥 동물이며 인간으로서의 성장과 그에 걸맞은 세련된 감정이나 지성을 기대할 수 없다. 리비도의 순행은 저항을 받는다. 이 저항의 힘이 정신적인 힘이며, 그 대표가 바로 우리의 수치다. 수치는 일종의 댐과 같다.

성욕 도착을 연구한 결과 우리는 성 본능이 저항력으로 작용하는 정신적인 힘들과 싸워야 하며, 그 힘들 중에서 가장 두드러진 것은 수치심과 역겨움이라는 것을 알게 되었다. 이러한 힘은 본능이 정상이라고 간주되는 한계를 벗어나지 못하도록 제한하는 역할을 한다고 생각되는데, 만일 어느 개인의 성 본능이 전성기에 이르기 전에 발달된다면 성 본능의 발달 과정을 결정하는 것은 의심할 바 없이 수치심이나 역겨움일 것이다.[65]

리비도는 생각건대, 자연적 힘과 같다. 자연에서 일어나는 많은 자연현상들은 그 자체로 선과 악이 없다. 태풍은 태풍이며, 해일은 해일이고, 낙뢰는 낙뢰이며, 지진이나 화산도 그것일 뿐이다. 그러나 인간이 개입하면 어떤 것은 재앙이 된다. 비정상적인 자연현상으로 간주되는 것이다. 이처럼 리비도, 주로 유동하는 흐름으로 비유되는 이 힘은 어떤 경우에는 비정상, 다시 말해 병적이라고 불리는 경우가 많다. 이것이 성욕도착 혹은 변태다. 예컨대 배설물을 먹거나 시체와 성교하는 경우가 있다. 이런 변태가 생겨나는 이유는 리비도를 제어하지 못했기 때문이다.

성 본능이 놀라울 정도로까지 수치심과 역겨움, 두려움 또는 고통을 넘어서는 경우에 그러하다.[66]

사태는 명백해졌다. 리비도라는 힘은 금수와 공유하는 자연의 힘이며, 이것을 제어하거나 통제하지 못하면 정상적인 인간이 되기 어렵거나, 아예 인간이 될 수 없다. 이러한 도도한 자연의 흐름은 자주 범람을 일으키기 쉽기 때문에 치수를 위한 댐이 필요하다. 그 댐이 수치심과 역겨움이다. 여기에 두려움과 고통이 또 하나의 댐이 된다. 프로이트는 이 댐들에 대해서 말한다.

> 성의 발달에서 댐처럼 작용하는 이러한 힘들(수치심, 역겨움, 그리고 도덕성 등) 역시 성 본능이 인류가 정신의 발전을 거듭하는 동안 받은 외부적인 금제의 역사적인 침전물로 간주해야 한다. 우리는 그 힘들이 개개인의 발달 과정에서 성장과 외부적인 영향이 신호를 보내는 적절한 순간에 자발적으로 그런 것처럼 생겨나는 방식을 관찰할 수 있다.[67]

우리는 수치가 없다면 정상적인 인간이 될 수 없다. 에덴의 신화로 말하자면 타락 이후의 수치가 최초 감정인 것과 같은 생각이다. 다만 과학과 신화라는 차이가 있을 뿐이다. 신화는 수치가 신과 같은 상태를 박탈당한 뒤에 느낀 감정이라고 했으며, 정신분석학은 수치가 인간을 금수에 쏠려가지 않도록 막아주는 댐이라고 했다. 그런데 두 상태는 모두 인간의 실존에 초점이 맞춰져 있다. 수치는 인간이면 당연히 자연스럽게 가지고 있는 감정이다. 수치가 없다면 금수든지, 그렇지 않다면 신격을 가지고 있을 것이다.

정신분석학이 보는 수치에 대해서 말하는 중이기 때문에 더 깊이

들어가지 않는다. 다만 이러한 논의들이 다양한 종류의 신경증을 일으키는 근원으로 성적 욕구의 좌절이나 부정을 지목했다는 것은 짐작할 수 있다. 자연의 힘이 저항을 받는 이유는 인간적인 요구에서 비롯된 것이다. 자연이 댐을 짓지는 않았기 때문이다. 리비도가 흐르는 대로 둔다면 인간은 성적 도착이나 변태가 될 것이다. 그뿐 아니라 정상적인 감정도 기대하기 어렵고, 생각은 더욱 더 그럴 것이다.

그러므로 유아성욕론은 실제로 해괴한 말이 아니라, 생물학적 기반 위에서 인간을 논한 진지한 이론이다. 만일 에덴의 신화를 믿거나 무의식 속에 간직하고 있다면, 해괴한 이론이라는 확신은 점차 인간의 존엄에 대한 분노로 변할 것이다. 인간은 거의 신과 같은 존재로 천사들이 경배하는 대상이었으니 말이다.

내면에 심어진 근원적인 죄의식

여기서 유아성욕론이 고안되기 몇 년 전 프로이트의 사색을 보며, 그가 도달한 인간 존재에 대한 통찰을 음미해보자. 물론 수치가 여기서도 중요한 위상을 갖는다. 다만 암시적일 뿐이다.

다른 경우와 마찬가지로 내 경우에도, 어머니에 대한 사랑의 감정과 아버지에 대한 질투 감정을 발견했다. 내가 생각하기에 그것은 모든 아이들의 공통된 감정이었고, 모든 사람은 언젠가 오

이디푸스의 싹을 품었고, 상상 속에서 오이디푸스였다.[68]

정신분석학의 대표 이론 가운데 하나인 오이디푸스 콤플렉스Oe-dipus Complex가 생겨난 최초의 장면이다. 이 이론은 몇 년 뒤인 1900년 이 학문의 시작을 알리는 《꿈의 해석》에서 공식적으로 알려진다. 프로이트는 여기서 모든 어린 아이들의 공통된 감정을 분석하기 위해, 두 가지 문화적 유산을 검토한다. 하나는 오이디푸스 왕의 전설과 소포클레스가 지은 같은 이름의 희곡이다. 현대인들은 오이디푸스 이야기에 대해서 어느 정도 알고 있겠지만, 글의 흐름을 위해 간략하게라도 다시 소개한다.

옛날 옛적 그리스 중부 지방에 있던 도시국가 가운데 하나인 테베에 왕과 왕비가 살았다. 부부는 아들을 얻었는데, 미래에 아들이 아버지를 살해할 것이라는 잔인한 신탁을 받았다. 그래서 오이디푸스는 태어나자마자 버림당하지만 다행히 목숨을 건진다. 그는 자신의 출생에 대해서는 아무것도 모른 채 다른 왕궁에서 왕자로 성장한다. 이윽고 청년기가 되자 오이디푸스는 자신의 장래에 대한 신탁을 받았는데, 여전히 아버지를 살해하고 어머니와 결혼할 것이라는 잔인한 내용이었다. 실의한 오이디푸스는 고향을 떠났고, 우연히 맞닥뜨린 왕의 행차에서 시비가 붙어 싸움 끝에 그만 왕을 죽이고 만다.

이후 그는 다시 방랑의 길을 가다 그 유명한 스핑크스의 수수께끼를 풀고, 그 지방(공교롭게 테베) 사람들이 이를 감사히 여겨 그를 왕으로 삼는다. 더불어 그곳의 왕비 요카스테와 혼인한다. 나라를 잘 다스리던 중에 역병이 돌자 오이디푸스는 다시 신탁을 받았는데, 왕을 살해한 자를 추방시켜야 한다는 내용이었다. 이어지는 이야기는 충격적이다. 자신이 길에서 죽인 왕은 아버지였고, 자신의 아내가 실은 자길 낳은 어머니였다. 막장처럼 보이는 이 전설은 결국 오이디푸스가 스스로 눈을 찌른 다음 고향을 떠나는 것으로 끝난다.

오이디푸스는 스핑크스라는 괴물을 무찌른 영웅이었다. 그러나 영웅도 운명 앞에서는 눈뜬장님에 불과했다. 인간의 운명도 그러하리라. 지금 와서 생각해 보니 아담과 이브의 운명과도 비슷하다. 잘 짜인 신들의 계획이 곧 운명 아니던가? 다만 하나는 셈족Semite69의 신화이고 다른 하나는 그리스의 전설인 것이 다를 뿐이다. 운명에 저항하지 말고 받아들여라, 그것이 신의 뜻을 따르는 길이니.

하지만 프로이트는 신화 대신 과학을 좇는 사람이다. 그는 이 전설과 희곡의 소재가 가진 특이성에 주목했다.

그의 운명이 우리를 감동시키는 이유는 그것이 우리의 운명이 될 수도 있고, 출생 전의 신탁이 우리에게 최초의 성적 자극을, 아버지에게 최초의 증오심과 폭력적 희망을 품는 운명을 짊어지우고 있기 때문인지도 모른다. 우리의 꿈은 그것이 사실이라고 우리를 설득한다. 아버지 라이오스를 살해하고 어머니 요카스테와 결혼한 오이디푸스 왕은 우리 어린 시절의 소원 성취일 뿐이다. 그러나 우리는 신경 정신증 환자가 되지 않는 한, 오이디푸스보다 행복하게 우리의 성적 자극을 어머니에게 분리시키고 아버지에 대한 질투심을 잊을 수 없다. … 소포클레스는 문학 작품을 통해 오이디푸스의 죄를 밝히고 또한 억압했지만, 여전히 그 충동이 존재하고 있는 우리 내면을 인식하도록 강요한다. … 오이디푸스처럼 우리도 자연이 우리에게 강요한 소원, 도덕을 모욕하는 소원의 존재를 모르면서 살아간다. 그리고 그 소원이 폭로되면, 우리는 모두 유년 시절의 사건을 애써 외면하려 한다.[70]

이 구절은 무의식에 남아 있는 유아적 근친상간의 충동을 멋지게 표현한 것으로 널리 알려져 왔다. 이 때문에 정신분석학에 대해 분노와 찬반 논쟁, 격렬한 항변이 생겨나기도 했다. 하지만 이러한 구절은 유아성욕론에 대한 인문학적 해석이고, 프로이트가 의료인을 넘어 사상가로 여겨지게 만든 바탕이며, 그의 글이 의학도보다 문학도들에게 더 인기 있는 이유이기도 하다.

우리의 관심은 진정한 인간의 길이 시작되는 이때 우리가 최초로 느낀 감정이 무엇인지를 아는 데 있다. 프로이트는 근친상간 경향이 보편적이며, 이것이 억압되면서 콤플렉스가 되었다고 본다. 우리 마음속에 복잡하게 얽혀 있는 특별한 감정의 응어리가 콤플렉스라고 한다면, 이 콤플렉스는 일종의 상처다. 아담 부부도 그렇지만, 인간의 실존이란 상처를 받고 시작한다. 이 상처받은 존재를 감정으로 표현하면 무엇일까? 그것이 알고 싶은 것이다. 아담 부부는 수치였다. 이에 비해 프로이트 손에서 되살려진 인간 실존의 비밀은 내면에 심어진 죄의식의 뿌리였다.

상처 입은 인간의 한 얼굴

모든 재앙을 능가하는 재앙이 있다면,

그것은 오이디푸스의 몫이로구나.

… 내 눈이 멀쩡하다면 저승에 가서 아버지와

불쌍한 어머니를 무슨 낯으로 본단 말이오?

두 분께 나는 목매달아 죽어도 씻을 수 없는 큰 죄를 지었거늘.

… 이런 오욕을 스스로 뒤집어쓰고도 내 어찌 이 백성을 똑바로

쳐다보겠소?

… 오오, 결혼이여, 결혼이여. 너는 나를 낳고는 다시

네 자식에게 자식들을 낳아줌으로써 아버지와 형제와

아들 사이에, 그리고 신부와 아내와

어머니 사이에 근친상간의 혈연을 맺어 주었으니,

이는 인간들 사이에 일어난 가장 수치스러운 치욕이로다.[71]

소포클레스의 희곡에서 오이디푸스가 눈을 사정없이 찌르고 난 뒤 장님이 되어 읊조린 탄식이다. 당시 이 장면을 목격한 시종은 '그 분께서 마님 옷에 꽂혀 있던 황금 브로치를 뽑아 들더니, 자신의 두 눈알을 푹 찔렀다'고 말하면서, 느낀 감정을 이렇게 토로했다.

하지만 오늘은 비탄과 파멸과 죽음과 치욕과

온갖 이름의 재앙이 그분들 몫이에요.[72]

충분히 알 수 있듯 영웅 오이디푸스가 느낀 감정은 수치와 죄의식이었다. 여기서는 수치를 지나 치욕과 오욕이었고, 한 치 앞도 못 보는 자신(인간)의 어리석음을 단죄하기 위해 눈알을 파낼 만큼 욕된 감정이었다. 그런데 이러한 수치심이 우리의 내면 깊숙이 억압되어 철저히 은닉되고 봉인되어 있다니! 이러한 끔찍한 일이 언제든 일어날 수도 있다니!

프로이트는 신경증이 이러한 인간의 운명에서 비롯된다는 통찰을 인간에게 선사했다. 너 자신을 안다면, 너는 '도덕을 모욕하는 소원'을 지닌 자다. 하지만 인간이 되는 것은 바로 이러한 오이디푸스 단계를 넘어서는 것이다. 오이디푸스 콤플렉스는 금수와 인간이 갈리는 문지방이고, 인간의 길로 들어서는 관문이다. 다행히 인류는 집단적으로 이러한 콤플렉스를 보편적으로 가지고 있어서 금수를 넘어가는 발달 단계에 살고 있다.

에덴의 신화와 오이디푸스 전설을 하나로 묶어서 생각한다면, 인간이 되는 길에 막 접어들 때에 내면에서 피어나는 감정은 다름 아닌 수치와 죄의식이 된다. 모두 신의 명령과 신탁을 인간의 의지로 불복종하거나 극복하려고 할 때 생겨나는 감정들이다. 수치의 한 얼굴은 바로 이러한 인간의 비극과 연결되어 있다.

에덴의 기쁨을 맛본 인간이 다른 것에서 또 다시 기쁨을 맛볼 수 있을까? 그 기쁨이 이전의 것에 버금가거나 또는 넘을 수나 있는 것인가? 리비도라는 자연의 흐름을 거슬러 정신의 댐을 건설했으나, 그 댐은 영원한 것인가? 내부에서 늘 도사리고 있는 불쾌한 그 느낌은 과연 지워질 수 있는 것일까? 인간은 수치스러운 존재다. 그것은 근원적 위반과 금지의 죄의식에 붙어 있는 원초적인 속 쓰린 감정이다.

불 칼을 들어 영원히 살 수 있는 길을 막은 것처럼, 오이디푸스 희곡의 끄트머리에는 장대한 코러스가 울린다.

> 필멸의 인간은 어느 누구도 행복하다고 기리지 마시오.
> 그가 드디어 고통에서 해방되어 삶의 종말에 이르기 전에는.[73]

●

지중해 근방의 셈족 문화와 그리스 문화에서 전해지는 수치를 살피면서, 이제 막 수치 탐구 일정을 하나 끝냈다. 우리는 수치의 두 얼굴 가운데, 우울한 인간의 초상을 보았다. 인간은 부끄러운 존재다(다소 중립적인 표현). 이 수치는 단순한 감정이 아니라, 모든 부정적인 감정이 등장할 수 있도록 배경을 이루는 근원적 감정이다.

기분이 썩 좋을 리가 없으니, 이제 수치의 다른 한 얼굴을 살펴보자. 우울한 초상 말고 좀 더 긍정적이고 희망적이며 낙관적인 것으로 말이다. 이를 위해 프로이트에게 잠시 더 머물도록 하자. 셈족의 땅을 지나 희랍의 땅에서 좀 더 머물러야 할 것 같다.

수치,
정체성과 병리

지금부터는 수치가 인간의 정체성과 어떤 관련을 가지는지
정신분석학의 관점에서 살펴본다. 수치와 나르시시즘의 관계에서
수치는 긍정적인 의미를 드러낸다. 수치에 대해 독자적인 의견을 가진
정신분석학의 새로운 견해를 융과 코헛을 통해 살펴보고,
인간을 파괴하는 수치의 병리 수준에 대해서 알아본다.

1장
수치와 나르시시즘

모두에게는 나르시시즘의 경향이 있다

태어나는 것은 자라난다. 자라나서 결실을 맺자 이윽고 죽는다. 생겨
나면 자라나는 것이 만물의 정해진 길이다. 사람도 생겨나면 자란다.
그런데 사람은 하나의 핵처럼, 어떤 중심을 내면에 형성하게 된다. 그
핵과 중심이 '나', 곧 자아다. 태어나서부터 자아가 생기는 것은 아니
고, 자라면서 생겨나게 되어 있다. 그런데 사람이 가지고 있는 자연의
힘인 리비도는 자아와 조화를 이루지만 점차 갈등하게 된다. 자아는
맹목적인 자연의 힘을 벗어나서 생겨난 것이기 때문이다. 금수와 인
간을 나누는 첫 번째 기준이 바로 자아의 성립 여부에 있다.

원래 사람에게는 자아를 향한 리비도 집중이 존재하며, 그중 일

부가 나중에 대상을 향해 발현된다. 그런데 자아를 향한 리비도 집중은 근본적으로 사라지시 않고 계속 존재하는 것이다.[74]

리비도는 식욕이 그런 것처럼 사람에게 처음부터 내재된 성적 본능의 힘이다. 자아가 생겨나기 전에도 우리를 지배하고 있었고, 자아가 생겨나서 우리가 생을 마칠 때까지 계속 우리를 지배하는 힘이다. 어떤 의미에서 그것은 자연의 힘이므로, 우리의 생과 사를 초월해 늘 존재하는 힘이기도 하다. 그렇다면 리비도가 자아를 향해 집중된다는 것이 무슨 의미일까? 나를 향해 집중되는 성적 본능? 내가 나를 좋아하는 것? 그것도 성적으로? 그렇다. 나르시시즘이 그런 것이다.

나르시시즘은 호수에 비친 자기 모습을 사랑하며 애타게 그리워하다가 그만 물에 빠져 죽은 나르키소스^{Narcissos}라는 미소년의 이름에서 유래한다. 그 소년은 죽어 수선화^{Narcissus}가 되었다. 정신분석학에서는 오이디푸스처럼 이 신화에서 정신 병리적 개념을 가져온다.

> 자신의 몸을 마치 성적 대상을 대하듯 하는 사람들의 태도, 말하자면 스스로 성적 만족을 느낄 때까지 자신의 몸을 바라보고 쓰다듬고 애무하는 사람들의 태도를 지칭한 말이다.[75]

'자신을 성적으로 사랑한다니' 하며 놀랄 수도 있지만, 이는 정상적인 발달의 과정이다. 아무렴 오이디푸스보다 더 놀라울 수 있겠는가. 정신분석학의 언어는 졸린 우리의 정신을 바짝 긴장시킨다. 무언가 부끄러운 분위기가 자욱하다. 그래서 우리도 수치를 탐구하기 위해 이 학문을 건너다보고 있지 않은가.

리비도는 자아를 향하고, 이후에 대상을 향한다. 자아는 나 자신이고 대상은 나와 관계를 맺는 사람들이다. 최초의 대상은 어머니 혹은 먹을 것을 주고 나를 기쁘게 해주며 자질구레하고 규칙적인 고통에서 구원해주는 누군가일 것이다. 리비도의 이 두 방향은 자아 리비도와 대상 리비도라고 구분한다. 그런데 힘이 그렇듯이 리비도 역시 총량은 일정하다. 한 방향으로 힘을 쏟으면 다른 쪽은 부족하고, 그 반대도 마찬가지다.

가만히 살펴보았을 때, 자아로 향한 리비도는 결국 대상을 향한 리비도에게 힘을 더 실어주는 방향으로 흘러야 한다. 그 극치가 타인(대상)을 사랑할 때다. 사랑이란 본래 그런 것이다. 나보다는 당신을 향해 내 모든 것을 쏟아 붓는 것 말이다.

리비도가 성적 에너지라면 자아 본능 에너지는 배고픔 같은 비非성적 에너지다. 처음에는 둘이 구분되지 않다가 대상 리비도 집중 즉 사랑에 빠질 때 비로소 구분이 된다. 최초의 사랑이란 프로이트 식으로 말하면 최초의 나르시시즘적 성적 만족이다. 자신에 대한 사랑은 이기주의의 극치다. 우리가 사랑한 것은 우리였다. 그런데 여기에 약간의 복잡함이 결부된다.

최초의 자기애(나르시시즘)적 성적 만족들은 자기 보존의 목적에 기여하는 주요 기능과 관련되어 경험되는 것들이었다. 말하자면 성적 본능이라는 것은 처음부터 자아 본능의 만족과 결부되어 나타나는 것이며, 나중에서야 그 성적 본능이 자아 본능에서 독립하게 되는 것이다.[76]

자아 본능의 만족이란 역시 배고픔으로부터의 해방을 가리킨다. 그렇다면 그것은 어머니(또는 어머니 역할)다. 겨우 자아를 막 가지려 하는 이때에 자기에 대한 사랑과 관심은 어머니에 대한 사랑과 관심과 분화되지 않은 상태가 된다. 아이의 자아는 어머니와 연관된 자아라고 할 수 있을 것이다. 만일 리비도의 이러한 전개에 장애를 가지게 될 때는 성도착자나 동성애자가 된다. 이는 사랑의 대상으로 어머니가 아닌 자기 자신을 선택한 경우다(그러나 동성애를 반드시 이런 병리적 시각으로 설명할 이유는 없다. 프로이트가 그렇게 본다는 것이다). 그런데 자신이 어머니와 분화되지 않았다면, 자신에게로 향하든 어머니에게로 향하든 모두 같은 것이다. 그래서 "모든 사람들에게는 근원적으로 나르시시즘의 성향이 있다".

프로이트를 따라서 우리가 성장한다는 것은 이러한 나르시시즘의 향배와 관련되었음을 알게 되었다. 나르시시즘을 벗어나는 것, 곧 자기에 대한 관심이 외부로, 대상으로, 타인으로 향하는 것이 성장이 아닌가? 하지만 여기에는 장애가 있다. 자기애는 본질적으로 성적 본능에 기반을 둔다. 이는 리비도의 범람을 막기 위한 정신의 댐을 건설해야 인간이 될 수 있다는 인간의 금칙에 저촉된다. 무한정한 나르시시즘은 허용될 수 없는 것이다. 하지만 이처럼 자아로 향한 나르시시즘

3부. 수치, 정체성과 병리

이 하나도 남김없이 대상으로 완전히 건너가지는 않는다. 조금 느슨하게 말하면, 우리의 이기심은 절대로 소진되지 않는다. 우리에게 깊이 뿌리 박혀 있기 때문이다. 이처럼 정신분석학은 무아無我나 무심無心 혹은 극기克己를 말하는 생각들과 다른 길을 걷게 된다. 그리고 현대인들은 이 말이 맞는다고 볼 것 같다.

이상적 자아, 나르시시즘의 목표

리비도는 자연이 가지고 있는 자연스러운 힘이지만, 인간은 이것이 범람하지 않을까 끊임없이 경계한다. 그래서 생겨난 것이 억압이다.

> 리비도의 본능 충동이 주체(개인)의 문화적, 윤리적 이상과 충돌할 때 그 리비도적 충동이 병을 유발시키는 성질을 가진 병발성 억압으로 바뀐다.[77]

그래서 생겨난 것이 원초적 억압이며, 이 억압의 결과는 인간이라면 누구나 마음 속에 다 가지고 있는 일종의 상처 즉 오이디푸스 콤플렉스로 나타났다. 그런데 이러한 억압은 자아에서 시작된다. 프로이트는 이 억압의 가진 본질적인 성격을 발견해냈다. "억압은 자아를 스스로 존중하는 데서 비롯된다."[78]

자신에 대한 존중으로부터 이상이 설정된다. 이 이상은 스스로가 만들어낸 것이 아니라 사회로부터 온 것이다. 여기서 사회는 부모, 종족, 민족, 인류 등의 객관적 집단의식, 곧 인간의 문화를 가리킨다. 이러한 존중의 감정은 사회적 감정의 속성을 가지고 있다. 부끄러움(수치)이라고 말하지 않고서 부끄러움을 암시한 것이다. 바로 정신의 댐이다. 그것이 없다면 인간이나 인간의 문화는 성립할 수 없다.

> 한 사람은 자신의 내면에 이상을 설정하여 그 이상에 따라 자신의 실제적 자아를 측정하는 반면, 다른 한 사람은 그와 같은 이상을 전혀 설정하지도 않는다. 그런데 여기서 자아의 관점에서 볼 때 이상형의 형성이 바로 억압의 전제 조건이 되는 것이다. 이 이상적 자아가 이제는 어린 시절에 실제적 자아가 누렸던 자기애의 목표가 된다.[79]

나르시시즘은 자신에게로 향하지만, 리비도의 범람을 막기 위한 정신의 댐 즉 억압에 따라 스스로를 존중해 이상적인 자아로 향한다. 이상적 자아는 정신의 댐으로 리비도를 조절하기 위해 만들어진 것이다. 그래서 사회에서 바람직하다고 생각하는 기준(부모의 권위, 자신이 태어나고 자란 사회문화적 환경)에 부합하는 자신이야말로 가장 '아름다운 존재'라고 생각하는 이상적 자아에 대한 나르시시즘이 생겨난다.

이 나르시시즘은 리비도의 힘을 고스란히 수용하는 어린 시절의 자아로 향하는 원초적인 성격을 가진 것이 아니다. 이것은 좀 더 문화적이고 통제적인 형태를 지향하는 나르시시즘이다. 감정을 일차 감정과 이차 감정으로 나누듯이 여기서도 비슷하게 분류하자면, 앞의 것이 일차적 나르시시즘이라면 두 번째 것은 이차적 나르시시즘이다.

일차든 이차든 모두 나르시시즘이기 때문에 유아기의 자아처럼 이상적 자아도 모든 가치와 완벽함을 부여받게 된다. 인간이 옛 시절에 대한 향수를 늘 품는 이유는 우리의 정신에 새겨진 습관과 같다. 한 번 맛을 본 만족을 절대 포기할 수 없듯이, 어린 시절의 강렬한 쾌감은 평생을 가곤 한다.

> 사람은 자신이 어렸을 때 누렸던 나르시시즘적 완벽함을 놓치기 싫어한다. 그리고 성장하면서 다른 사람들의 훈계나 스스로의 비판적 판단에 의한 각성을 통해 어떤 장애에 부딪혀 더 이상 완벽함을 유지할 수 없게 될 때면 그것을 '자아 이상ego-ideal'이라는 새로운 형태에서 다시 회복하려고 노력한다. 그가 자기 앞에 하나의 이상으로 투사한 것은 어린 시절 그 스스로가 자신의 이상이라고 생각했던, 그러나 이제는 상실하고 없는 바로 그 어린 시절의 나르시시즘을 되찾게 해주는 대체물인 것이다.[80]

리비도의 성적 본능 에너지는 정신의 댐에 의해 조절되고 통제 가능한 것으로 변모하게 된다. 그래서 등장하는 개념이 유명한 승화다. 승화는 성적 본능에 토대를 둔 것이지만, 성적 만족을 목표로 하는 것이 아니라 성욕을 이탈해 다른 목표로 향하는 것이다. 승화는 보통 경건하고 고상한 마음을 지닌 시인이나 예술가가 개탄하는 개념이다.

그들은 자신의 아름다운 작품이 실제로는 리비도의 변형 즉 승화라고 한다면, 씁쓸함을 느낄 것이다. 그들의 작품은 고결한 인간의 영감으로 만들어진 것이고, 적나라^{赤裸裸}한 즉 알몸과 가까운 '정욕'과 무관한 것일 테니 말이다.

어떤 이들은 프로이트의 이러한 이론이 이른바 '위대한 작품'이라는 위선에게 먹이는 속 시원한 한 방이라고 생각하며 통쾌함을 느낄 수도 있겠다. 어쨌든 인간의 체취가 나는 모든 것들에는 빛과 그림자가 있다. 빛에 대한 그림자로서 이러한 생각은 유익함을 가진다. 다만 빛만으로도 살 수 없듯이, 어둠만으로도 살 수 없다. 하나만을 '보기에 좋아한다'면 억압과 은닉이 생겨난다는 것은 앞서 내내 보았다.

그런데 자아의 이상이란 승화와도 다르다. 이상화는 대상과 관련된 것이기 때문이다. 이상화에 의해 대상은 그것이 가진 실제적인 성질과 상관없이 개인의 마음속에서 확대되고 드높여진다. 승화가 리비도의 질적인 변형이라고 한다면, 이상화는 리비도를 제어하고 조절하는 것이다. 승화가 그 성격상 직접적이라면 이상화는 간접적이다.

그렇다면 그러한 제어와 조절은 누가 하는가? 자아가 스스로를 존중하기 위해 억압을 해서 이상적 자아를 만들어냈다면, 그것이 바로 자아인가? 이러한 자아는 성숙한 특성을 가진 것처럼 보인다. 이를 프로이트는 자아를 넘어서는 것 즉 자아가 무언가를 수용해 그 이상의 자아가 되었다는 의미에서 '초자아(슈퍼에고^{superego})'라고 부른다.

여기서 전형적인 원초아(이드^{id}), 자아(에고^{ego}), 초자아의 정신 구조를 논하기보다는 수치와 관련된 프로이트의 이야기를 살피도록 하겠다. 그는 나르시시즘을 말하면서 수치에 대해서는 거의 말하지 않았기 때문이다. 우리는 그 전체적인 분위기에서 수치를 읽을 뿐이다. 수치는 더 이상 프로이트의 관심이 아니었다. 그가 미처 하지 않는 탐색의 영역이었을 뿐이다. 다만 그의 후계자가 이로부터 중요한 발견을 하기 때문에 가교의 개념으로 나르시시즘을 살피는 것이다.

나를 기준으로 삼은 특수한 정신 기관, 양심

자아가 자신의 이상을 통해 나르시시즘적인 만족감을 얻으려면 '자아 이상'의 어떤 존재가 필요하다. 이 존재는 이런 말을 하는 것 같다. "이제 더 이상 리비도의 범람에 쓸려가지 말고, 너 자신을 좀 더 존중할 수 있는 어떤 목표로 네 리비도에 집중해야 하지 않겠니?

과연 이러한 존재는 무엇일까? 바로 전통적으로 "양심"이라고 부른 것이다. 이를 프로이트는 특수한 정신 기관이라고 해서, 초자아의 전신을 시사했다. 그런데 이것은 병적인 상태, 곧 신경증에 걸린 사람이 자주 하는 말에서 그 정확한 실체를 찾을 수 있다. 누군가 자신을 감시하고 있고, 머릿속에서 이런 저런 이야기를 속삭인다는 말이다.

실제 이러한 현상은 존재한다. 다만 병적 상태가 되어서 퇴행적 형태로 나타났을 뿐이다. 병적이지 않다면, 이는 이상적인 모습을 띠고 자아가 실현해야 할 목표가 되거나 때론 당위적인 것으로 따라야 하는 규범이 된다. 프로이트는 이러한 정신의 기관이 어디서 온 것인지 알려준다.

> 자아 이상의 형성을 촉발시킨 것이 부모의 비판적 영향력이다. 양심은 자아 이상을 대신하여 감시자의 역할을 한다. 세월이 흐르면서 비판적 영향력(부모의 목소리로 전달된다)을 행사하는 사람들의 수는 점점 늘어나기 마련이다. 그를 가르치고 훈육했던 사람들과 그의 주변 환경 속에 있는 수많은 사람들, 그리고 그의 동료들과 이웃들이 바로 그들이다. 여론도 빼놓을 수 없다. … 양심 기관은 근본적으로 처음에는 부모의 비판, 나중에는 사회적 비판이 구체적으로 실현된 것이다.[81]

자아 이상은 모종의 비판을 자양분으로 성장한다. 그것이 비판인 이유는 하고 싶은 원초적인 갈망 즉 리비도를 제어하고 관리하기 때문이다. 우리는 완전히 우리의 갈망 에너지(리비도)를 배신할 수 없다. 여기서 우리가 떠올리는 것은 규범^{norm}이다. 규범은 비교적 현대에 생겨난 말이다. 이는 판단과 행위 및 평가의 기준을 가리킨다. 이 기준은 우리의 상식으로는 과학과 같이 있는 그대로의 사실 즉 존재^{is}가 아닌 '마땅히 해야 한다'의 당위^{should}에 속한 것이다. 하지만 반드시 그렇지는 않다. 물은 아래로 흐르는 것이 마땅하다고 생각할 수 있는 것처럼, 존재와 당위가 그렇게 날카롭게 구분되는 것은 아니다.

규범은 전통적으로 도덕과 윤리 또는 법 등과 밀접한 관련을 가지고 있다. 이들은 모두 규범 즉 기준이다. 이에 대해서 분명히 구분해야 할 것 같다. 수치는 분명 규범을 위반할 때, 하느님의 명령을 위반할 때처럼 그때 등장하는 감정이기 때문이다.

윤리는 넓게 보자면 사회의 기존 질서를 가리킨다. 반면 도덕은 지금 여기 살고 있는 '나'라는 실존을 고려한다. 다시 말해 도덕은 실존이 정한 질서의 원칙이다. 윤리와 도덕은 잘 대응하고 조화를 이루지만, 그렇지 않을 때도 있다. 이럴 때는 과연 어떤 것을 따라야 할까?

윤리를 어기면 사회적 지탄을 받는다. 그리고 부끄러움과 수치가 생겨난다. 더 하면 치욕적일 수도 있다. 그런데 도덕을 어기면 스스로 내면에서 부끄러움과 수치가 생겨난다. 이른바 '윤리적 인간'은 사회의 질서에 잘 적응한다. 반면 '도덕적 인간'은 간혹 사회에 적응하지 못하거나 그것에 저항한다.

윤리가 법과 손을 잡으면 외적인 구속력을 갖는다. 그래서 객관적 규범으로 강제력을 가질 수 있다. 하지만 도덕은 실존적 선택 즉 개인의 자율적인 선택에 따른 것이다. 오직 자신이 기준이다. 이를 실존적 규범이라고 할 수 있다. 우리로서는 윤리나 도덕이나 이 규범을 어기면 내면에서 부끄러움이 생겨난다는 것을 알고 있다. 그것은 두뇌의 소관이기 때문에 누구도 여기에서 피할 수 없다.

여기서 우리는 프로이트가 말한 나르시시즘과 자아 이상이 곧 규범과 연관되고, 이에 따라 우리는 수치의 감정에 대해, '인간의 심연을 들여다본' 탁월한 인물에게 무언가를 들을 수 있다는 기대를 하게 된다. 하지만 수치가 나와야 할 이 지점에서 프로이트는 수치심을 말하지 않는다. 다만 자아 이상과 관련된 여러 가지 감정을 말할 뿐이다. 그러나 우리는 이 틈에서 수치를 발견한다.

얼굴 없는 수치

수치는 단일하게 말하기 어려운 감정이다. 그것은 늘 다른 감정을 불러들인다. 자존심이 그렇다. 자존심의 뿌리가 나르시시즘에 있다는 것은 쉽게 눈치 챌 수 있다. 프로이트는 자존심이 자아의 크기를 나타내는 표현이라고 본다.

> 그 크기를 결정하는 여러 요소들이 무엇이든 상관없다. 한 사람이 소유하거나 성취한 모든 것들, 그가 경험을 통해 확인한 전능함이라는 원초적인 느낌의 잔재 등이 그의 자존심을 높여준다.[82]

앞선 나르시시즘은 원초적 느낌의 잔재일 것이다. 하지만 나르시시즘은 사라지지 않는다. 자아 리비도가 아닌 대상 리비도가 생겨나는 것이 사랑이다. 자아 리비도는 본질적으로 나르시시즘이므로, 대상으로 리비도가 향하면 자아는 리비도가 줄어든다. 둘은 음양처럼 시소 관계에 있기 때문이다. 그런데 사랑을 느낄 때 이를 받아주면 자존심이 상승한다. 하지만 거부되었을 때는 자존심이 떨어진다, 상한다.

3부. 수치, 정체성과 병리

사랑하는 대상에 의존한다는 것은 자존심을 낮추는 일이다. 사람이 사랑을 할 때면 다분히 겸손해지기 때문이다. 말하자면 사랑을 하는 사람은 자신의 나르시시즘 일부를 상실한 것이며, 그 상실된 나르시시즘은 사랑받는 것에 의해 보완이 되는 것이다. … 자존심은 사랑에 있어서의 나르시시즘적인 요소와 관계가 있는 듯이 보인다.[83]

나르시시즘은 자기애인데 이것은 본래부터 자신을 드높여주는 대상과 구분되지 않는다. 에너지의 관점에서 보면, 대상 리비도(사랑)로 인해 자아로 향하는 리비도가 감소되는 것이 분명하다. 그래서 나르시시즘이 떨어지고 자존심도 떨어진다. 에너지의 관점이라서 그렇지만, 이는 '겸손'으로 드러난다. 이기주의를 버리는 것이 사랑의 한 특성이기 때문이다.

그런데 사랑을 받으면, 배고픈데 음식을 배불리 먹은 것처럼 만족을 얻게 된다. 이 만족이라는 측면에서 나르시시즘의 효과가 있다. 스스로 만족하게 되면 나르시시즘에 의해 상실된 에너지가 보충된다. 아기를 사랑하지 않는 어머니(또는 그 역할을 가진 존재)는 없다. 그래서 대상 리비도가 상실되더라도 그것은 곧 보충된다. 또한 대상과 자아가 미분화되기 때문에 어머니의 사랑은 그대로 에너지가 된다. 리비도가 보충된다. 아기는 사랑을 먹고 사는 것이다.

하지만 자아 이상이 생겨나면서부터 나르시시즘은 대상으로 흘러들어가는 리비도에 상응하는 만족을 얻게 되면 보충된다. 이는 목표를 달성하지 못했을 때 손해를 보는 심정과 같은 것이다. 차를 타고 100킬로미터를 달려 목표에 도달하면 기름을 소비한 것에 해당하는 만족감을 갖는다. 기름 값을 한 것이다. 그러나 목표가 무위로 돌아가면 모든 것이 다 사라지는 허탈감을 느낀다.

심리적 문제를 가진 사람의 경우로 이를 입증할 수 있다. 예컨대 나르시시즘이 과대한 사람은 병적으로 과대망상을 가지게 된다. 이는 자아가 일종의 인플레이션을 겪는 것과 같다. 자존심이 하늘을 찌른다. 기고만장氣高萬丈이다. 내담자가 분석을 할 때 사랑의 감정이 치료자에게 옮겨져 가는 전이 신경증은 일종의 거짓 사랑인데, 이때조차도 대상 리비도에 의해 자존심이 떨어진다.

우리는 자존심의 문제가 수치와 연결된다는 것을 이해할 수 있다. 자존심이 상하면 부끄러움이 생기고 더 나아가 수치나 치욕에까지 연결될 수 있다. 비록 별 볼 일 없는 처지라지만, 자존심까지 버릴 수는 없는 노릇이 아니겠는가?

지금까지 논의를 종합해 보면 자존심은 세 가지 근원에서 생겨난다.

첫째, 근원적인 것 즉 유아기 나르시시즘의 잔재다.
둘째, 경험을 통해 강화된 전능성 즉 자아 이상의 실현이다.
셋재, 대상 리비도의 만족에서 형성된 것이다.

우리에게 중요한 것은 둘째다. 리비도에 댐을 쌓은 대가로 자아 이상이 수립되기 때문이다. 자아 이상에 저촉되는 것은 규범에 저촉되는 것이고, 이때 수치가 생겨난다. 그것이 외부의 지탄으로 인한 것이든 내면의 성찰로 인한 것이든, 두 곳에서 생겨난다. 정상적이라면 외부의 지탄으로 인해 규범을 준수할 것이고, 내면의 성찰로 인해 자아이상의 실현으로 더 나아가게 될 것이다. 이것이 수치의 두 얼굴 가운데 긍정적 얼굴이다. 어쨌든 전자로 인해 사회의 질서가 유지되고, 후자로 인해 성장과 발전이 이루어지니 말이다.

인간을 인간이게 하는 정신의 댐

자존심에 이어 열등감이다. 열등감은 자존심이 몹시 상할 때 느끼는 감정이다. 실제 그것은 수치와 무관한 것이 아니다. 나는 수치가 이런 감정의 우두머리라고 했는데, 프로이트가 여기서 그것을 증명해준다. 우리는 왜 열등감을 느끼는가? 어떤 누군가 나보다 잘 생기고, 돈도 많고, 학벌이 좋아서 그런 것인가? 비교하니 부끄럽고 창피한가? 그럴 때 우리 내면에서는 어떤 일이 일어나는가?

> 열등의식의 주요 원인은 자아에서 빠져나온 리비도의 많은 양이 다른 대상을 향해 집중적으로 발현된 결과로 발생한 자아의 빈곤, 즉 더 이상 통제 불가능한 성적 성향 때문에 생긴 자아의 손상 때문이라 보는 것이 옳다.[84]

나의 리비도가 스스로에게 향하지 못하고, 대상으로 너무도 많이 빨려 들어가는 바람에 내게서 리비도가 소진되었을 때, 우리는 열등감에 빠져 창피함을 느낀다고 한다. 이는 사랑의 분석과 비슷한 상황이다. 프로이트는 사랑의 대상에게 겸손을 넘어서, 자존심을 흔쾌히 버리고, 구애를 하는 것을 자아의 결핍으로 보는 것 같다. 순전히 에너지의 관점으로 본 것이다. 내가 창피한 이유는 내가 열등감을 느끼는 바로 그 대상을 사랑하기 때문이라고 보았다.

이런 해석도 맞을 것 같다. 키가 작은 것을 굳이 열등감으로 느끼는 것은 키 큰 사람이 좋아 보이고, 그런 상태를 사랑하는 것이다. 내게서 리비도가 빠져 나간다. 돈이 많은 사람에 대해 부러움을 넘어서, 열등감을 느끼는 것은 내가 돈을 너무 사랑하기 때문이다. 내게서 리비도가 썰물 빠지듯 빠져나간다. 이 모두는 자아의 결핍이다. 금단의 열매를 사랑하는 것은 내게 없는 결핍, 곧 욕망 때문이었다.

하지만 리비도는 성적 본능이다. 그것이 중요한 것은 알았지만, 원인이 너무 단순한 것이 아닐까? 모든 것을 성적인 것으로 돌리는 이 정신의 관성은 혹 에덴에서 온 것이 아닐까? 그곳에서 우리는 수치 보따리를 만들었는데, 그 안에 담긴 것들이 정신분석의 주요한 개념과 여러 신화와 연결되었다는 생각이 든다.

이제 나르시시즘과 수치에 대해서 정리하자. 프로이트는 수치를 말해야 할 곳에서 그만 멈췄다. 그가 말하고 싶은 것은 수치가 아니라 죄의식이었다. 우리는 두 개념이 밀접한 연관이 있다는 것을 안다. 하지만 이로부터 수치는 정신분석학에서 미래의 과제로 남게 되었다.

자아 이상(이상적 자아)은 개인적인 측면 이외에 사회적인 측면도 지니고 있다. 자아 이상은 바로 한 가족의 공통 이상이기도 하고 한 계급이나 민족의 공통 이상이기도 한 것이다. 자아 이상은 한 개인의 나르시시즘적 리비도를 구속할 뿐만 아니라 상당한 양의 동성애적 리비도도 구속한다. 이런 식으로 동성애적 리비도는 다시 자아로 귀속된다. 그런데 이런 이상을 실현시키지 못한 결과로 생겨난 불만족은 동성애적 리비도를 방출시키며, 그렇게 방출된 리비도는 죄의식(사회적 불안)으로 전환된다. 본래 이러한 죄의식은 부모가 내리는 벌에 대한 두려움이었다. 좀 더 정확히 말하자면 부모의 사랑을 잃을지도 모른다는 두려움이라 해야 할 것이다. 그러다 나중에는 대상이 부모에게서 불특정 다수의 동료로 바뀌게 되는 것이다.[85]

우리에게 성장이란 요람에서 나오는 것이다. 이는 의존하지 않고 독립한다는 것이고, 개성을 가진 개별화된 존재 즉 개인이 된다는 것이다. 자아의 발달과 성장이라는 것을 정신분석학적으로 말하자면 나르시시즘에서 멀어져야 하는 것이다. 자기만을 아끼고 사랑하는 단계에서 위로 올라가야 한다.

그런데 인간은 원래의 나르시시즘으로 돌아가려는 강한 욕구도 가지고 있다. 또한 성장이란 신체와 더불어 정신의 성장이 함께 진행되어야 한다. 그래서 자아 이상이 따로 설정되어야 했다. 이에 따라 목표가 요람이 아닌 저 밖에 있어야 했는데, 이는 리비도가 재배치되어야 하는 것을 뜻한다. 요람이 목표가 아니며, 이상적 자아를 실현해야 만족할 수 있게 된 것이다. 하지만 여기서 다 끝난 것이 아니다.

앞으로 생겨날 일은 자아의 손상이다. 대상에 대한 리비도의 유출, 곧 사랑은 기본적으로 자아를 손상하기 때문이다. 그리고 리비도를 재배치해서 생겨난 자아 이상은 늘 만족할 수 없는 것이다. 이로 인해 불만족과 좌절이 항상 인간을 따라다닌다. 그런데 리비도의 재배치를 다른 말로 하면 리비도의 범람을 막기 위한 댐들의 건설이다. 이 댐들이 무엇이었는가? 프로이트는 죄의식이라고 했고, 다른 곳에서는 수치라고 했다.

수치가 부정적 감정의 우두머리가 된다는 것의 정신분석학적 의미는 이렇다. 저 댐이 없으면 우리는 발달 과정에서 인간이라 할 수 없는 인간 이전의 존재pre-person 단계로 남는다. 이는 금수의 세계다. 이미 '인간person'의 이름으로 살고 있는 우리가 인간으로 살아가는 한 수치가 늘 피어날 수밖에 없는 이유가 바로 여기에 있다.

무지막지한 자연의 힘과 인간됨의 갈등이 존속하는 한 수치는 늘 피어난다. 불만과 좌절 속에서, 열등의식과 자존심의 출몰과 더불어 말이다.

●

그렇다면 수치를 다스릴 줄 알면, 인간으로 우뚝 서며 그 이상으로도 나갈 수 있을까? 이는 프로이트의 후예들이 지닌 문제의식이었다.

2장
정신분석 패러다임과 수치의 해석

자기 자신으로 살기 위한 고통의 관문

수치라는 감정에 대해서 정신분석학의 영향을 받은 후예들은 불만을 가지고 있었다. 왜 프로이트나 융은 수치를 말해야 할 곳에서 정작 수치를 말하지 않았는가? 프로이트는 수치 대신에 죄의식에 관심을 경주했고, 융은 수치는 덜 말하고 그림자를 많이 말했다.

우리는 수치와 죄책의 감정이 얼마나 밀접한 관련을 가지고 있는지, 에덴의 신화에서부터 프로이트까지 계속 살펴왔다. 그래서 프로이트가 수치를 적게 말하고 죄의식으로 관심을 기울인 것에서 그다지 큰 당혹을 느끼지 않는다. 아마도 위반과 금지에 힘을 실으면 수치보다는 죄의식이 더 쉽게 떠오를 것이다. 실제 아담도 수치 이후에 죄의식의 두려움을 느끼지 않았던가?

"수치는 영혼을 먹어치우는 감정이다Shame is a soul-eating emotion." 이 말은 융이 남긴 것으로 인구에 회자된다.[86] 그러나 생각만큼 융은 수치에 대해 독립된 사색을 하지 않았다. 그래서 수치가 그의 심리학에서 어떤 위상을 가지고 있는지 살피는 것이 쉽지 않다. 그것이 명시적이지 않기 때문이다.

하지만 신화적인 사유를 중시했던 융의 심리학을 따라가다 보면 수치와 반드시 대면하게 된다. 여기서는 자기성찰의 개성화 과정Process of individuation에서 등장한 수치를 살펴보고, 이어서 그가 구성한 프시케의 구조 속에서 수치의 자리를 찾아보겠다. 전자가 인격의 완성을 향한 구도의 자세를 보여준 영성적인 특성을 보여주는 것이라면, 후자는 좀 더 심리학적인 특성을 보여준다.

융은 자신의 독자적 심리학을 구상하는 동안 매우 심한 정신적 방황의 길을 걸었다. 프로이트와 결별한 이후 거의 16년간 자신의 내면을 성찰하며, 적극적 명상Active Imagination의 시초에 해당하는 방법을 통해서 스스로를 치유한다. 이때의 기록이 《레드북Red Book》이다. 이후 연금술의 가치를 발견하고, 또 자신의 탐구에 서구만이 아닌 동양의 유구한 역사가 있음을 깨닫고,[87] 방황의 길에서 창의적이고 정력적인 탐구를 시작하게 된다.

그의 《레드북》에는 수치에 대한 매우 신비적이고 수수께끼 같은 글이 실려 있다. 바로 구약 성서의 외경인 〈이집트인 복음서〉가 삽입되어 있는 구절이다. 다음은 총 2권으로 이루어진 《레드북》 1권의 10장 〈가르침〉 마지막 두 번째 단락이다.

　　　　　　　　　　　　　　3부. 수치, 정체성과 병리

내 생각은 선견지명의 아들인 것처럼, 내 기쁨은 사랑의 딸이며 죄 없으시고 신을 낳으신 어머니의 딸이다. 마리아는 그리스도 말고도 살로메를 낳았다. 그러므로 〈이집트인 복음서〉에서 예수 그리스도는 살로메에게, "모든 나물을 다 먹어도, 쓴 나물은 먹지 말라" 하였다. 그러자 살로메가 더 알고 싶어 하자, "네가 수치의 덮개를 바스라뜨리면, 남자와 여자 둘이 하나가 될 때, 그것은 남자도 아니고 여자도 아닐 것이다."[88]

외경이나 위경은 현재 《성서》에 포함되지 못한 경전을 의미한다. 본래 기독교의 가르침을 담은 것이었지만, 정경이 성립되자 그 밖의 경전이 된 것이다. 종교의 관점에서는 정통과 이단의 시비 거리가 되겠지만, 인간의 정신을 탐구하는 데는 시비 거리가 될 수 없다. 오히려 풍부한 사유의 실마리가 될 것이다.

위에서 예수의 어머니인 마리아는 살로메Salome라는 딸을 낳았다. 종교학 연구가들의 이야기에 따르면 마리아는 딸을 둘 낳았는데, 하나는 살로메고 다른 하나는 수잔Susanne이다. 예수와는 이복 남매지간이다.[89] 그래서 이 대화는 예수가 여동생 살로메에게 무언가 가르침을 전달하는 구조를 가지고 있다. 예수가 한 말은 단번에 이해하기 어렵다. 마치 에덴의 동산에서 하느님이 아담에게 한 금단의 말을 연상시킨다. 다른 나물은 다 먹어도 쓴 나물은 먹지 말라니? 열매가 나물로 바뀐 것이다.

'쓴 나물'은 유월절에 먹는 음식이다. 유월절은 유대인들이 이집트의 노예 생활을 청산하고 고향으로 향하는 엑소더스^{Exodus}(출애굽)를 찬미하는 기념일이다. 노예의 쓴 삶을 잊지 말자고 해서 먹는 것이라고 한다. 그런데 쓴 나물을 먹지 말라는 것은 추석에 빚은 송편을 먹지 말라고 하는 것처럼, 경우에 맞지 않는다. 예수는 엑소더스를 찬미하지 않는가?

그 이유는 경전의 이름을 생각하면 알 수 있을 것 같다. 〈이집트인 복음서〉라면 '원수'의 땅에서 지은 복음서다. '쓴 나물을 먹지 말라'는 것은 원수의 입장, 곧 완전히 서로 반대되는 입장에서 말하는 것이다. 누이 살로메는 이해하기 어려워서 다시 물었다. "오빠, 그게 무슨 뜻인가요?"

그러자 예수는 에덴의 사건을 들어 가르침을 편다. 그리스도니까 단순한 말이 아니라, 가르침일 것이다. 그것은 수치의 덮개 즉 무화과 잎으로 아랫도리를 가린 옷을 부수는 것과 관련이 있다. 수치의 덮개는 '수치의 옷'인 알몸을 가리는 옷이다. 이 수치의 옷을 부수는 것은 마른 나뭇잎을 바스러뜨리는 것이며, 수치 이전의 상태인 은총의 옷을 입을 때를 가리키는 것으로 보인다.

수치의 덮개를 바스러뜨리면, 단지 수치가 드러나는 것이 아니라 그 이전의 상태, 말하자면 선악의 열매를 맛보기 이전인 선과 악이 분리되어 대립하지 않는 상태로 되돌아가는 것이다. 이는 단순히 시간을 되돌리는 것이 아니라, 수치와 죄를 이겨내고(바스러뜨리고) 새로운 비이원적인 상태를 회복하는 것을 의미한다. 이런 해석은 뒤이은 수수께끼 같은 말과 연관된다.

남자와 여자가 하나가 되는 것은 결혼을 의미한다. 그런데 그런 결혼은 남자도 아니고 여자도 아닌 어떤 것이 된다. 과연 이 결혼은 무엇인가? 이것은 남녀의 극심한 이원성으로는 도달할 수 없는 새로운 융합의 경지를 뜻한다. 상반된 것의 합일이다. 이것의 성서적 표현이 히에로스 가모스hieros gamos(신성한 결혼)다.

예수는 세상을 갈가리 찢어 놓고 있는 선과 악의 이분법적인 세계가 시작되어 수치가 생겼고 죄의식이 생겼으며, 에덴과 세상이 분리되었다고 보았다. 그래서 반대되는 것을 하나로 포용하는 쓴 나물을 먹지 않는 행위와 같은 비이원적인 새로운 통합이야말로 하늘의 말씀이라는 것을 전해주고 있다. 이것은 심리학적 의미에서, 비이원적인 생각과 행동에 의해서 수치가 근원적으로 생겨나지 않는 새로운 자아의 발달과 성장을 의미한다.

《레드북》이라는 방대한 자기성찰의 책은 그 결구가 이미 정해져 있었다. 자기 자신으로 사는 것이 삶의 목표라는 말이다.

> 자기 자신을 산다는 것은 … 길고 긴 고통일 것이다. 그 이유는 당신이 당신 자신의 창조자가 되어야 하기 때문이다. 만일 당신이 자신을 창조하길 원한다면, 당신은 최선의 것과 지고한 것으로 시작하지 않고 최악의 것과 가장 밑바닥에 있는 것으로 시작한다.[90]

융은 자신으로 산다는 고통스러운 성장과 발전의 길은 지고지선으로부터 시작하는 것이 아니라, 그 반대로 낮고도 추한 곳에서 시작해야 한다는 것을 강조한다. 이는 수치의 덮개를 부수는 일에서부터 출발해 선과 악의 이원론적 단계를 넘어선 새로운 창조로 나아가는 것이다. 여기서 새로운 창조란 일찍이 상반된 것의 합일이라는 융합의 신비가 심리학의 최종적 목표인 자기화(자신을 사는 것. 개성화) 과정과 같다는 것을 가리킨다.

이런 측면에서 수치는 그 자체로 죄의식의 감정을 불러일으키는 것이 아니라, 그것으로부터 성장을 시작하는 하나의 관문 역할을 한다. 수치의 덮개는 수치로 인해서 인간이 타락했으나, 새로운 상승과 회복을 위해서 출발해야 하는 하나의 지점이자 신호다. 수치의 긍정적인 다른 얼굴이 신화적으로 기술되어 있는 것이다.

융 그리고 그림자와 페르소나

융은 인간의 프시케 속에 자아의 정체성에 대한 구조를 설정했다. 자아 정체성이란 일상의 "나"가 어떻게 이루어지는 것인지를 탐색한 것이다. 나는 자아이고, 자아는 의식의 중심이며, 보고 듣고 느끼고 생각하는 주체다. 다만 이 자아는 성장해야 하기 때문에, 간혹 자아가 발달하기 위해서 진통을 겪는 경우도 있다. 그리고 자아는 하나의 목표를 향해서 성장한다. 그것이 진아眞我이며, 자아가 이러한 진아self를 찾아가는 길이 개성화 혹은 자기화 과정이다.

그런데 자아, 곧 "나"라는 존재가 형성될 때는 선택에 따라 버려지고 배제되는 것이 있다. 이것이 그림자다. 그림자는 한때 "나"가 될 수 있었던, "나"의 부분이다. 우리는 불가피하게 인간의 삶이란 그림자를 생산하는 길이라는 것을 안다.

기본적으로 정신분석 패러다임은 인간의 초창기에 관심이 많다. 우리는 아기로 태어나서, 어머니와 유대를 맺고, 이 유대는 가족으로 확장되어 가면서 문화적 환경을 포함한다. 바로 이런 삶의 행로를 거치면서, 어머니와 가족 및 문화에서 인정되는 것을 재료로 삼아 내가 빚어진다. 인정되지 않는 것은 부정적인 가치로 평가되어 거절된다. 특히 배변 훈련은 아이에게 고통스러운 체험이면서, 넓은 의미의 사회화가 강제적으로 진행되는 것을 상징적으로 보여준다.

그런데 실제로는 아무것도 사라지지 않는다. 가족들에게 거절된 욕구와 충동들(근친상간에 대한 금지를 포함해서)은 저절로 없어지는 것이 아니라, 무의식으로 가라앉는다. 가라앉는 것은 거절과 거부로 인해 뒤틀리고 왜곡되며 성장이 멈추거나 저지된 형태의 자아 이미지로 남는다. 이것이 그림자다. 상반된 것들 가운데 한 부분이 의식의 "빛"으로 나올 때, 다른 쪽인 거절된 부분은 은유적으로 무의식의 "그림자" 속으로 들어가기 때문이다.

> 그림자를 이루고 있는 열등한 특징들은 … 어떤 감정적 본질을 갖고 있고, 또 일종의 자율권을 행사하고 있으며, 따라서 강박적이거나 소유하려 드는 성격을 갖고 있으며 … 도덕적 통제에 완

강히 저항하는 특성이 있다. … 이 저항은 언제나 투사와 연결되어 있으며 … 투사를 하는 주체는 의식이 이니고 무의식이다. … 투사가 일어나면 그와 환경의 진정한 관계가 사라지고 그 자리를 가공의 관계가 대신 차지하게 된다. … 투사는 최종적으로 자기애적인 혹은 자폐적인 상황을 낳고, 그 상황에서 사람은 절대로 가능하지 않는 세상을 꿈꾸게 된다. 이에 따른 미성취의 감정과 이보다 더 나쁜 무능의 감정은 이제 투사에 의해 환경 탓으로 설명되고, 이 악순환의 고리 때문에 고립은 더욱 심화된다.[91]

그림자는 의식과 그것이 주도하는 '이 세상(사회문화)'에서 거절된 것이기 때문에 '저 세상'에 속해 있다. 그래서 세상의 규범을 따르지 않기 때문에 비도덕적이며, 저항과 파괴를 지향한다. 더욱이 자라지 못하고 덜 발달되었기 때문에 열등하고, 세상에서 떠나 타인과의 관계나 협조를 모르므로 자폐적이고, 저 자신밖에 모르는 나르시시즘에 깊이 빠져 있다. 그리고 모종의 좌절된 충동이기 때문에, 그로부터 '죄의식'에 사로잡혀 있다. 또한 가장 중요하게는 비교 관계에서 열등의 처지에 있기 때문에 자신에 대한 무능한 느낌, 곧 감추고 은닉하고 부정하고 싶은 수치의 감정을 느낀다. 그것은 수치 콤플렉스의 온상이다. 그 온상에서 열등감, 무능감, 죄책감이 자란다.

그런데 그림자는 의식에서 밀려나 있는 것이 아니라, 의식이 주도하는 삶에서 자신의 몫을 요구한다. 초기의 발달 과정에서 자아가 될 수 있지만 분리된 것이기 때문이다. 그것은 사랑받지 못한 탕자다. 그래서 거칠게 의식으로 들어오고, 늘 의식에 개입하려고 틈을 노리고 있다. 잦은 실수와 유쾌하지 못한 기분, 얼빠진 행동들은 그림자가 유발하는 것이다.

하지만 그림자가 마냥 부정적인 것만은 아니다. 그림자가 삶의 영역으로 통합될 수 있다면, 의식은 넓어지고 자신이 모르는 자신의 영역을 열어서 볼 수 있게 된다. 어떤 의미에서 그 경험은 그 사람에게 새로운 인생을 선사한다.

그림자는 수치와 관련해서 보면, 긍정보다는 부정적인 수치가 자라나는 온상이다. 그러한 수치는 의식에 개입해 세상에 적응하는 것을 방해하거나, 창의적인 삶의 길을 차단한다. 수치가 도사린 그림자는 자신이 자신을 사는 개성화(자기화)의 과정에서 가장 큰 걸림돌이 된다. 그래서 자기 자신이 되기 위해서 수치는 반드시 해결해야 하는 문제다. 그것의 본질을 직시하고 치우든 부수든, 무언가를 조치해야 하는 삶의 중대한 과제인 것이다.

어린 시절 융은 자신의 처지를 딛고 일어서는 문제 해결을 통해, 이러한 열등감과 죄의식의 형태로 등장하는 수치의 한 얼굴을 '다른 얼굴'로 변화시킨 경험을 겪었다. 그것은 일종의 외상성 신경증(신체의 충격이 원인이 되어 유발된 신경증)과 더불어 시작되었다.

융은 열두 살 무렵 학교생활에 적응하지 못하고, 자유를 갈망하는 소년이었다. 그러던 중 우연히 같은 반 소년이 융을 때리고 밀치는 바람에 쓰러져 길의 경계석에 머리를 부딪혀서 잠시 기절한 일이 있었다. 이를 계기로 갑자기 내면에서 '이제 학교에 더 나가지 않아도 돼!'

라는 목소리가 들렸다. 실제로 융은 안정과 휴식을 위해서 학교를 쉬게 되면서 모처럼 누리고 싶었던 자유를 만끽한다. 이렇게 자유를 획득한 나날을 보내다가, 어느 날 서재에서 아버지와 친구가 융의 장래를 걱정하며, '저렇게 크다가 온전한 사람이 되지 못할까 두렵다'고 나누던 이야기를 몰래 듣게 된다.

"나는 벼락을 맞은 듯 충격을 받았다."[92]

융은 퍼뜩 공부를 해야 한다는 생각에 사로잡혀 허겁지겁 주위의 라틴어 문법책을 찾아서 소리 내어 읽다가, 기절 발작을 한다. 역시 신경증의 전형적인 현상이다. 그러나 우리의 용감한 어린 융은 이를 악물고 다시 공부를 했다. 쓸모없는 인간이 되는 것은 부끄러운 일이기 때문이었을 것이다. 그러나 곧 두 번째 발작을 했다. 하지만 융소년은 더 이를 악물었다. 이윽고 세 번째 발작이 일어났다. 이제 그만 포기할 때인가? 그러나 이를 깨물고 공부를 한두 시간 더 계속하자, 거짓말처럼 발작이 사라졌다. 신경증의 배후에 자리한 스스로의 기만이 사라진 것이다. 정신을 차린 융은 부끄러움(수치)이 무엇인지를 알게 되었다.

모든 일이 어떻게 일어나게 되었는지 차츰 기억이 어렴풋이 되살아났다. 그 수치스러운 사건 전체를 조정해온 것은 바로 나 자신이라는 사실을 분명히 알게 되었다. … 나는 나 자신에게 분노했고 동시에 자신을 부끄럽게 여겼다. 내가 나 자신에게 옳지 않은 일을 했으며, 나 자신에게 웃음거리가 되었다는 것을 알았기 때문이었다. … 신경증은 나의 또 다른 비밀이 되었다. 그런데 그것은 부끄러운 비밀, 일종의 패배였다. 그럼에도 신경증은 나를 결국 아주 꼼꼼한 사람으로 만들었고 특히 부지런한 사람이 되게 했다.[93]

수치는 두 얼굴을 하고서 그림자 속에 숨어 있지만, 어느 얼굴을 들이밀지 모른다. 하나는 파멸로 이끄는 얼굴이고, 또 하나는 지금의 처지가 오히려 위험하다는 경고와 함께 분심憤心을 돋우어 앞으로 나가게 하는 얼굴이다. 그런 뜻에서 그림자는 모든 사악함과 추함의 총체가 되지만, 알 수 없는 미지의 세계를 향해 지금보다 더 위에 있는 자신으로 이끄는 성장의 동력이 되기도 한다.

부끄러움, 자신에게 가는 길에 놓인 이정표

그림자가 프시케에서 자아의 정체를 구성하는 음성적인 측면이라면, 페르소나persona는 자아가 세상과 관계 맺는 구조에 속한다. 페르소나는 본래 '가면'을 가리키는 그리스어에서 온 것이다. 인격이나 성격을 가리키는 퍼스낼리티personality도 여기에서 왔다. 가면이기 때문에 내면과 외면이 만나는 것이 페르소나다. 그리고 이것은 상징적으로 체면體面을 가리킨다. 체면은 신체적 안면face만을 뜻하는 것이 아니라, 규범에 따라야 하는 인간의 실존적 측면, 일종의 명예honor를 나타내는 말이다.

한 사람의 삶에는 다양한 역할이 존재한다. 당신은 남성이니 '남자'다워야 하고, 여성이니 '여자'다워야 한다. 아들이자 딸이어야 하며, 학생이자 청년이어야 하며, 신부이자 신랑이고, 사위이자 며느리이며, 사회의 직업에 따라 그에 맞는 역할을 해야 한다. 당신이 교사라면 교사의 역할을 해야 하며, 경찰이나 군인이라면 각각 그에 맞는 역할을 해야 한다. 어떤 문화든지 사회적으로 승인된 사회적 역할이 있다. 그뿐 아니라 옷을 입고 머리를 하고 말을 하며 행동거지에서도 그러한 역할이 있다. 심지어 세속을 등진 종교인들조차도 그 역할이 있음에랴. 우리 문화는 이를 예禮라고 부른다. '예의 없는 놈'이라는 평가는 일종의 수치 주기다. 예를 모르면 짐승과 같거나 그만 못하다고 했으니, 세상을 살면서 이보다 더 중요한 것도 없을 것이다.

심리학적 의미에서 어떤 페르소나가 주어진 역할을 잘 하면, 그는 능력 있는 사람이며 정상적이고 적응을 잘 하는 건강한 사람으로 평가받는다. 그는 부끄럽지 않은 사람이다. 페르소나는 일종의 옷과 같다. 가면도 넓게는 쓰고 입는 것이니 가면과 옷은 은유적으로 같다. 그런데 옷이 그렇듯이, 그것은 나를 나타내주는 연출이면서 나를 감추는 것이기도 하다. 가면은 나의 존재를 보여주는 것이지만, 나를 감추는 것이기도 하다. 이는 모두 자존감과 연관되어 있다.

페르소나가 수치와 관련되면 주로 수치를 감추기 위해서 페르소나를 이용한다. 여기에는 세 가지가 있다.[94] 첫 번째로 페르소나가 과도하게 발달한다. 이는 사회적 역할만이 존재하는 것이므로, 내면이 빈곤하게 된다. 비록 겉으로는 기고만장하지만, 가면을 벗자 아무 것도 아닌 자가 그 안에 위축된 채로 있다. 수치로 인해 자신의 성장을 돌보지 않는 경우에 이런 일이 생겨난다. 수치라는 쓴 고통을 회피하고 은닉한 대가로 자신의 성장을 표시하는 인격이 결여될 수 있거나 몰개성의 인간이 된다.

두 번째로 페르소나가 미발달한 경우다. 충분히 발달하지 못한 페르소나는 거절이나 상처가 될 만한 일에 몹시 취약하거나, 그와 관련된 사람들에게 완전히 휘둘릴 수 있는 인격을 낳는다. 어른다워야 하는데 아직도 어린이로 머물러 있기 때문에, 사악한 어른들의 먹이가 될 수 있다. 그래서 권위적인 종교나 정치적 광기의 강력한 페르소나에 의지하게 된다.

세 번째는 페르소나와 자아를 전적으로 동일시하는 것이다. 그는 경찰이 아닌 자신을 생각할 수가 없다. 하지만 그는 경찰이기 전에 아버지다. 수치를 감추는 가장 강력한 수단이 페르소나 즉 사회적으로 승인된 전형적인 인격과 동일시하는 것이다. 이는 사회적 페르소나의 역할과 분리될 수 없는 자아의 어떤 불충분한 감정이 있는 것이며, 가장 심각한 경우가 된다. 불충분한 그 감정이 수치다. 당신은 그 페르소나의 뒤에 숨어서 절대 나오지 않는다.

페르소나가 없다면 외면의 사회생활이 원만하지 않을 것이다. 그러나 그것은 진정한 나의 내면을 반영하지 않는다. 이런 의미에서 내면과 외면은 갈등한다. 외면의 인정이 내면의 충실을 의미하는 것도 아니며, 내면의 충실이 외면의 인성을 보장하지도 않는다. 당신의 내면이 어떠하든지 당신은 외면에서 아버지로, 사회인으로 가정과 직장에서 사회적 관계를 유지해야 한다. 그렇다면 과연 어떻게 해야 내면을 돌보면서도 페르소나를 건강하게 유지할 수 있을까?

페르소나는 자아가 쓰는 가면이다. 그래서 자아는 페르소나를 이용하지 않아야 한다. 페르소나는 가면이기 때문에 자아가 그 뒤로 스스로를 숨길 수도 있지만, 그로 인해 인간의 전체 인격이 위험에 빠질 수도 있다. 페르소나의 뒤에 숨지 않는 것이 먼저다. 페르소나의 뒤에 숨는 것은 결과적으로 자아가 그림자에 너무 많은 힘을 실어주는 것이다. 숨는 것은 그림자 영역으로 들어가는 것이기 때문이다. 그래서 페르소나의 건강은 자아가 그림자를 돌보고, 페르소나 자체를 오용하지 않는 것이다.

그리고 자아는 페르소나라는 옷을 더욱 멋진 옷으로 갈아입는 것이다. 페르소나를 성장시키는 것은 자아의 힘이다. 그리고 자아의 힘에서 무엇보다 우선해야 하는 것은 내면의 성숙이다. 외면의 적응은 그 다음이며, 내면의 성숙을 반영해 외면을 갖춰 나가는 것이 최선의 길이다. 그 과정에서 페르소나와 갈등이 생기는 것은 인간에게는 거의 필연이다. 그러나 세상을 살아가면서 고통이 존재하지 않을 수는 없다. 고통이 없다면 그것이 오히려 비인간적인 길일 것이다. 융의 심리학에서는 개성화(자기화) 과정이 무엇보다 우선이다. 당장은 고통일 수 있으나, 전체 인격을 위한 것이다. 자기 성장의 역설이다.

나는 자주 내가 전쟁터에 있는 것처럼 느껴졌다. … 그러나 나는 계속 나아가야만 한다! 정말이지 나는 머물러 있을 수가 없다! "부끄럽게도 어떤 힘이 우리 심장을 앗아가기"[95] 때문이다. 나는 너를 좋아하고 너를 정말 사랑한다. 하지만 나는 머물러 있을 수 없다! 그것은 가슴이 찢어질 정도로 아픈 순간이다. … 나는 사람들을 다른 사람보다도 더 많이 필요로 하고 동시에 훨씬 덜 필요로 한다고 말이다.[96]

만년의 융은 자기 자신으로 사는 길은 타인들과 멀면서도 가까운 삶을 사는 것으로 생각했다. 그런데 그 길은 멈출 수 없는 길이다. 그가 인간으로 사는 한에 있어서는. '부끄러움'은 이 길을 시작부터 끝마칠 때까지 따라가는 하나의 매듭이다. 매듭을 풀면 자유로울 것이며, 그렇지 못하면 고통스러울 것이다.

나르시시즘의 재발견

프로이트에 의해서 새롭게 부여되었던 나르시시즘은 오스트리아 비엔나 출신의 정신분석의 코헛Heinz Kohut에 의해서 심화된 해석이 이루어진다. 그를 찾아온 어떤 내담자(환자)가 있었다. 수치스러움에 압도되어 불안에 빠진 사람이었다.

그는 자신이 상황에 어울리지 않는 농담을 하며, 회사에서 자신에 대한 말을 너무 많이 하고, 어울리지 않게 옷을 입는다고 털어놓았다. 자세한 검토를 통해서 드러난 환자의 고통은 그가 가장 취약했던 바로 그 순간, 즉 자신의 환상 속에서 영예로운 존재로 인정받고 갈채받기를 기대한 그 순간에 예기치 않게 거절을 받았다는 사실이었다. … 나르시시즘적 환자는 자신의 실수에 대해 과도한 수치심과 자기 거절로 반응하는 경향이 있다. 그의 사고는 마술적인 방법으로 사건의 현실성을 제거하려고 시도하면서 거듭 고통스러운 순간으로 되돌아간다. 동시에 환자는 고통스런 기억을 지워버리기 위해 분노하며 자신을 거부한다.[97]

위와 같은 상황은 누구에게라도 흔히 일어날 법하다. 은둔이 아닌 사회생활을 하면서 주위로부터 인정을 받거나, 그 이상으로 갈채를 원하는 것은 정상적인 욕구다. 하지만 그가 환자인 이유는 인정과 갈채가 현실적인 토대가 없이 머릿속에서 이루어졌기 때문이다. 나아가 그러한 자신의 상태를 '자세한 검토'를 통해서야 겨우 발견했기 때문이다. 세심한 정신분석을 실시하자 자각에 이르렀다는 의미다.

그의 공상 속에서 인정과 갈채는 정해진 사실이었고, 그것이 거절될 것이라고는 단 한 번도 생각하지 않았다. 자신을 믿어 의심치 않은 것이다. 그리고 현실에서 거절이 이뤄졌다고 해도, 그에 대한 과도한 반응도 예사롭지 않다. 더욱이 거절당한 사실을 되돌리거나 없애기 위해서 마술적 방법, 주로 공상이나 망상에서 비롯된 엄청난 능력을 발휘해서나 또는 알 수 없는 어떤 힘이 고통스러운 현실을 해결해줄 것이라고 진지하게 생각하는 것은 다소 심각하다. 수치스러운 기억을 떨치지 못해서 격노하고, 그런 수치의 당사자가 된 자신의 존재를 거부하거나 거절하는 것은 '나 같은 것은 차라리 죽어야 한다'는 말을 고상하게 표현하는 것에 불과하다. 코헛은 이를 나르시시즘적 성격 장애로 보았다.

코헛은 스스로가 정신분석의 한 갈래에서 자기심리학self psychology을 창시한 인물이다. 이 심리학에서 수치는 성격 구조와 밀접한 관련을 갖는 부정적 감정이다. 의사로서 병든 마음에 대한 연구를 통해, 일반적인 마음의 구조와 기능을 제시한 것이다. 이는 프로이트가 한 일이기도 하다. 프로이트에게 나르시시즘은 이상적 자아와 관련이 있다. 여기서 이상은 주로 부모를 통해서 내면화된 사회 문화적으로 바람직한 규범이었다. 이 규범에 저촉될 때 수치가 생겨난다. 그런데 프로이트는 이를 죄의식이라고 부르는 것을 더 좋아했다. 물론 이는 법적인 개념이 아니라 심리적인 것이었다.

코헛에 따르면 자기심리학에서 말하는 자기self는 엄격한 정신분석학적 개념을 유지하기 위해 도입한 것이며, 우리가 보기에는 통상 '성격'이나 '정체성'으로 부르는 것과 거의 같아 보인다.[98] 그래서 자기심리학은 인간의 성격 발달(자기의 발달)에 관심이 많다. 발달의 초기에 이뤄진 자기의 구조가 어떤 모습인가에 따라 건전하고 건강한 자기가 실현되는가 하면, 무언가 이상이 있으면 자기에게는 모종의 어려움, 곧 성격 장애가 생겨난다.

최적의 좌절과 자기의 발달 과정

수치심과 관련해서, 코헛이 생각하는 자기의 발달 과정에 대해서 살펴보자. 프로이트 이후의 정신분석 전통은 짧은 기간에 우후죽순처럼 생겨난 유능한 다수의 연구자들이 좀 더 세밀하게 갈고 닦아 매우 정교한 체계를 구축했다. 이는 좋은 일이지만, 후인들에게는 좀 불행한 일이다. 그만큼 이해가 어렵고 경우에 따라서는 난해하다. 프로이트가 보여준 단순명료하면서도 우아한 통찰로 빚어 놓은 개념에 익숙한 우리들은 그의 후예들과 만났을 때에는 약간의 인내심을 가져야 한다. 여기서는 수치를 중심으로 가급적 줄기만을 훑겠다.

우리가 스스로 기억도 못할 어린 시절 "나"(자기)는 어머니 또는 그와 같은 역할의 대상과 하나였다. 이 고마운 대상은 나와 구분되지 않는다는 의미에서 자기대상self-object이다. 대부분 자기대상은 어머니다. 아기와 자기대상은 하나로 존재하며, 이들의 존재 방식은 공감을 통해서 공존한다. 공감은 교감과 달라서, 상대의 감정을 내 안에서 불러일으키는 것이다. 아이의 기쁨이 자기대상(어머니)의 기쁨이고, 그 반대도 마찬가지이듯 말이다.

시인들은 이 험한 세상에서 찾을 수 있는 가장 아름다운 것들 가운데 하나가 아이와 어머니의 '눈 맞춤'이라고 노래한다. 시인의 직관은 공감이라는 언어로 개념화할 수 있을 것이다. 이런 과정에서 아이는 이제 성장의 길로 나아가야 한다. 이때 나르시시즘적 구조가 성장의 기본 토대가 된다. 아이의 나르시시즘은 두 개의 축을 만들어낸다.

하나는 자기를 향한 것이고 다른 하나는 자기대상을 향한 것이다.

자기를 향한 나르시시즘은 그 말처럼, 과대자기grandiose self의 한 축을 만들고, 자기대상을 향한 나르시시즘은 '이상화된 부모의 이마고 idealized parent-imago'라는 또 한 축을 만들어 낸다. 용어가 우리말 어법과 달라 낯설지만, 그 의미는 매우 단순하다. 만일 과대자기가 말을 한다면, 이럴 것이다.

난 정말 대단하지 뭐야, 배고프면 먹여주고 깨끗하게 해주고 따뜻하게 해주니 기분이 너무 좋아. 이런 융숭한 대접을 받는 난 도대체 누구야? 이 세상에 나 말고 누가 더 있으며, 어느 누가 나보다 더 예쁘고 잘났을까?

그와 동시에 자기와 분리되지 않은 대상, 곧 자기대상도 너무 위대해 보인다. 그것이 위대한 이유는 '진자리 마른자리 갈아 누이고' 지켜주고 보호해주는 존재이기 때문이다. 그래서 그 존재를 이상화시킨다. 그 이상화는 나르시시즘이 그린 이마고(원상, 원초적인 이미지)다. '내가 위대하므로 나와 같은 것도 위대하다.' 나르시시즘의 극치가 아이의 정신 속에서 생겨난다. 두 축은 각각의 발달 목표가 있고, 별일 없으면 최종적으로 굳건한 자기cohesive self(응집자기)로 발달한다. 이를 간단한 표로 그려보자.

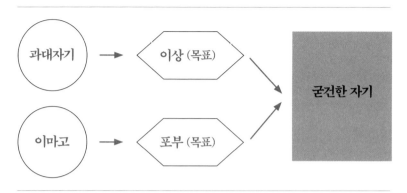

표4. 나르시시즘의 발달 과정

과대자기의 축이 정상적으로 잘 발달하면, 나르시시즘은 건강한
포부aspiration, 현실적 목표, 자존감을 조절할 수 있는 능력을 갖춘 성
숙한 나르시시즘으로 바뀐다. 또 다른 축이 잘 발달한다면, 건강한 이
상ideal을 가지게 되며, 자기 조절을 할 수 있는 힘을 가지게 된다. 이
역시 성숙한 나르시시즘이다. 그런데 이렇게 되기 위해서 '잘 발달'
하는 것이 최대의 관건이 된다. 이때 필요한 것이 공감적 반응이다.
이는 자기대상, 곧 아버지와 어머니 혹은 그와 같은 역할을 해주는 존
재가 절대적으로 필요하다는 것을 알려준다. 현실의 부모에게 자괴
감이 들게 만드는 정신분석의 날카로운 지탄은 역시 건강한 부모의
모습에 있었다.

정상적인 발달 단계에서는 어머니가 자신의 눈빛을 통해서 아이
의 과시적 표현을 반영해주고, 아이의 나르시시즘적 과시적 기
쁨에 대해 다양한 형태로 참여해주고 반응해주는데, 이때 이러

한 어머니의 반영과 반응은 아이의 자존감을 확인시켜준다.[99]

만일 아이의 나르시시즘적 태도와 과시적 태도가 유치하다고 해서 공감해주지 못한다면, 아이는 좌절을 경험하게 된다. 자존감에 상처를 입는다. 나르시시즘이 성숙하지 못하게 된다. 그 상처가 수치를 대표로 하는 여러 부정적인 자기 이미지들이다. 그래서 부모는 무조건적인 공감을 해야 한다. 하지만 인간은 완전하지 않고, 부모 또한 아이가 보는 것처럼 전지전능한 존재가 아니라는 것이 인간의 비극이다. 무한한 공감만이 지속될 수 없다. 하지만 담금질이 쇠를 강하게 만들듯이, 굳건한 자기가 되기 위해서는 담금질이 필요하다.

과대자기는 나르시시즘이 현실 속에서 적절한 담금질을 통해 변형되어 가듯이 성장의 길을 걷는다. 코헛은 이러한 담금질을 '최적의 좌절Optimum frustration'이라고 한다. 감당할 수 있을 정도의 좌절이 아이의 성장을 위해서 '쓴 약'이 되는 것이다. 이러한 과정에서 부모의 역할이 중요한 것은 말할 것도 없다.

한편 이상적인 부모에 대한 실망을 느끼는 쓰라린 과정도 동반된다. 아버지나 어머니가 전능하거나 대단하지 않다는 사실은 충격적이지만, 지극히 사실적인 경험을 통해 현실을 자각해 나가는 것이다. 부모로서는 또 한 번 자괴감이 드는 순간이다.

코헛의 자기심리학에서 수치란 결국 발달하는 나르시시즘적인 자기의 구조 속에서 과대자기에 대한 공감(인정과 지지)이 결핍되었을 때 일어나는 자기의 고통스런 경험이라고 할 수 있다. 뿐만 아니라 이상화 욕구에 대한 실패의 경험에서도 수치가 생겨난다. 이러한 수치가 반복되면서 누적되는 성장기를 거치고, 이후에도 그러한 삶을 살아간다면, 자기는 병리적인 구조를 띤다. 이것을 '나르시시즘적 성격장애(자기애성 성격장애narcissistic personality disorder)'라고 한다. 이 성격 장애의 근본적인 원인은 '부모의 실수'다. 그런데 부모조차 자신도 모르는 부지불식간에 이런 일들이 일어난다. 본의 아닌 실수가 삶의 방향을 결정하는 것이다.

> 나르시시즘적 병리는 아이가 스스로를 (거울에 비추듯) 반영받고 싶은 욕구와 이상화 대상을 찾고 싶어 하는 욕구를 반영해주지 못하는 부모의 실수로부터 비롯된다. 아이가 필요로 하는 것은 자기대상의 끊임없는 완전한 공감도 아니고 무조건적인 찬사도 아니다. 아이 안에 건강한 자기의 발달을 위한 모체를 창조하는 것은 적어도 적절한 시기에 얼마 동안 적절한 반영을 줄 수 있는 자기대상의 능력이다. 병인적인 것은 가끔 발생하는 자기대상의 실패가 아니라, 적절하게 반응할 수 없는 부모의 만성적인 무능력 때문인데, 이는 부모의 자기 안에 존재하는 정신병리 때문이다.[100]

여기서 정신분석학의 언어로 원죄가 어떤 것인지, 까르마가 무엇인지 설명을 듣는 것 같은 느낌이 들 것이다. 우리가 모르고 하는 일이, 우리의 무지와 무명이 우리를 불행하게 만들고, 나아가 대물림이

3부. 수치, 정체성과 병리

되는 것 같다.

무조건적인 공감만이 아니라, 적절한 시기와 적절한 반응이 금쪽같은 우리 아이를 그리고 아이였던 우리를 병들지 않게 해준다. 하늘은 적절한 시기와 적절한 반응을 알기 때문에 한 번도 해가 뜨지 않은 적이 없고, 봄이 오지 않은 적이 없다. 때와 처지를 아는 것이 생명을 기르는 원칙이다. 제 철이 아닌 철부지(철에 무지함)로 사는 농부는 없다. 그렇게 철을 모르고 살다 보면 자신의 인생 농사는 물론이고 자식 농사도 망친다. 우리 인생의 비극이 여기에 있다.

코헛이 일갈하는 '부모의 만성적인 무능력'과 '자신 안에 존재하는 정신병리'를 원죄와 무명의 언어가 아닌 감정의 언어로 말하면, 이는 다름 아닌 인간의 존재 속에 깊이 누적되어 있는 수치다. 인정받지 못하고, 인정하지 못해서 생겨난 자신에 대한 결여와 불만의 감정이다. 그것은 원죄의 감정이며, 자연의 맹목적인 힘을 정신의 힘으로 막은 댐의 불안이고, 그러한 인위적인 행위에 대한 끝 모를 대가다.

그래서 수치를 단지 부정적인 감정 가운데 하나가 아니라, 그것들을 포괄할 수 있는 위치에 있다고 보는 것이다. 수치를 잘 알게 되면 우리의 존재를 더 잘 이해할 수 있는 이유가 여기에 있다. 우리의 무능력과 가늠할 수조차 없는 내면의 정신 병리를 잘 파악한다면, 우리는 스스로의 삶에서 그만큼 더 기쁘고 즐거운 순간과 사건들을 맞이할 수 있다.

3장
수치의 병리

: 일상에서 발견한 수치 탐구생활

다음과 같은 상황 속에서 '수치'를 찾아보자. 어떤 것은 드러나 있지만, 또 어떤 것은 꼭꼭 숨어 있다.

오늘은 중요한 날이라서 일찍 일어났다. 어제 엄마와 통화한 내용이 잠시 스치면서 막연하게 창피한 기분이 든다. "얘야, 언제까지 그렇게 혼자 살거니? 아홉수라도 올해는 넘기지 말고 사람을 좀 만나봐라."

서른아홉 살의 혜수 씨는 6년 전에 이혼을 했다. 사람들은 성격차이로 알고 있지만 남편에게 다른 여자가 생겼다. 잦은 출장 탓이다. 이혼 후 새로 남자친구도 한 번 사귀었지만 시시하게 끝났다. 최근 전 남편이 텔레비전 방송에 나온 것을 보았다. 나와 헤어지고 나서 승승장구라…. 생각이 꼬리를 물고 이어진다. 고꾸라질 줄 알았는데, 아침부터 재수 없다. 나쁜 놈이 더 잘 된다. 그런데 나는 아직 뭔가? '이혼녀'이기 때문에 그런 것 같다. 이번 봄철에도 승진 운이 없었다. 괜스레 루저 느낌이 난다. 앞으로도 이렇게 가는 걸까? 기분이 나쁘다. 어서 씻자.

수치 지도를 염두하며 혜수 씨에게 일어난 '수치'가 무엇인지 보자. '막연한 창피'는 이혼 경험에서 생겨난 것이고, '남자 운이 없다', '재수 없다'는 '나는 이런 운명을 기대하지 않았다'라는 자기애에서 생겨난 약간의 '분노를 동반한 막연한 절망감'이다. 게다가 전 남편은 부도덕했지만, 사회적인 성공 가도를 달리고 있는 것 같다. '상대적인 박탈감'이 밀려온다. 이어 '패배자(루저)의 느낌'이 생긴다. 더구나 이혼녀라는 '낙인찍기'가 앞으로 성공에 장애가 될지도 모른다는 '불안감'도 볼 수 있다. 수치의 여러 감정들이 발견된다. 하지만 이것을 병적이라고 할 수는 없다. 이미 비슷한 느낌으로 하루를 시작하는 많은 남녀들이 있기 때문이다. 계속 혜수 씨 뒤를 쫓아가 보자.

회사 건물 아래쪽에는 흡연자들을 위한 어색한 공간이 있다. 그 옆으로 커피집들이 즐비하다. 넥타이를 맨 수십 명의 남자들이 한 손에 커피를 든 채, 담배를 피우며 동료들과 이야기를 하고 있다. 수십 명이 피워대는 담배 연기는 엄청나게 넓게 퍼져 안개처

럼 주변을 흐린다. 그 덕에 이 통로를 지날 때는 지독한 냄새가
나 죽을 지경이다. 게다가 어떤 사람들은 담배꽁초를 제대로 처
리하지 못한다. 저런 사람들은 부끄러움을 모르나? 저런 자들과
같은 건물에서 지내다니. 세상에서 담배를 없애지 못하면, 흡연
구역이라도 좀 제대로 만들던지.

다소 말랐지만 혜수 씨는 이른바 '핏'이 잘 나오는 체형이다. 그
런 모습을 스스로가 잘 알고 있다. 혜수 씨는 외모에도 자신이 있
는 편이다. 그런데 오늘 입은 가슴이 파인 블라우스는 섹시해 보
이지만, 쇄골이 너무 드러나서 좀 부끄럽다. 시간에 맞추느라 종
종걸음을 친다. 엘리베이터로 빠르게 다가가다 바닥의 카페트
끄트머리에 힐 뒤축이 걸려 자빠질 뻔했다. 다행히 넘어지지는
않았지만, 모두가 보고 있는 것 같아서 그만 얼굴이 화끈 달아올
랐다. 머릿결이 흐트러진 것 같아서 불안하고 짜증이 났다. 겨우
엘리베이터를 탔지만, 진정이 되지 않는다. 더구나 급하게 담배
를 피운 누군가 그곳에 있는지, 메케한 담배 냄새 때문에 머리가
지끈거린다.

혜수 씨는 까칠한 성격은 아니지만, 담배 냄새가 너무 싫고 특히
담배꽁초를 처리하지 못하는 둔한 자들을 혐오하며, 그들의 행위가
부끄러운 것이라고 생각한다. 이런 일들은 짜증나는 사회생활이다.
이 짜증 속에는 불의한 행위를 제재할 만한 어떤 합리적인 수단이 없
다는 것에 대한 실망이 깔려 있지만, 역설적으로 사회의 공적 시스템

에 대한 기대감도 엿볼 수 있다. 혜수 씨는 상식적인 사회정의에 대한 신뢰가 있고, 그것이 지속되기를 바라는 공감 감정을 가지고 있다. 이는 건전한 시민의 덕목이다.

그는 날씬하고 아름다운 외모를 가졌으며 옷도 잘 입는 매력적인 여성이다. 스스로도 이 사실을 잘 알고 있다. 자신이 가진 매력은 자신감의 원천 가운데 하나다. 신체적인 실수는 우발적인 것이지만 부끄러움을 일으킨다. 체면이 구기지 않게 늘 조심하지만 돌발적인 일은 생겨나고, 부끄러움도 따라 온다. 하지만 자연스러운 일이다.

오늘 혜수 씨는 해외 파트로 부서를 옮겼으며 미국 동부를 전담하게 되었다. 회사의 주력 부서라서 기다리던 요직에 오른 셈이다. 앞으로 더 바빠지게 생겼고, 자주 출장 갈 일도 많아졌다. 부서의 상사는 혜수 씨보다 나이가 많은 여성인데 평소 호감이 가는 선배였다. 혜수 씨는 부서원들을 소개받았고, 침착하고 명랑한 태도를 보이면서 얼굴에 웃음을 지었다. 세련되게 보여야 한다는 생각을 내내 했다. 부서원들은 자신감이 있는 모습이었고, 유능해 보였다. 자기 자리를 안내받고 나서야, 잠시 휴식할 틈이 났다. 메일을 확인하던 중에 신속한 답을 원하는 메시지를 보고 나서, 깜빡한 사실에 미안하다는 생각이 들고 살짝 죄책감을 느꼈다.

부서장과 미리 약속한 점심식사가 어긋났다. 부서장은 급한 일 때문이라고 연신 미안하다고 했다. 부서원들은 먼저 나가버려서, 혜수 씨는 혼자 점심을 먹어야 했다. '혼밥'을 하다가 약간 외로 롭다는 느낌을 받는다. 식사 시간에는 인터넷을 보지 않으려 하지만, 어쩔 수 없었다. 혼자 있다는 생각에 약간 상처받았다는 생각이 들었고, 다소 화려해 보이는 옷도 괜히 부담스러워졌다. 위축감을 느끼자 타인들의 시선이 자신을 향하는 것 같아서 부담스러웠다.

새로운 환경과 사람들을 접촉할 때 등장하는 감정은 수줍음이며 부끄러움이고, 새로운 규범을 만날 때 생겨나는 수치 계열의 감정이다. 외로움이 내면에서 솟아오르고 주위의 시선을 의식하며, 고슴도치가 몸을 말 듯 위축감도 따라 나온다. 건전한 나르시시즘은 인간에게 품위와 지위를 요구한다. 격에 맞는 품위가 유지되지 못할 때 사회적 감정인 부끄러움이 피어난다.

오후에 부서원들과 업무 이야기를 나누며 혜수 씨는 자신이 알고 있던 여러 정보들이 업데이트가 덜 되었다는 것을 알고 당황했다. 자기 자리에 와서 관련 정보들을 검색하고, 최근 작성된 보고서 몇 편을 내려받고, 집에 가서 보려고 출력도 했다. 요직이니만큼 실력을 보여주자. 기회가 될 것 같다는 생각을 하며 호흡을 가다듬었다. 엄마에게서 전화가 왔지만, 받지 않고 나중에 통화하자고 문자를 보냈다. 아빠 친구 아들을 만나보라고 하는 것 같다. 미국 동부 지사와 연락을 하고 나자, 혜수 씨는 뉴욕 유학 시절이 떠올랐다. '국제무역을 전공하던 때 나는 무엇을 생각했을까?' 나는 커다란 꿈을 꿨던 것 같다. 나라를 위해 내 재능을 쓰고 싶었고, 그 꿈을 위해 노력했다. 공직자로 계신 아빠처럼 공적인 세계에 속하고 싶었다. 그러나 남자가 생겼고, 운명이 정해졌다. 나는 삶의 유희를 맛보았다. 우리는 도서관보다 브로드웨이를 더 많이 갔다. 풍족한 집안에서 태어난 그 남자는 내 안의 세속적 욕망이 얼마나 큰지를 일깨워준 계기가 되었다. 나는 그를 사랑했다. 그리고 그가 가진 풍요도 사랑했다. 그를 따라 유럽을 자주 다녔고, 유학생 신분이었지만 우리 집에서는 경험해보지 못한 호화로운 생활을 했다. 지금도 그때의 흥취가 살아난다. 부의 힘을 알고 나니 가난의 무력함도 알게 되었다. 철모른 어린 시절의 꿈이 부끄러웠다. 나는 부를 좇은 것이다.

하지만 삶에서 정작 중요한 것을 놓친 것 같은 느낌이 점점 다가온다. 나는 잘나가는 대기업에 취직해서 연봉도 높지만, 여전히 박봉이라도 공적인 일을 하고 싶었던 과거의 자신을 떠올린다. 내게 다시 기회가 있을까? 나는 왜 바보 같은 선택을 했을까? '아니, 이런 후회의 감정이 왜 지금 떠오르지?' 혜수 씨는 당황했다. '요직에 올라 기회를 잡은 지금, 왜 이런 불길한 생각이 나는 것일까?' 갑자기 피곤함을 느낀다.

혜수 씨가 잠깐 빠진 공상은 그의 내면에 항상 잠재되어 있는 일종의 맺힌 감정, 곧 콤플렉스의 존재가 어떤 것인지를 보여준다. 그는 생각보다 이혼의 상처와 더불어 젊은 시절의 선택에 대한 후회가 깊다. 부끄러움과 수치는 같기도 하지만 서로 다르기도 한 감정이나. 순수하지만 미숙한 감정과 성숙하지만 세속적인 감정이 비교되면서 자신이 열등한 쪽에 속했다는 정체성의 파악으로 열등감이나 수치가 생겨났다. 그런데 열등과 우등의 기준은 사회적인 통념에 따른 것이다. 사회적 적응을 우선시하면 통념이 옳은 것이고, 자신의 실존적 선택을 따른다면 통념은 자주 전복된다. 그에 따른 삶의 신고辛苦는 선택자의 몫이다. 그 몫을 옛 사람들은 운명이라고 불렀다. 자신의 내부에 귀를 기울이자 들려오는 목소리는 운명의 목소리다. 그 목소리는 삶의 방향을 성찰하도록 명령을 내린다. 때로 그것은 무서운 목소리다. 가진 것 모두를 걸어야 하기 때문이다. 그는 내면으로 좀 깊이 들어갔기 때문에, 여러 생각이 떠올랐고 그 때문에 많은 심적 에너지를 소비했다. 이제 귀가할 시간이다.

혜수 씨는 집에 와서 속마음을 털어 놓는 유일한 친구 선주와 전화로 대화를 나눈다. 그리고 자신은 더 잘 할 수 있었는데 그렇지 못해서, 한심하고 형편없다고 푸념한다. 앞으로 맡은 일에 대한 포부와 지금 자신이 잘 지내고 있는지 점검한다. 누군가 자신의 이야기를 들어줄 사람이 필요했다. 그러자 친구는 말한다.
"너는 원래 어떤 일이든 맘먹으면 해냈잖니. 요즘 돌싱이 뭔 대수니. 촌스러운 애들이 너무 많아. 씩씩하게 나가. 걱정 말고. 이번 기회에 더 큰 욕심을 내도록 해. 사실 그 자리도 너한테 딱 맞는 자리는 아니야. 내가 보기엔 넌 좀 넘치는 사람이야!"

혜수 씨는 기분 좋으라고 한 친구의 칭찬이 쑥스럽긴 해도 틀린 말은 아니라고 생각한다. 내일부터 일이 많다. 자신을 업데이트 하기 위해 준비한 보고서를 꺼내 읽는다.

자존감을 북돋는 것은 타이밍과 강도만 맞으면 수치를 이기는 좋은 처방이다. 수치(정확히는 수치 계열의 부정적 감정들)는 혜수 씨의 하루처럼 우리에게 비슷한 주제로 반복된다. 하루 동안 감정은 쉬지 않고 그녀에게 피어올랐다. 깨어 있는 동안 신체가 쉼 없이 움직인 것처럼, 외부의 자극에 따라 감정이 생겨나고 내면의 자극(기억과 회상)도 감정을 만들어냈다. 혜수 씨의 상황에서 보았을 때 수치는 비교를 통해서 잘 드러난다. 특히 그 비교에 의해서 우위에 서지 못했을 때, 열등감의 가면을 쓰고 나타난다. 이를 통해 수치가 나르시시즘에 기반을 두고 있다는 것을 알 수 있다.

나라는 존재는 삶의 전체 속에서 주인공이며, 그 역할에 걸맞게 주변 모두에게 마땅한 대접을 받고 싶다는 원초적인 욕구가 수치라는 감정이 피어오르게 만든다. 때때로 주인공은 시련을 겪고 모험을 하면서, 망신을 당하거나 좌절할 수 있기 때문이다. 그런데 위의 주인공 혜수 씨는 시련과 모험 속에서도 계속 주인공의 품위를 유지하고 있다. 만일 내면의 콤플렉스를 방치한다면 돌발적인 사건과 사고를 가장한 온갖 두통거리가 생겨날지도 모른다. 자신이 수치스러워 하는 것, 두려워하는 것, 떨쳐내고 싶은 것 등을 되돌아본다면 전혀 다른 삶을 살 수 있을 것이다. 그런 한에서 해피엔딩이 그려진다. 하지만 행복한 주인공도 있지만, 비극의 주인공도 있다.

과도한 수치심이라는 병

수치 그 자체는 긍정과 부정의 두 방향이 존재한다. 인간의 발달 단계에서 이 점을 잘 보여주는 것이 심리학자 에릭슨Erikr Erikson이다. 에릭슨은 인간의 일생이 여덟 개의 발달 단계를 거친다고 보았다. 각 단계에는 고유한 과제가 있는데, 그 과제를 성취하면 그 단계의 좋은 특성을 얻게 되어 자아가 풍요로워진다. 만일 성취에 실패한다면 나쁜 특성을 가지게 된다. 좋은 특성이란 자아를 살찌게 하고 다음 단계의 과제를 해결할 수 있는 든든한 자산을 갖추게 한다. 반면 나쁜 특성은 자아를 빈곤하게 해서 다음 단계의 성취에 버팀목을 만들지 못하게 한다. 하지만 인생이란 초년에는 처지지만 청년과 중년을 거쳐 인생 후반부에는 보란 듯이 성공할 수도 있는 것이다.

그런데 맨손으로 자수성가한 사람이 그렇듯이, 그들은 이전 단계에서 과업에 실패한 상처들을 가지고 있다. 이 상처들을 돌보지 않으면 성공은 했지만, 별로 빛이 나지 않는다. 더구나 이 여덟 단계들은 마음에 속하는 내면의 사업이다. 훌륭하고 유능하며 사랑하고 사랑받을 수 있으며, 자아를 실현하고 나아가 자아의 범위를 넘어서 공적 세계에서의 헌신과 봉사를 할 수 있는 사람이 어디 세속의 성공 하나

3부. 수치, 정체성과 병리

와 비교될 수 있겠는가! 그런 사람 한 명이 당대는 물론이고 후대의 모범이 되어, 모든 이의 자부심이 된다. 수치는 1~3세 무렵의 제2단계에서 등장한다. '자율성' 대 '수치와 의심'이다.

> 수치심은 제대로 다루어지지 않고 있는 감정인데, 이는 우리의 문명에서 그것이 너무나 일찍 그리고 쉽게 죄책감으로 흡수되기 때문이다. 수치심은 다른 사람들 앞에 완전히 노출되어 있는 개인이 그것을 의식하는 상태, 즉 자의식을 전제로 한다. … 그것은 우리에게 마치 밤에 잠잘 준비를 하며 "바지를 내리고 있을" 때 누군가 우리를 쳐다보는 상황을 떠올리게 한다.[101]

에릭슨의 수치에 대한 견해는 우리와 의견이 같다. 죄책감과 구분이 어렵고, 자의식을 전제하고, 성적인 부분이 대표적이라 그것을 예로 들고 있다. 그런데 그가 생각하는 수치심은 좀 더 심층적이고 사회적인 부분이 있다.

> 하지만 나는 이것이 본질적으로 자아를 향한 분노라고 생각한다. 수치심을 느끼는 개인은 세상이 자신을 바라보지 못하게, 자신의 노출된 상태를 주목하지 못하게 만들고 싶은 충동을 느낀다. 세상의 시선을 파괴하고 싶은 것이다. 하지만 그는 현실적으로 자신의 눈에 띄지 않는 쪽을 소망하게 된다.[102]

수치심은 스스로가 치부를 가진 것에 화내고 세상의 평가에 두려움을 느껴 감추고 숨기고 싶은 충동이다. 여기서 수치에는 내면과 외면으로 향하는 분노가 연결되어 있는 것을 알 수 있다. 그런데 우리의 관심은 병적인 수치심이다. 에릭슨은 이를 '과도한 수치심'이라 했다.

> 과도한 수치심은 올바른 태도를 유도하기는커녕 수치심을 주는 대상을 제거하고자 하는 내밀한 충동으로 이어진다. 실제로 그것은 반항적이고 뻔뻔스러운 태도를 낳기도 한다.[103]

과도한 수치심은 자기 파괴적 성격을 넘어서, 타인에게 해를 입히는 공격적 태도와 철면피로 확장된다. 이는 향후 병적 수치심(과도한 수치심)을 좀 부드럽게 표현한 것이다. 그러면 이 꼬마 아이는 어떻게 수치심을 경험하고 이것을 성격 구조(혹은 자기 구조)로 만드는가?

> 아동과 성인 모두 그들 자신과 그들의 신체 그리고 그들의 욕구를 악하고 더러운 것으로 간주하도록 요구받는 상황에서는 인내에 한계를 보일 수밖에 없으며, 그런 요구에 아무런 오류가 없다고 믿는 데에도 한계가 있다. 오히려 그들은 상황을 완전히 뒤집어서 그러한 요구 자체를 악으로 받아들이는 경향이 있으며, 이 경우 그러한 요구가 사라지거나 아니면 그들 자신이 그 요구로부터 멀어지기를 소망하게 된다.[104]

이 시기는 정신분석학에서 배변훈련이 시작되는 시기이기도 하다. 이것을 좀 더 확장해 살핀 것이 에릭슨의 이론이라는 것을 알 수 있다. 결국 사탄(똥) 때문이다. 그런데 그 '사탄'은 아기 스스로가 가진 것이 더럽고 추한 것이라고 강요하면서 수치라는 감정의 알을 파리가 똥 위에 알을 쓸 듯 있는 대로 다 쓸고 나서는, 다음 단계에 다시 나타날 것을 기약하며 잠시 퇴장한다. 사탄이 성공하는 것은 이 시기 아이들이 '자신을 살도록' 하지 못하는 기성관념의 지나친 주입 때문이다. 그러나 주입이 나쁜 것은 아니다. 과도한 것이 문제다. 왜 아이의 부모는 그토록 과도했을까? 그들 자신도 잘 모를 것이다.

인상 깊게도 어떤 유명한 심리치료사의 치료실에는 한 쪽 벽에 스케치북 크기 정도로 구린 내가 무럭무럭 날 것 같이 실감나고 재미있는 '자이언트 똥'이 그려져 있다. 이 시기의 아이들을 위해서, 그리고 한참 시간이 흐른 어른들을 위해서 만든 것이라고 한다.

수치의 일반적인 세 가지 방어기제

병적인 수치는 부정적인 자기 평가에 관련되므로, 그 자신은 심리 장애를 갖는다. 여기에는 일련의 방어기제defense mechanism가 생겨난다. 본래 방어기제는 백혈구가 몸 밖의 유해한 균으로부터 몸을 보호하듯이, 상처가 덧나지 않게 자신을 보호하는 방어 체계다. 이런 방어 체계는 도움을 주기 때문에 이롭지만, 근원적인 문제를 해결하기보다는 미봉책에 불과하다는 것 때문에 궁극적으로 자신을 어려움에 빠지게 한다. 게다가 성격의 구조로 고착되면 건전한 사회생활이 어렵게 된다. 방어기제는 본질적으로 자신의 문제를 대면하지 않도록 스스로를 속이는 것이기 때문이다. 방어기제는 다양하지만 수치와 관련해서는 크게 회피, 부정, 통제 등으로 구분할 수 있다.105

"**회피**"는 수치가 일어나는 상황을 애초부터 피하는 것이다. 그래서 사람을 만나지 않고, 매사에 무관심하고, 사람을 만나거나 일을 할 때는 늘 불안하고, 그렇지 않으면 너무나도 완벽한 것을 추구하며, 차일피일 미루고, 자신을 온통 더럽히는 난잡한 삶을 산다.

"**부정**"은 수치를 느끼고 있다는 사실을 받아들이지 않는 것이다. 그래서 반대 방향으로 움직인다. 자신에 대해서 매우 지나치게 자존심을 내세우고, 타인을 벌레처럼 보며 우월감을 과시한다. 열등감의 반대 표현이 그렇듯이 말이다. 또한 자신을 무시한다고 터무니없이 타인을 몰아세운다. 고압적이면서도 잘난체한다. 허세를 피우고, 거의 모든 잘못은 남의 탓이며, 독선적이다. 이것은 잘 알려진 전형적인 투사의 방식이다. 사실을 부정해도 사실은 사라지지 않기 때문에, 타인에게 그 사실을 떠넘기는 데 힘을 쏟는다.

"**통제**"는 본래 예측불가능한 수치의 상황이나 경험을 조작하는 것이다. 스스로를 불쌍하게 여기는 자기연민을 하거나 자기혐오를 유발하든지, 심하면 마조히즘masochism으로 발전한다. 통제는 실제의 상황을 조작해, 견딜 수 있을 정도로 왜곡함으로써 스스로 수치에 무릎을 꿇는 식으로 통제하는 것이다. 이런 의미에서 수치에 빠져서 불쌍하게 보이는 사람의 교활한 모습을 엿볼 수 있다. 일부러 그런 모습을 연출해 수치를 적당히 처리하고 다루는 것이다.

이러한 방어기제들은 심각한 것도 있지만 보통은 실생활에서 자주 쓰이는 것들이고 흔하게 목격되는 것들이다. 수치가 덜 심할 때는 방어기제가 우리의 자아를 지켜준다. 그러나 심한 수치, 곧 병적인 지경에 이르면 방어기제가 수치의 병적 표현이 된다.

악마의 위장된 이름, 수치

수치심의 의미 및 그것을 유발하는 요인과 이로부터 벗어나는 치유에 대해 최근 심리치료에서 주목할 만한 작업으로 꼽히는 것이 있다. "내면아이inner child"의 열풍에 이은 브래드쇼John Bradshaw의 수치심 치료 프로그램이다. 그는 우리의 생각과 비슷하게 모든 나쁜 것에는 수치심이 있다고 보았다. 그는 항상 열정적으로 말하는 사람이다.

> 나는 그 악마 같은 존재를 수치심이라 부르겠다. … 수치심이야말로 인간에게 가장 위협이 되는 요소임을 알았다. … 자신을 수치스럽게 여긴다는 것은 다른 인간과 비교해 자신을 인간으로서 불합격품이며 못나고 열등한 면이 많은 존재로 여긴다는 말과 같다. … 해로운 수치심은 모든 종류의 정신적 질병을 일으키는 데 핵심적인 요소가 된다.[106]

수치심은 악마다. 그는 초기 수치심 연구에 공헌한 임상심리학자 카우프만Gershen Kaufman의 말을 인용하면서, 자신의 전통을 빌어 수치의 의미를 심리학에서 철학과 종교의 영역으로 끌어가고 있다. 앞서 우리가 밟아온 길이다.

> 수치심은 내면에 혼란을 가져다 주는 절망, 소외, 자기회의, 고독, 외로움, 편집증과 정신분열증, 강박장애, 자아분열, 완벽주의, 뿌리 깊은 열등감, 자신이 부적당하다는 감정, 경계선 성격장애와 악성 나르시시즘을 일으키게 한다.[107]

왜 수치는 악마일까? 브래드쇼는 정신분석의 전통에서 수치심이란 날 때부터 생성되는 것이라고 보았다. 이 말에 따르면 인간이 스스로를 시작할 때 리비도를 방출하고, 이후 그것을 제한하고 나르시시즘을 펴면서 수치가 생겨났다. 다시 말해 인간이 자신으로 살지 않고 그 이상이 되거나 타락하려는 성향에서 수치가 발생한다고 본 것이다. 그에게 창세기 신화는 과학 이상이었다. 브래드쇼는 인간이 '선악의 열매' 사건 이전에 옷을 벗고 있을 때가 진정한 자신의 모습이며, 스스로에게 정직하고 완벽한 상태라고 보았다. 우리는 그것이 '은총의 옷'이라는 것을 안다. 결국 브래드쇼에게 수치란 단순한 감정이 아니었다. 그리고 과학의 탐색을 넘어, 그것이 생겨난 생각의 원천을 음미해 그는 다음과 같은 결론을 내렸다.

인간은 자신의 참모습이 싫기 때문에 자신과는 다른 어떤 인간 이상의 존재가 되든지 아니면 아예 인간이라고 볼 수 없는 타락한 존재가 되고 만다. 그리고 이런 인간 이상이 되려는 시도는 자신의 모습을 덮거나 감추려는 데 평생을 소진하게 만들었고, 이런 비밀과 숨김은 모든 고통의 토대가 되고 말았다.[108]

'수치는 악마'라는 각성은 그에게는 비유가 아니라 사실이었다. 그가 제시한 유독한 수치심의 유형을 살피기 전에, 자신의 책에 부친 〈헌사〉를 소개한다. 그가 〈헌사〉에 쓴 내용은 충격적이다. 동시에 코헛이 점잖게 썼던 말과 완전히 일치한다. 따라서 우리는 〈헌사〉를 통해 브래드쇼가 과학의 서술적 언어에 기반을 두지 않고 수치를 말한 데에는 충분한 이유가 있음을 알 수 있다.

> (아내에게) … 당신의 헌신적인 사랑 때문에 나는 나를 수치스럽게 여기는 마음으로부터 벗어날 수 있게 되었소.
> (친구와 아들딸에게) … 내가 그동안 나 자신의 수치심을 너희에게 전가시키며 괴롭힌 것을 용서해 주기를 바란다.
> 이 책을 내 아버지에게 바칩니다. 아버지, 당신은 당신의 수치심으로 말미암아 당신 자신뿐 아니라 우리의 삶까지도 망쳐 놓았습니다.[109]

이 〈헌사〉의 충격은 우리의 탐구 과정에서 진행된 언어로 이렇게 말할 수 있을 것 같다. 내 존재 깊숙한 곳의 수치는 부모의 내면 깊숙이 자리 잡은 정신 병리에 근원을 둔 만성적인 무능력 때문에 생긴 것이다. 그러나 부모는 그 부모의 부모로부터, 그 조상으로부터 수치를 넘겨받았고, 나도 내 자식들에게 이것을 넘겨준다. 그 연쇄 고리를 끊지 않으면 악마가 우리 속에 살게 된다. 우리의 내면에 사는 악마의 이름은 '수치'다.

병든 수치심의 다양한 모습들

이제 해를 끼치는 유독한 수치를 짚어보자. 다음의 양상들은 실제 사례에서 얻는 경험을 토대로 작성한 것이다.[110] 병리적인 것들이라 대부분 끔찍한 내용이 많지만, 간혹 일상에서 의심되는 인물이 연상되는 경우도 있을 것이다. 방대한 분량이기 때문에 보고서의 요약된 형식을 이용해서 전체를 빠르게 훑어보자. 수치가 우리의 병적 심리장애와 행동 전체를 관장하는 것에서 조금 충격을 받게 되고, 수치의 위력이 대단하다는 것을 실감하게 된다. 정말로 수치의 한 얼굴은 악의 실체를 보여주는 것 같다.

신경증 증후군과 수치심

프로이트는 불안과 죄의식에 대한 연구는 했지만, 간발의 차이로 수치심에 대한 개념에서 비껴 나가고 말았다. 흔한 죄책감으로 수치심

3부. 수치, 정체성과 병리

을 오인한 것이다. 그러나 신경증의 기원이 바로 수치심이다. 예를 들어 자신에 대한 무가치감, 끝없는 부정적인 생각, 자기 불신, 자기 부인, 고독과 외로움, 공허감 등이 그렇다.

수치심의 내면화

내면화internalization란 성격 자체로 굳어진 것을 의미한다. 여기에는 다음과 같은 세부 과정이 있다.

첫째, 수치심이 내재화된 부모와 살면서 부모와 동일시를 하고, 부모의 유산을 물려받는다.

둘째, 아이는 버림을 당할 때 수치심을 내면화한다.

셋째, 수치심은 기본적인 욕구와 감정을 묶는다. 그 결과 모든 욕구와 감정은 수치심에 물든다.

넷째, 수치스러운 기억은 다양한 이미지로 기억 속에 저장되고, 숨겨져 억압되어 있다.

자기분열과 외로움

감정이 수치로 묶이게 되면 진정한 감정과 분리되어, 스스로를 패배자로 보고, 이를 투사해 편견과 미움이 내면을 장악한다. 그 결과 주위와 고립되고 외로움을 느끼며, 점차 만성적인 우울증에 빠진다.

거짓 자기와 수치

수치스러운 자신을 혐오해 진실한 모습을 보지 않으려 한다. 그 결과

거짓 자기가 만들어지고, 이것이 주인 행세를 한다. 이 새로운 주인은 스스로를 완벽한 자로 착각한다. 완벽한 자의 표면적 특징은 늘 극과 극의 모습을 보인다. 성공하려는 자와 패배를 원하는 자, 성자를 연출하는 모습과 사악한 행위를 즐기는 모습, 권위적인 모습과 동정을 보이는 모습 등이다. 이 모두는 거짓 자아의 초점 불일치 현상이다.

상호의존과 수치

어릴 적 상실감으로 인해 자신에게서 소외되어 모든 것을 외부에 의존한다. 참다운 자신에 대한 느낌이 점차 사라져서, 소외의 고통이 심해지고 대인관계가 악화된다.

경계선 성격장애와 수치

《DSM》(5판)[111]에서 정의한 신경증적인 수치심 증후군은 경계선 성격장애와 큰 차이가 없다. 구체적인 증세로는 첫째 자기 이미지를 구체화시키지 못하고, 둘째 개인의 생각, 기대, 느낌, 자존감을 표현하는 데 어려움을 겪으며, 셋째 자기확신의 어려움을 느끼는 것 등이다.

모든 중독의 뿌리와 수치

중독은 "순간의 만족을 얻기 위해 삶 전체를 희생시키는 정신적 행위"로 정의할 수 있다. 중독의 심층 심리는 스스로를 열등하고 불안정하게 보는 데 있다. 그 근저에는 수치심이 내재화된 자신의 이미지, 곧 "나는 모자라는 인간이다. 나는 실수투성이다"가 도사리고 있다.

이러한 내면의 수치로 생긴 불만족을 보상받기 위해, 쇼핑, 일, 알코올, 성, 도박(주식, 투기), 마약 등의 활동을 한다. 그러나 내면의 기초가 변화되지 않기 때문에 (도박과 마약을 제외한) 사회적으로 바람직한 활동조차도 수치에 물들게 되고, 점차 중독에 빠지게 된다. 활동 자체에 대한 기쁨이 동반되는 것이 아니라, 수치를 잊기 위한 수단으로 쓰였기 때문이다.

성격장애 증후군과 수치

여기에는 다음과 같은 다섯 가지가 대표적이다.

첫째, **자기도취형 성격장애**는 악성 나르시시즘을 가리킨다. 자신의 전능함을 보여줄 부와 권력과 아름다움을 좇으며 다른 사람들이 자신에게 열광해주고 자신을 숭배해주기를 바란다. 그러나 이들은 오직 자신만이 중요하고, 타인에 대해 아무런 관심이 없을 뿐이다.

둘째, **편집장애**로 "절망적으로 불안정하게 느끼는 마음"이 편집증이다. 이들은 늘 초긴장 상태로 있다. 이들이 긴장하는 것은 자신이 무시되거나 배신당할 것이라는 불안감 때문이다. 그리고 이러한 불안감을 타인에게 투사해, 남 탓을 하고 타인에게 잔혹하게 군다.

셋째, **공격적인 행위**로 수치심이 내면화된 사람은 어린 시절 폭력에 노출된 경우가 많다. 폭력을 행사하는 자의 힘과 권위에 동일시를 해, 훗날 가해자의 역할을 한다. 역설적으로 폭력의 희생자는 가해자가 되는 경우가 빈번하며, 더욱 불행한 것은 반복되는 폭력에서 희생자로 산다. 이른바 '학습된 무기력자'가 되는 것이다. 그 근저에는 수치로 인해 스스로를 못난 사람으로 여기고 어떤 대접노 받을 자격이 없는 자라고 체념하는 생각이 있다.

넷째, **성적 학대**는 대부분의 성적 가해자들이 자신의 수치심에 의해 취하는 행동이다. 중독의 메카니즘처럼, 이들은 자신의 무능력과 비참함을 희생자에 대한 고문과 같은 비인간적이며 더러운 행위로 표출하면서, 순간이나마 무력감과 비참함에서 해방된 느낌을 얻고자 한다. 이들의 희생자들은 근친상간, 강간, 성적인 괴롭힘, 관음증, 노출증, 부적절한 행동, 음란전화 등으로 학대받는다.

다섯째 **초인간이 되려는 의지**는 악성 나르시시즘과 연관되며, 자신을 과시하거나 스스로를 벌레로 보는 양극단적인 행동을 보인다. 비합리적인 의지로 일을 추진하고, 매사 통제하려 하며, 스스로를 전능한 존재로 보면서 동시에 초라한 존재로 느끼고, '모 아니면 도'라는 식으로 극단적인 일처리를 하려 든다.

해로운 수치심은 어디에서 오는가?

해로운 수치심의 중대한 요인은 내면 자체보다는 내면이 상호작용하는 외면 세계, 우리가 "세상"이라고 부르는 실존적 세계를 위주로 해서 파악한 것이다. 여기에는 네 가지 요인들이 있는데, 이는 수치 전문가인 심리치료사가 자신의 경험을 토대로 제시한 것이다.

첫 번째로 등장하는 것은 '**가족 시스템**'이다. 심리학은 개인을 다루기 때문에 개인이 몸과 마음과 영혼을 가지고 태어나는 그 원초적 공간에 대해 거의 절대적인 중요성을 부여한다. 수치와 관련해서, 수치를 온상하는 공간은 바로 "수치심이 내재화된 가족"이다. 이는 부계도와 모계도(부모의 족보)를 그려 가면 일정한 가족 병리의 패턴을 발견할 수 있을 정도로, 대물림되는 현상이다. 유전되는 하나의 질병처럼 수치심이 내재화되면 그것이 마치 획득형질처럼 대대로 이어진다. 만일 가족 단위에서 그렇게 내재화되어 이어진다면 역사적 경험을 공유하는 민족이나 국가도 마찬가지일 것이다.

두 번째는 '**학교 시스템**'이다. 좀 더 객관적인 사회화가 시작되는 공간이며, 지금과 같은 대규모 집체교육 시스템이 근대 이후 개발된 이래로 학교는 개인의 성장에 가족처럼 거의 절대적인 영향을 미친다. 학교는 완벽주의를 부추기고(어떤 형식으로 표현되든지 등급화는 필연적이다), 창의적이기보다는 주로 순응하는 인간상을 지향하며, "왕따"처럼 또래 집단을 통한 차별과 억압의 경험이 최초로 일어나는 장소다. 외면적으로 수치를 키워내는 곳은 가족보다 학교가 더 클 것이다.

세 번째는 '**종교 시스템**'이다. 실제의 신앙 여부와 관련 없이, 기독교 문화, 이슬람 문화, 불교 문화, 유교 문화 등에 특성을 부여해온 종교 시스템은 영적 체험보다는 제도로서의 종교라는 측면이 문제의 소지가 된다. 제도로서의 종교는 권위 체계이며, 이 체계는 개인보다 우위에 서서 개인의 삶에 지도 원리로 군림한다.

종교는 비판이 허용되지 않는 도그마 체계이기 때문에, 제도로서의 종교는 수정이 불가능한 헌법과 같이 무한정한 권위를 가지고, 개인의 삶을 규율하는 절대적 기준이 된다. 그러나 이 도그마는 시대적 제약과 공간적 제약을 가진 불충분한 내용과 편견을 가지고 있기 때문에, 변화하는 시대와 공간에 적용되는 과정에서 항상 물의를 일으킨다. 인간의 역사는 종교 전쟁보다 더 큰 재앙이 없다는 것을 증거하고 있다.

네 번째는 '**문화 시스템**'이다. 우리가 살고 있는 전 지구적인 문화 시스템의 특징은 세속 사회의 본질을 유감없이 보여주고 있다. 단도직입적으로 세속적 가치의 핵심에는 돈이 있다. 유형과 무형의 모든 문화적 내용물들은 돈을 통해 가치가 매겨지고 교환된다. 현재는 이른바 '신자유주의'라는 객관적 사회시스템이 문화 시스템을 장악하고 있다. 현재의 세상에서 인간의 내면은 그 고유성을 주장하기 전에 이러한 객관적 외면의 체계에 전폭적인 영향을 받아 주조되고 있다. 이에 대해서는 뒤에서 살펴보고자 한다.

●

이상과 같은 시스템이 수치가 우리 안에서 잘 자라도록 돕는다. 그래서 우리는 치욕스러운 삶을 산다. 배는 항구에 매여 있기 위해 존재하는 것이 아니다. 마찬가지로 우리는 삶의 기쁨(에덴)을 향유하는 주인으로서, 자신이 누군지를 아는 주인으로서, 오직 '자신을 살기' 위해 태어난 것이다. 그러나 수치는 우리를 항구에 매어 두었으며, 집에서 쫓겨난 떠돌이 신세로 내몰고, 자신이 누군지 모르고 사는 어리석은 존재이자 죄를 짊어진 채 꾸부정하게 어기적대는 미물로 만들었다. 영웅 오이디푸스는 이런 자신을 부끄러워하며 눈알을 파냈다. 그러나 이는 악마의 얼굴을 한 수치의 모습이다.

과연 이러한 독기로 물든 수치는 치유될 수 있을까? 요점은 치유의 방식은 내면에만 집중할 수 없다는 것이다. 내면을 형성하는 외면의 조건도 고려해야 하기 때문이다. 내면에 집중해온 심리치료의 전통과 최근에 빠르게 발전하는 신경과학에 기초를 둔 치료(약물, 외과적 처치 등) 등이 수치를 치유할 수 있는 방법이다.

그런데 우리는 여기서 내면의 수치를 다스리는 심리치료의 다양한 전략에 대해 탐색할 수는 없을 것 같다. 그것은 또 하나의 커다란 주제이기 때문이다. 다만 수치의 외면적 측면에 대한 통제 방식, 말하자면 유독한 수치의 온상이 되는 사회가 더 이상 나쁜 방향으로 향하지 않는 방식에 대해서는 논의해볼 수 있을 것이다.

●

이제 수치가 우리를 성장시키는 힘을 가지고 있다는 것을 보여주는 다른 얼굴을 보도록 하자.

수치,
위쪽 얼굴

지금부터는 수치의 긍정적인 얼굴을 살펴본다. 동아시아 유교는
내면과 외면의 규범이 모두 동일한 가치의 양면이라고 보았다.
그래서 자기 성장은 사회의 성장과 함께 가야 하는 길이다.
이 두 길에 대한 유교의 입장을 공자, 맹자, 순자의 글 속에서 찾아본다.
이어서 인간 내면에서 자발적으로 피어나는 선한 경향을 무시하는
부끄러움이 없는 무리들을 현대적인 용어인 '사이코패스'로 해석해
그 특징을 더 정교하게 살핀다.

1장
수치의 두 길

해야 할 것과 하지 말아야 할 것

세계인의 눈으로 보면 한국은 유교 문화권에 속한다. 우리가 서구를 기독교 문화권으로 보는 것과 같다. 심리학적으로 말하면, 우리의 집단 무의식에는 유교의 사상과 의례가 침전되어 있다. 침전은 단지 멈춘 것이 아니라 늘 표면에 영향을 미치고 교류하기 때문에 중요하다.

유교의 창시자는 공자다. 공자는 사람이 어떻게 살아야 하고, 어떤 사회를 만들어야 하는지를 가르쳤다. 동아시아인들은 이런 내용을 서구인들이 《성서》를 믿듯, 성스러운 경전으로 삼고 살았다.[112] 대강을 말하면 이런 내용이다.

자신의 정성精誠을 다하고, 서로 공경恭敬하고 배려하며(충서忠恕),

상호 신뢰 속에서(신信), 이전부터 내려온 사회적 규범인 예禮를 지키고, 개인의 사사로움(사私)보다는 함께 사는 세상의 공적公的인 정의正義를 먼저 생각하는 삶을 살아야 한다. 이렇게 할 수 있는 까닭은 사람이라면 모두 인仁을 갖추고 있기 때문이다. 이를 가족들 간의 효성과 우애(효제孝悌)로 실천하면서, 차근차근 이웃과 사회를 향해 넓혀 나가면 나라는 번영할 것이고(치국治國), 온 세상의 평화도 멀지 않을 것이다(평천하平天下).

중간 중간 한자로 표기한 것은 공자가 늘 말씀한 주제다. 요약한 공자의 가르침은 윤리 교과서의 한 단락처럼 보인다. 그런데 실제 우리의 삶은 이 테두리에서 크게 벗어나지 않는다. 인仁은 지금의 말로 하자면 사랑의 마음인데, 이를 자신에서부터 시작해서 가족을 거쳐 사회로 넓혀 나가면, 서로 신뢰하고 예의를 지키는 인간관계를 맺고, 더 나아가 나라의 번영과 세계의 평화를 이룰 수 있다는 말이다.

회의하고 의심하는 것을 비판적 정신의 덕목으로 삼은 합리주의적인 교육 아래에서 배워왔기에 우리는 유학의 가르침을 좀 순진해 보이기도 하는 그저 좋은 이야기 정도로만 여긴다. 개인과 사회의 영역이 다르고 사적인 것과 공적인 것이 판이하게 다른데, 이 둘을 하나로 합쳐서 말할 수 있을까? 그리고 과연 나는 인이라는 사랑의 마음을 가지고 있으며, 그것을 세상에 실현하려는 욕구를 가진 것일까?

우리가 합리주의가 가진 지평을 좀 더 넓힌다면, 개인이 행복한 삶을 지키기 위해서는 개인 내면의 성숙과 안정 못지않게 나라와 세계의 평화도 중요하다는 것을 안다. 전쟁의 난리 속에서 태어나지 않고 기아를 면한 것만으로도 얼마나 큰 행운인가? 요컨대 세상의 모든 것은 서로 관계되어 있기 때문에, 하나만을 단독으로 생각해 고유성을 주장한다면 그것은 좀 낮은 단계의 합리주의거나, 더 내려가면 독단론이나 유아론에 지나지 않을 것이다.

이처럼 개인에서부터 사회로 국가로 세계로, 은미한 내면에서부터 광활한 외면까지를 하나로 잇는 원리가 인仁(사랑)이다. 인이 없다면 이 세계들은 하나로 이어지지 못할 것이다. 그런데 공자는 인을 말했지만, 그것은 '해야 한다'와 '하지 말아야 한다'는 말로 짜여 있는 당위적 가르침이었다. 그것이 좋은 삶인 것 같기는 하지만, 도대체 왜 그렇게 해야 하는지, 그리고 사람은 그럴 수 있는 능력이 있는지, 한다면 어떻게 할 수 있는지에 대해서는 자세히 설명하지 않았다. 이에 대한 설명과 부연의 역사가 유교의 역사이며, 유교 문화권의 특징은 여기서 생겨났다.

맹자, 혐오와 사랑은 본능이다

맹자는 공자를 이은 최고의 후계자로 평가받는다. 맹자는 공자의 말을 좀 더 이론적으로 갈고 닦았다. 이 과정에서 '수치'를 대하는 유교 문화권이 지닌 표준적인 생각의 틀이 형성된다. 맹자는 수오지심을 말했다. '수오'는 수치와 혐오다. 인간은 수오의 마음을 가지고 있기 때문에 의로움(정의)을 실천할 수 있다. 그러니 공자의 말씀은 옳다. 어떻게 그것을 알 수 있는가 하면, 머릿속 생각이 아니라 경험을 통해서다. 그러고는 서양에서 동굴의 우화만큼 널리 알려진 유자입정孺子入井(어린 아이가 우물에 들어감)의 논증을 시작한다. 이것을 원전 그대로 보다는 좀 쉽게 풀어서 이해하자.[113]

> 어린 아이가 천진하게 우물 쪽으로 기어가다가 그 곳에 빠지려 하는 일촉즉발의 위태로운 순간에 그것을 본 사람은 당장에 몸을 날려 아이를 구하려고 한다. 이는 머릿속으로 이로움을 계산한 뒤에 한 행동이 아니다.

우물은 지표에서 사람 허리쯤 정도 높이의 벽으로 둘러싸여 있기 마련인데, 어떻게 아이가 우물로 기어갈 수 있을까? 중국 우물은 웅덩이처럼 생겼기 때문이니 이해하자. 이 상황은 경험적으로 지지되는가? 물이 불어난 개천이 아닌 이상, 나의 안전이 본능적으로 보존된다면 아마 대부분 그럴 것이다. 그런데 여기서 중요한 지점은 일촉즉발의 상태란 것이다.

이런 찰나의 순간에는 생각이 개재될 틈이 없어서 그것은 거의 본능적인 행위가 된다. 그것이 본능이기 때문에 즉각적인 지각에 따라 행동이 일어나는 뇌 속의 고유한 기능이다. 이를 신경과학에서는 '지각–행동 기제(PAM)'라는 비자발적 과정으로 부른다.[114] 예를 들어 옆에서 누군가가 넘어지려 하면 누구라도 지체 없이 부축하기 위해 자동적인 동작을 한다.

이처럼 인간의 신체에 자연적으로 구비되어 있는 능력은 감정의 통로가 된다. 전장에서 쓰러져 가는 전우를 구할 때 인간성의 극치가 발현된다는 말도 마찬가지다. 아이나 전우 모두 나와 같은 사람이며, 그들에게 닥칠지 모르는 불행을 나도 이미 느끼고 있기 때문에 그것을 미연에 방지하려는 '본능'이 그런 행동을 하게 만들었다.

그 사람은 참으로 의로운 사람이며, 용기 있는 사람이고, 현실의 영웅이다. 우리는 그런 사람을 보면 나 자신이 영웅이 된 것 같고, 인간이 갖추고 있는 영예에 자부심이 생겨난다. 이를 보면 인간에게는 '차마 남의 불행을 참지 못하는 마음'이 있는 것 같다.

이 마음은 우리의 내면에 있는 어떤 사랑의 힘에서 비롯되어 우리를 즉각적인 행동으로 이끄는 것 같다. 이 마음은 사랑의 발로이자 실마리일 것이다. 아, 인간이라면 이 마음의 실마리가 없을 수 있겠는가? 이 실마리는 저 대지를 사르는 것도 '한 줄기 불꽃'이 한 일이고, 대양의 무진장한 물도 '한 모금의 샘'이 모여 시작되는 것처럼, 비록 미미한 듯 작고 가냘프게 보여도 그 힘은 무한하리.

인간들이여, 이 힘을 작다 말고 채우고 또 채워서 타오르고 흘러넘치게 하시라. 그리하면 너 자신도 하늘에 닿을 만큼의 성취감으로 행복해지고, 네 가족과 이웃, 조상이 일군 나라와 사해 전체가 평화로울 것이니.[115]

맹자는 인간이 본래 가지고 태어난 힘이 있기 때문에 공자의 말을 모두 실현할 수 있다고 입증한 것이다. 본래 가지고 태어난 고유한 힘 가운데 바로 의로움(정의)도 있다. 이는 남의 처지를 불쌍하게 여기는 마음이 인(사랑)의 실마리이듯이, 부끄러워하며 또 미워하는 마음이 그 실마리가 된다. 유교의 묘정에 맹자가 우뚝 설 수 있었던 큰 공은 이를 밝힌 데 있다.

부끄러움과 미워함, 곧 수치와 혐오가 왜 의로움과 연결될 수 있는지 잠시 앞서 논의했던 것을 떠올려 보자. 우선 혐오는 생리적인 차원에서, 생존을 위해 썩거나 더러운 음식, 똥오줌, 고름, 침, 땀, 피 등의 오물을 더러워하고 그것을 가릴 줄 아는 고유한 능력이다. 이 생리적 차원의 능력은 심리적 차원으로 옮겨져 가서, 싫고 꺼리는 마음을 드러내는 혐오의 감정이 되었다. 이어 윤리의 차원에서 더러운 언행을 서슴지 않고 하는 사람들에 대해서 가차 없이 그것을 미워하는 공분으로까지 전용되었다.

맹자가 본 수치의 다른 얼굴

부끄러움은 그것의 생리적 단계인 수줍음에서 출발한다. 수줍음은 낯붉힘의 신체적 표현을 동반한다. 이는 낯선 존재나 자신보다 상위의 존재에게 자신이 좀 미숙한 문외한이고 비숙련자라고 털어놓는 실토다. 더불어 그러한 모자람을 널리 이해하고 용서해 달라는 사회적 신호에서 출발한다. '저는 아직 아무것도 몰라요. 그러니 잘 봐주세요.' 그래서 겸손의 한 표현도 수줍음을 동반한다. '저는 아직 덜 익은 사람입니다.'

부끄러움은 수줍음의 이러한 생리적 기제를 함께 사용해서, 주로 사회적 규범을 저촉할 때 생긴다. 사회적 규범이란 사회문화 차원의 관습이나 공식적 법률과 제도를 가리키지만, 내면세계에도 그대로 적용된다. 바로 자신이 가진 양심이다. 그런데 그 양심은 흔히 '신의 목소리'로 알려져 있고, 또한 부모의 처벌에 대한 두려움의 내면화, 곧 초자아 같은 것이다. 이런 면에서 그것은 죄책감이나 죄의식과 구분되지 않는다. 그리고 부끄러움은 이제 수치로 써야 한다. 부정적 감정이기 때문이다. 우리는 이미 이에 대한 신화적인 배경을 살펴보았다.

수치는 신의 명령에 대한 불복종에서 생겨난 것이고 동시에 성적 기원을 갖는 것이며, 동물성에 대한 혐오를 동반한 것이었다. 그런데 이 혐오는 변형되었다. 수치가 동물성을 막는 정신의 댐이 되면서, 역설적으로 인간성을 보호하는 위상이 부여된 것이다. 동물성에 대항하는 수치는 나르시시즘의 이름으로 인간의 발달에 개입하게 되고, 나르시시즘을 성숙시키지 못하는 가족(사회) 구조와 내면의 문제로 인해 병적 심리를 갖게 된다. 주로 유독한 수치가 여기에 해당되었다.

그러나 맹자에게 수치는 다른 얼굴을 보인다. 바로 의로움의 단서다. 수치와 혐오는 인간을 인간답게 만들어 주는 감정이며, 둘은 복합적으로 결합되어 있다. 황태연 교수는 공감과 감정의 해석학적 입장에서 둘을 이렇게 평가한다.

수오지심은 자신의 잘못을 타인이 알게 되어 자신을 부끄러워하는 수치심이고 남의 잘못된 행동을 알고 미워하는 정의감이다. … 수치심을 느낄 수 있게 하는 나의 도덕적 평가는 남이 잘못하는 경우에 즉각 남에 대한 미움으로 바뀌고, 역으로 남에 대한 도덕적 미움에 담긴 나의 평가는 내가 잘못하는 경우에 즉각 나에 대한 수치심으로 전환된다. … 따라서 잘못과 관련된 부끄러움과 미움, 즉 수치심과 정의감은 상화 대응하고 상호 전환한다. 이런 까닭에 맹자가 일찍이 수치심과 미움을 수오지심이라는 하나의 복합 감정으로 묶은 것은 탁견이라 아니할 수 없다.[116]

수치와 혐오의 복합 구조에 대해서 살펴보자. 타인의 시선은 내면과 상응하는 양심(규범, 하느님, 초자아 등)의 시선이다. 이것이 미움의 시선이라면, 그것에 '공감'해야 내 얼굴이 붉어진다. 말하자면 내면이든 외면이든 어떤 규범을 저촉했다고 스스로 인정해야(자기 공감) 얼굴이 붉어진다. 붉어지는 것은 우리의 생리에 각인되어 있는 것이므로 저절로 그렇게 된다.

이러한 정의감의 실마리는 사람이라면 타고나는 것이다. 그런데 이러한 수오의 감정은 작은 불씨이고 한 모금의 물처럼 단지 실마리로 존재하는 것이며, 우리 내면에 파종된 덕의 씨앗들로 존재한다. 이 씨들을 잘 틔워 장대한 결실을 맺는 것은 매 상황 속에서 자신을 돌보는 일로만 성취할 수 있다. 이른바 도덕이란 단지 내 마음에 내재한 것만이 아니라 이를 가꾸고 키워서 결실을 얻는 것까지 포함된다. 어

4부. 수치, 위쪽 얼굴

떻게 키우는 것일까? 바로 부끄러움과 혐오의 감정을 있는 그대로 수용하는 것이다. 이런 가꾸고 키우는 결실의 과정을 가리키는 유명한 말이 있다. 호연지기浩然之氣와 사생취의捨生取義다. 편액에 자주 등장하는 낯익은 구절이다.

부끄러움을 쌓다 보면 사람의 얼굴을 하게 된다

맹자에게 부끄러움은 내면화된 수치심이 인간을 좀 먹고 병들어 죽게 하는 것과 달리, 잘못된 곳으로 가지 않게 방향을 잡아주는 내비게이션 같은 역할을 한다. 잘된 길로 가는 것은 잘못된 길로 가지 않는 것과 같다. 부끄러움은 잘된 길로 들어서라는 신호이므로, 이를 받아들이게 되면 즉 각성하거나 성찰을 통해 '자기 교정'을 하는 것과 같다. 이러한 자기 교정을 통해 잘된 길로 쭉 달리다 보면, 독특한 기운을 얻게 된다. 그 기운을 호연지기라고 했다. 맹자는 호연지기가 "지극히 크고 지극히 굳세며, 하늘과 땅 사이에 가득 찬 기운"이라고 했다. 어떻게 하면 그토록 엄청난 기운을 얻을 수 있냐는 제자의 질문에 맹자는 이렇게 말했다.

이 호연지기는 의로움이 쌓여서 이루어지는 것이지 어쩌다 한 번 한다고 해서 생기는 것이 아니다. 무언가 행동을 할 때 마음에 흐뭇하지 않으면 호연지기는 위축된다. 그래서 나는 의로움이란 밖에 있는 것이 아니라 내면에 있다고 여긴 것이다. 반드시 이 일을 할 때는 섣부른 효과를 먼저 기대해서는 안 된다. 망각해서도 안 되지만 조장하는 일은 더욱 더 안 된다.[117]

호연지기는 '의로움이 쌓여' 이루어지는 즉 집의集義의 기운이다. 우리는 그것이 태양처럼 크고 굳은 기운이지만, '한 모금의 샘물'에서 시작되는 것을 알고 있다. 그런데 이 기운은 '마음에 흐뭇해야' 위축되지 않는다. '흐뭇하다'로 옮긴 글자는 '겸慊'이다. 앞서 우리는 부끄러움에 해당하는 글자를 살펴보면서, '계면쩍다'나 '겸연쩍다'를 보았다. '겸연'의 겸이 여기에 나온다. 무언가 상대를 대하는 데 마음에서 좀 꺼림칙하고 흐뭇하지 않아서 약간 부끄럽거나 다소 어색한 상황일 때 쓰는 말이었다.

호연지기라는 위대한 기운은 위대한 인간을 만들지만, 그것은 부끄러움을 아는 것에서부터 시작된다. 맹자는 부끄러움이 인위적이거나 의도적으로 유발되는 것이 아니라 시종일관 자연스러운 것임을 강조하면서 조장 행위를 엄금하고 있다. 그러나 또한 역설적으로 강한 의지를 가지고 있어야 한다고 말한다. 조장하는 행위가 가진 인위성은 금물이지만, 망각도 허용할 수 없다! 강한 의지란 인간됨의 길이 쉽지 않음을 알려준다. 머리나 말이 아닌 몸으로 실천하고 불굴의 의지로 도달해야 하는 길임을 알려주는 것이기도 하다. 그래서 부끄러운 줄 아는 것은 인간에 자연스럽게 내재되었지만, 그것을 자기 교정의 기회로 삼는 것은 매우 어려운 일이기도 하다. 도처에 부끄러움을 아는 자들보다 모르는 자들이 더 많은 것도 이 때문이다.

호연지기를 엇비슷하게라도 보통 사람들이 느껴볼 수 있는 상황은 산 정상에 올라 사방을 막힘없이 펼쳐 보며 통쾌감을 느낄 때일 것이다. 하지만 맹자가 이야기한 호연지기란 참된 인간을 만드는 기운이다. 이러한 기운을 쌓은 사람은 부끄러움을 아는 사람이며, 이 부끄러움은 호연지기를 쌓게 하는 힘이다. 그래서 부끄러움은 중단될 수 없는 인간됨을 향해 가는 길이다. 그런데 우리는 이 길을 쫓다가 '사생취의捨生取義'라는 극렬한 언어를 마주하며 잠시 충격을 받는다.

∴ ∙ "차라리 죽어라!"

참된 인간은 부끄러움을 아는 것에서부터 시작한다. 그런데 부끄러움을 아는 것은 부끄럽지 않도록 삶의 궤도를 수정하는 것이다. 머리와 입보다는 손과 발이 궤도를 수정한다. 하지만 대부분 우리네는 손과 발이 굳었다. 이런 우리네를 공자님이 타이른다.

> "의를 알면서도(보고서도) 행동하지 않는 것은 용기가 없는 것이니라."118

부끄러움을 알고서 당장의 언행을 수정할 수 있기 위해서는 용기가 필요하다. 호연지기가 "지극히 굳세다"는 뜻을 여기서 알겠다. 그것은 용기勇氣다. 어떤 학자들은 이를 '전사의 용기morale'라고 해석하기도 한다. 호연지기의 시작은 부끄러움을 아는 각성이며, 삶의 궤도를 수정할 수 있는 용기다. 부끄러운 줄 모르는 사람은 용기도 없다. 그래서 참된 인간(군자)은 의로움과 용기를 구비해야 한다.

> 군자가 용기만 있고 의로움이 없으면 혼란을 일으키게 되며, 소인이 용기가 있고 의로움이 없으면 도둑이 된다.[119]

군자는 그 정체성 속에 이미 의로움을 갖춘 존재이기 때문에 의로움이 없으면 이미 군자가 아니다. 그런 상태에서 용기를 갖추면 난리를 일으키는 역도가 된다. 우리는 '군자연' 하는 집단이나 계급이 일으킨 무늬만 혁명인 사건들을 인류사에서 무수히 보아왔다. 그들은 의로움이 없었기에 부끄러움을 모르고서 다만 행동했다. 그런데 소인은 애초 의로움이 없는 자들인데, 이들이 용기를 갖추면 도둑떼가 된다. 이들은 훔치고 빼앗는 것에서는 누구도 당해낼 재간이 없는 용감무쌍한 자들이다.

우리는 공자의 말을 통해 군자든 소인이든, 용기가 있든 없든 세상에 반역을 몰고 오고 남의 것을 빼앗는 도둑이 생겨나는 이유가 '부끄러움을 아는 자가 없다'는 단순한 사실에서 비롯되는 것을 알게 된다. 부싯돌의 한 줄기 불티가 산천초목을 불사르고, 스위치의 발화로 도시와 세상이 전소한다. 부끄러움의 힘을 맹자는 이렇게 통찰했다.

내면화된 수치심은 치유의 노력이 없이는 한 사람의 인생을 여지

없이 박살낸다. 그런데 '내면화된 부끄러움'은 의로움을 쌓는 과정이 되어, 용기를 함께 갖춘 군자의 바탕이 된다. 군자는 심리학적으로 말해서, 상위의 발달 단계에 이른 사람이다.

인간의 발달은 전개인preperson에서 개인person으로 가고 이어 초개인transperson으로 간다. '개인'을 마음이 신체를 잘 조절하고 갈등이 최소화되어 비교적 사회에 잘 적응하는 사람이라고 한다면, '전개인'은 그에 이르지 못한 사람을 가리킨다. 특히 마음과 신체가 갈등하고 신체의 표현인 감정 문제를 원활하게 조율하지 못하는 사람이다. 내면화된 수치심의 경우는 전개인의 문제다. 초기 발달 단계에서 성장이 충분히 이루어지지 않았기 때문이다. 그에 비해 '내면화된 부끄러움'은 개인을 지나 '초개인'의 단계에 이르는 군자에게서 볼 수 있는 인간 발달의 상위 국면이다.

초개인은 마음과 신체가 비교적 잘 조절되어 있는 인간person(개인)이 자아의 틀을 벗어나서 환경을 자신과 동일시하는 단계를 가리킨다. 따라서 자신의 좁은 울타리, 심리학적으로 말해서 자아에 갇혀 있지 않으며, 자아와 환경(사회, 국가, 세계 등의 역사)이 갈등을 일으키지도 않는다.

이처럼 자아가 더 이상 자아에 머물지 않는다는 의미에서, 초개인은 무아無我 혹은 역설적이게도 무심無心의 소유자가 된다. 동양철학에서 말하는 물아일체物我一體의 인간상이 초개인 수준의 인간이다. 이를 유교적 입장에서 말한다면, 맹자의 다음과 같은 말이 된다.

삶도 내가 원하는 것이고 의로움도 또한 내가 원하는 것이다. 두 가지를 함께 얻을 수 없다면 삶을 내버리고 의로움을 취한다. 삶 역시 내가 원하는 것이지만 원한다는 점에서 삶보다도 더 중요한 것이 있기 때문에 구차하게 삶을 얻으려고 하지 않는다. 죽음도 역시 내가 싫어하는 것이지만 싫어한다는 점에서 죽음보다 큰 것이 있기 때문에 환난을 피하지 않는 경우가 있다. … 비단 현자만이 이러한 마음을 가지고 있는 것이 아니라 사람마다 모두 가지고 있는데, 현자는 그것을 잃지 않았을 뿐이다.[120]

'내면화된 부끄러움'의 극적인 모습이 사생취의다. '불의를 저지르느니 내 차라리 죽겠다.' 이러한 극렬한 언사는 다시 생각하면, 죽음보다 더한 수치인 치욕을 당하느니 죽음으로 대신하겠다는 말이다. 진화론의 대전제로 보자면 '생존을 위하여', '오직 생존의 이로움을 위해서' 자랑스러운 뇌가 생겨나고 사회적 감정인 부끄러움도 생겨났다. 프로이트에게는 성적 리비도의 도착적 성격을 막는 정신의 댐이 수치이며, 이 수치로 인해 인간은 문화를 건설하고 문명인의 모습으로 변모했다. 오직 병든 자만이 수치의 댐을 부순다.

'사생취의'는 대의를 내세우며 현실에서 절실한 능동적 변화와 개선에 장애가 되는 구태의연한 태도를 보인 과거 한국사의 한 장면을 연상시킬 수도 있다. 예컨대 명청 교체기에 세계사의 흐름을 읽지 못하고 숭명사대라는 구질서를 유지하는 것이 대의라고 주장한 유자들이나, 조선 말기 근대화를 저지시키는 것이 대의를 보존하는 것이라고 하면서 위청척사운동을 전개하다 머리 풀고 자결을 도모했던 유자들의 행위가 떠오른다.

또한 과부의 개가는 의를 훼손한 것이라고 해서 차라리 죽음을 권했던 사회의식도 연상된다. 조선시대 '여성 잔혹사'라고 일컬어지는 모습들, 청상과부가 된 딸더러 지아비를 따라 죽기를 진심으로 바라면서 자결로 가문을 빛내라고 권유하는 친정과 시집의 부모들 및 문중어른들이 보여준 새디스트적인 광기는 우리 역사에 자주 등장하는 청사의 오명이자 그림자다.

우리는 여기서 이러한 오명을 비호하거나 그림자의 존재를 부정하지 않는다. 그렇게 된다면 한 개인에게도 건강이란 이룰 수 없는 꿈이 될 것이다. 다만 부끄러움의 한 얼굴이 가진 인간의 상위 발달 가능성에 대해서 살펴볼 뿐이다. 앞에서 열거한 부정적 사례들은 고차적 의식이라기보다는 부끄러운 인습에 집착하는 하위 의식의 본보기에 불과하다.

의를 위해서 죽음을 선택하는 것은 인간의 고차적 의식이다. 부끄러움을 통해서 오랜 시간 의로움을 축적해온 사람은 삶의 상황이 부과하는 수치와 치욕의 순간을 감당하기 어려워서 죽음을 택하지 않는다. 그 사람은 용기 있고 '호연지기'가 있기 때문에 어떤 어려움이라도 해결하려는 의지가 있을 것이다.

그렇다면 어떠한 이유에서 의를 위해 죽음을 선택하는 것일까? 바로 수오지심의 실마리를 통해 의로움을 성취하는 인간의 길에서 궁극적으로 '즐거움'을 느끼기 때문이다. 즐거움이라고 말하면, 죽음을 예찬하는 광기를 말하는 것 같지만 이때의 즐거움은 낙천지명樂天知命과 같이 운명을 달게 받아들이는 숭고함과 관련되어 있다.

감수甘受하는 행위이기 때문에 스스로에게 부정적인 감정이 없다. 죽음으로써 대신해야 하는 길이지만, 불의를 범하지 않는 선택이므로 달게 받아들이는 것이다. 종교적 순교처럼 보이는 경건한 느낌이 '즐거움'의 실체일 것이다. 의인이 되고자 죽음을 달게 받아들인 기독교의 순교자들은 말할 것도 없고, 소크라테스도 독배를 앞에 두고 저승에서 영웅과 현자들을 만날 생각으로 즐거움을 느꼈다. 그렇다면 이러한 즐거움은 어디에서 온 것인가? 이것이 유명한 군자의 세 가지 즐거움이다.

하늘을 우러러 부끄러움이 없기를

맹자는 범인이 아닌 군자에게 세 가지 즐거움이 있다고 했다. 그래서 보통사람, 심리학의 언어로 '퍼슨'들은 잘 이해하기 어렵다. '전개인'은 이해할 생각이 없다. 이들은 식食과 색色이 주는 즐거움만 인정하기 때문이다. 군자는 '초개인'이며, 이들에게 즐거움이란 일차 감정의 무의식적이고 원시적인 쾌락pleasure을 통로로 하는 것이되, 감정의 편도체가 아니라 전전두피질의 뇌 회로에서 생겨나는 판단을 기반으로 해서 생겨난 고차 감정이다. 우리의 고차 감정은 사회적 존재이기 때문에 생겨난 것이다.

그렇다면 군자의 세 가지 즐거움은 언제나 그리고 늘 타인들과 함께 존재하는 맥락 속에서 생겨나는 고차 감정이다. 그래서 군자의 삼락은 자기 내면에만 관심을 가진 '나르시시즘적 개인'의 즐거움이 아닌, 여민동락與民同樂이라는 맹자의 다른 말과 연관되어서 이해되어야 한다. 의를 위해 죽음을 선택한 것은 '여민'이라는 사회적 지평에서 이루어진 자발적인 감수행위다.

군자에게는 세 가지 즐거움이 있는데, 둘은 스스로 할 수 없는 것이며, 나머지 하나가 스스로 할 수 있는 것이다. 맹자는 말한다.

> 부모가 모두 계시고 형제들이 큰 탈 없이 지내는 것이 첫 번째 즐거움이고(부모구존 형제무고 일락야父母俱存 兄弟無故 一樂也),
>
> 하늘을 우러러 부끄러움이 없고, 하늘 아래 부끄러움이 없는 것이 두 번째 즐거움이며(앙불괴어천 부부작어인 이락야仰不愧於天 俯不作於人 二樂也),
>
> 세상의 뛰어난 인재들을 얻어 가르치고 기르는 것이 세 번째 즐거움이다(득천하영재 이교육지 삼락야得天下英才 而敎育之 三樂也). 《맹자》〈진심상〉 20장

가족이 중요한 까닭은 세상에 나갈 수 있는 기운을 얻는 곳이기 때문이다. 하지만 해를 더해갈수록 부모가 오래 살아계신 것이 기쁘지만 한편으로는 함께할 수 있는 날수가 줄어드는 것이니 슬프다. 형제와 자매도 한 부모에게서 뻗어 나와 같은 기운으로 이루어진 처지가

아니던가? 천하의 영재를 얻어 가르치는 것도 때(시대)와 자신의 능력이 모두 갖춰져야 할 수 있는 일이다. 하지만 때도 얻기 어렵고 능력도 얻기 어려우니, 둘을 다 얻는 기회란 오직 하늘에 달렸을 뿐이다. 모두 내가 할 수 있는 일이 아니다. 내가 할 수 있는 일이란 하늘을 우러러 부끄러움이 없이 사는 것이며, 세상 사람들과 즐거움을 함께 나누는 것뿐이다.

맹자에게 부끄러움은 인간이 되는 길을 가리키는 고마운 신호이자, 삶의 즐거움을 성취할 수 있는 지표가 된다. 더 나아가 부끄러움을 채찍삼아 '크고 굳건한 기운'을 축적하며 살다 보면 의를 따르든가 치욕스러운 삶을 살든가 결단해야 하는 순간과 맞닥뜨릴 수도 있다. 물론 극단적인 결단을 내려야 하는 상황은 보통사람들에게는 일어나기 어려운 순간이다. 이는 인간됨의 기로에 놓인 시험에 다름없다. '나는 그때 달게 죽음을 선택할 것이며, 이는 궁극적으로 슬픔이 아니기에 누구도 슬퍼하지 말기를 바라는 것이다.' 하늘이 준 사명을 달게 받아들이는 비장하면서도 낙천지명의 즐거움도 공존하는 숭고한 감정이 거기에 있다.

맹자가 부끄러움을 대하는 기본 철학과 태도는 자기 수양을 위한 내면화의 길이다. 이는 향후 역사에서 의인을 만들어낸 철학이며, 부끄러움의 다른 얼굴이다. 공자로부터 시작된 유교의 가르침을 수치와 관련한 내면의 수양으로 도달시킨 것이 맹자가 택한 길이었다. 그런데 공자에게서 흘러나온 다른 길도 있었다.

순자, 부끄러움과 촌놈

맹자가 세상을 떠났을 때 순자荀子는 열 살 전후였다. 보통 맹자가 유교의 정통으로 꼽히고 순자는 결이 좀 어긋난 것으로 생각한다. 하지만 당시에는 순자가 유학의 표준이고 모범이었다. 부끄러움에 대한 분석과 논의도 순자가 월등히 많다. 부끄러움이 본시 사회적 규범과 관련된 감정이라면, 이른바 예禮라고 하는 사회적 관습법에 대한 논의는 순자의 전문 영역이다.

단적으로 맹자는 부끄러움과 같은 감정은 내면에 의로움(정의)이라는 덕성이 있기 때문에 존재하는 것임을 경험적으로 제시하려고 했다. 그러나 순자는 그런 덕은 외면, 곧 학습을 통해서 성취하는 것이라고 본다. 전혀 다른 방향이다. 이 때문에 인간의 본성은 선하다는 성선설을 펼친 맹자와 달리, 순자는 인간의 본성이 악하다(추하다. 거칠다)고 보았다. 더럽고 추한 것과 부끄러움은 밀접한 관련이 있으니, 순자가 이를 자세히 분석한 데에는 이유가 있었다.

순자는 인간의 본성과 지력(지능)은 보편적이라고 보았고, 부끄러움과 관련해서는 "영예를 좋아하고 치욕을 싫어하며, 이익을 좋아하고 손해를 싫어함은 군자나 소인이 똑같다"[121]고 보았다. 그러면 영예와 치욕은 어떠할 때 생기는가?

제 마음대로 멋대로 행동하고 제대로 배우지 않으면 소인이 된다. 군자는 언제나 안락하고 영예롭지만 소인이 되면 언제나 위

태롭고 치욕을 보게 된다.[122]

결국 '배움'에 따라 영예를 얻기도 하고 치욕을 당하게 된다. 배움은 다른 것이 아니라, 말과 행동을 신중하게 삼가 처신하는 법을 배우는 것이다. 그런데 왜 배우지 않는가?

"비루하기 때문이다(루야陋也)."[123]

비루함은 배움이 없어서 순수하고 소박한 것이 아니라, 촌스러움이다. 배움을 얻어야 비로소 인간은 촌스러움을 벗게 된다. 치욕은 무지해서 생겨나는 것이다. 우리가 내내 살펴온 모종의 사회적 규범에 대해서 배움이 없을 때 수치를 느끼고, 더 나아가 치욕을 당한다. 그런데 소인들은 수치를 싫어하면서도, 배우지 않는다. 그들이 촌스럽기 때문이다. 이 촌스러움은 또 어디에서 왔는가?

모든 사물이 생겨나는 것은 반드시 그 시작이 있고, 영예와 치욕이 닥칠 때는 반드시 그 덕에 따른 것이다. 고기가 썩으면 벌레가 기어 나오고, 생선이 말라비틀어지면 좀이 생기듯이, 게을러서 자신을 돌봄이 없으면 재앙이 생겨난다.[124]

영예를 차지하거나 치욕을 당하는 것은 그 덕 때문이다. 덕이란 맹자처럼 내면에 미리 갖춰져 있는 것이 아니라, 말과 행동과 습관이 배움을 통해서 얻어진 것이다. 군자는 배움으로 덕을 갖춘 자이고, 소인은 게으름 때문에 자신을 돌보며 생겨난 덕을 갖추지 못해서 치욕의 화를 당한다. 여기서 자신을 돌보지 않는 것은 배움을 통해서 자신에게 무언가를 이룸이 전혀 없는 것을 가리킨다.

순자가 줄곧 말하는 것은 인간이란 지속적인 배움을 통해 스스로를 잘 만들어가는 존재라는 것이다. 이른바 덕이란 내면이 아닌 외면에 있다. 이 외면이 그의 언어로 예禮다. 예란 관습화된 사회적 규범이다. 따라서 예의가 없는 것들은 촌스러운 놈들이며 소인배들이고, 벌레가 우글거리는 썩은 고기나 좀이 슨 빼빼 마른 생선 쪼가리 같은 자들이다. 더불어 이들은 수치스러운 자들이다. 순자는 수치를 모르는 자들을 생동감 있게 썩은 음식으로 비유했다. 그래서 인간은 배우고 태어나지 않았기 때문에 그 본성은 추할 수밖에 없다. 어서 촌음을 아끼고 배우고 익혀야 더럽고 냄새나는 존재에서 벗어날 것이다!

순자의 이런 말은 《논어》의 첫 구절에 대한 창의적인 해석이다. 학이시습지學而時習之, 곧 '학습(배우고 익힘)'이다. 학습이 없이는 인간이 되지 못하고, 수치스러울 뿐이다. 수치가 없으려면 배워야 하는데, 그 배움은 구체적으로 예를 따르는 것이다. 순자는 아예 의로움이란 내면에서 피어나는 것이 아니라, 사회적 관습 규범인 예를 따르는 것이라 단언한다.

"의로움이란 예를 따르는 것이다."[125]

관습적 사회 규범은 자연스러운 사회적 에토스에 토대를 둔 것이며, 이 에토스를 잘 유지하면 사회가 번영하고 평화로우며 그 구성원들도 행복하며 영예롭다. 에토스를 유지하는 것은 부끄러움의 기능 때문이다. 이 역시 부끄러움이 사회적 번영의 기초라는 것을 간파했던 공자의 말을 계승한 것이다.

> 법으로 인도하고 형벌로 제재하면 백성들이 형벌을 면할 수는 있으나, 부끄러워함은 없을 것이다. 덕으로 인도하고 예로써 제재하면 백성들이 부끄러워함이 있고, 또 선에 이르게 될 것이다.[126]

순자는 수치의 사회적 기원에 대해서 맹자보다 더 많은 말을 남겼다. 맹자가 내면의 완성을 향한 것이라면 순자는 외면의 성취에 더 큰 관심을 기울였다. 앞의 인물은 정의를 향한 인간의 감정을 수오지심에서 찾았고, 뒤의 인물은 정의를 체득할 수 있는 배움의 힘을 신뢰했다. 그런데 유교의 이 두 전략은 한 곳에서 만나는데, 바로 죽음보다 더한 가치를 지향하는 인간의 수준을 보여주는 것이다. 순자는 맹자의 '사생취의'와 같은 결의에 차 있다.

> 의가 있는 곳에서 권세에 기울어지지 않고, 그 이익을 돌아보지 않고, 한 나라를 그에게 준다 하더라도 돌아보지 않고, 죽음보다 무겁게 여기고 의를 지키며 굽히지 않는 것, 이것이 바로 사군자

土君子의 용기다.[127]

호연지기는 의로움을 쌓아 생겨난 것이고, 불의해 마음이 흡족하지 못하면 위축된다. 비록 내면의 타고난 감정이지만 부끄러움은 순수하나 가냘픈 실마리다. 이를 확충해 정의를 성취하려면 용기가 필요하다. 이렇게 스스로를 다스리다 보면 어느 날 죽음도 두렵지 않은 커다란 즐거움을 느낀다. 순자도 이에 못지않다. 죽음보다 더 소중한 것이 의를 지키는 것이다. 사군자의 용기는 호연지기를 방불케 한다.

그리스식 사회적 수치와 명예

호연지기를 가진 군자들의 드높은 명예는 서구 문화의 또 다른 기둥인 그리스 문화에서도 찾을 수 있다. 우리는 기독교 문화의 수치는 자세히 살펴보았지만, 그리스 문화의 수치는 돌아보지 않았다. 서구 사회와 그로부터 영향을 받은 오늘날 우리가 가지고 있는 수치에 대한 기본적인 관념은 기독교에 더 큰 영향을 받았다고 생각했기 때문이다. 다만 유교와 관련해서 옛 그리스의 생각을 여기서나마 간단하게라도 짚어보는 것이 좋겠다.

수치가 정의(의로움)와 긴밀하게 연관되어 있음은 이미 신화에서 결정된 사실이다. 플라톤의 《프로타고라스》를 보면, 인간은 프로메테우스에게서 불을 선물받았지만 여전히 서로 싸우며 불화 속에 살았다. 이를 보다 못한 제우스는 인간에게 다시 두 가지를 나눠줬다. 염치aidos(명예)와 정의dike였다.128

이러한 신화적 인식은 이후 철학에 지속적인 영향을 준다. 아리스토텔레스는 《니코마코스 윤리학》에서 수치의 의미를 탐구했다. 여기에는 수치의 두 얼굴이 나타난다. 먼저 수치의 아래쪽 얼굴이다.

> 수치는 불명예에 대한 일종의 공포라 정의되고 있는 터요, 또 위험에 대한 공포로 말미암아 생기는 결과와 비슷한 결과를 낳는다. 부끄럽다고 느끼는 사람들은 얼굴을 붉힌다. … 부끄러운 느낌은, 좋지 못한 행위의 결과이기 때문에 좋은 사람에게는 속할 수 없는 것이다(이러한 좋지 못한 행위는 해서는 안 된다.)129

이른바 내면화된 수치심을 말하는 것은 아니며, 정의와 관련된 사회적 규범을 저촉할 때 생겨나는 부정적 감정을 가리킨다. 이어 수치의 위쪽 얼굴이다.

> 수치는 어떤 조건 아래에서는 좋은 것이라 할 수 있을지도 모른다. 만일 선한 사람이 그런 행위를 하면, 그는 부끄럽게 생각할 것이기 때문이다. … 부끄러워할 줄 모르는 것은 나쁜 것이고, 수치도 모른 채 부끄러운 짓을 행하는 것도 나쁜 것이다.130

첫 구절은 맹자의 말을 연상시킨다. "부끄러움이 없는 것을 부끄러워한다면 부끄러워할 일이 없을 것이다." 아리스토텔레스는 부끄러움이 덕성에는 못 미치는 감정이라고 생각했다.[131] 그런 의미에서 수치는 한계를 갖는다.

이런 사고방식은 유교와 다르다. 정의와 같은 덕성은 부끄러움의 감정에 따라 '의로움을 축적'해 성취하는 것이다. 그것이 내면에 존재한다고 할지라도, 이러한 수양의 과정 없이는 실현될 수 없다. 유교는 부끄러움의 탁월함을 더 크게 생각했다. 그만큼 수치의 위쪽 얼굴을 드러내는 것은 유교의 공이 더 크다. 하지만 아리스토텔레스는 수치와 명예를 연결시켜서, 수치의 위쪽 얼굴을 드러내려 애쓰고 있다.

> 수치는 현재 혹은 과거나 미래에 있어서 우리의 명예를 실추시킬 수 있어 보이는 악덕에 관한 고통과 혼란스러움이다. 경솔함은 동일한 악덕들에 대한 경멸이나 무관심이다.[132]

악덕이란 동서고금이 모두 목도하는 바로 그 악덕, 용기가 아닌 비겁함, 횡령, 방종, 인색, 성적 추문, 아첨, 나약함, 야비함, 허풍 등이다. 이런 악덕은 수치스러운 것이고 명예롭지 못한 것이다. 이런 의미에서 수치는 '악덕을 막는 댐'의 역할을 한다. 악덕은 명예를 실추시키고, 실추된 명예로는 공동체에서 잘살 수 없기 때문이다. 아리스토텔레스는 당시 구전되는 속담을 들고 있다. "수치심은 눈 안에 있다."

아리스토텔레스의 수치심 이해는 서구의 역사가 진행되는 동안 하나의 틀로 철학에서 계속 반복된다. 하지만 도덕과 윤리의 논의에서 부수적인 주제에 머물렀을 뿐, 전면에 떠오르지는 못했다.[133] 이성을 감성의 우위에 누는 전통 때문이다.

수치가 의미를 가지고 등장한 것은 이성주의가 가진 한계를 느끼고 감정, 특히 공감 감정에 관심이 커지면서부터다. 정의를 이성이 아닌 감성에 토대를 두고 전개하는 유교의 논의는 뜻밖에도 진화론과 신경과학에 토대를 둔 과학적 인간학에 의해 입증되었다.

서구 전통에서 수치에 대한 이해는 기독교 문화식 이해가 대세를 이뤘고, 그리스의 이성주의적 전통은 수치를 사회적 감정으로 이해했으나 감정을 소홀히 취급했기 때문에 그 진정한 가치를 아는 데 한계가 있었다. 유교는 부끄러움이 한 모금의 양이지만 샘처럼 솟아나는 자율적인 감정이며, 그것이 개인의 명예뿐 아니라 명예를 존중하는 사회를 만들 수 있는 기초라고 보았다. 이 지점에서 유교적 전통은 그리스의 전통보다 부끄러움의 가치를 더 크게 봤다고 할 수 있다.

2장
비인과 소인

누가 '비인'인가?

맹자는 수오지심이 없다면 비인非人이라고 했다. 그런데 비인의 의미가 사실 쉽지 않다. 우리말로는 "사람이 아니다"라고 읽는데, 과연 그것이 무슨 뜻인가? 사람이 아니면, 짐승인가? 이것은 '인간이 아닌 어떤 다른 존재'를 뜻하는 말인가?

'사서삼경'을 영어로 번역한 제임스 레그James Legge는 이 구절을 이렇게 옮겼다.

> The feeling of shame and dislike is essential to man(무수오지심 비인야無羞惡之心 非人也).134

《맹자》의 문맥이 아니라면 이 영문 구절은 "수치와 혐오의 감정은 인간에게 본질적이다"로 옮길 수 있다. '본질적'이라는 표현의 뜻을 좀 더 부연하자면, 수오라는 감정은 '없어서는 안 되는 것이며, 인간에게 매우 근본적이고 본래적이며 중요하다'. 그래서 수오지심이 없다면 '사람을 사람으로 부를 수 있는 핵심이 결여되어 있는 것이다'. 무언가 인간이라면 마땅히 갖추고 있어야 할 것을 갖추지 못한 존재가 바로 '비인'이다. 맹자는 또한 인간이 수오지심을 포함해 모두 "네 가지의 실마리를 소유하고 있는 것은 마치 인간의 몸에 사지가 있는 것과 같다"고 했다.

> 사람이 사단四端을 가지고 있음은 사지四肢를 가지고 있는 것과 같
> 다(인지유시사단야 유기유사체야人之有是四端也 猶其有四體也).

이처럼 비인이란 인간이라고 부를 수 있는 자격이 결여되어 있거나 미달인 존재, 인간의 자격을 갖추지 못한 상태를 가리킨다. 그래서 '비인'은 의미심장하게도 이런 의미를 함축한다.

> 사람이 금수와 다른 것이 얼마 안 되니, 보통 사람들은 이것을 버
> 리고, 군자는 이것을 보존한다.[135]

맹자가 인간과 금수를 대비한 것은 진화론에 따라 동물성의 연속과 단절에서 인간을 바라보는 관점과 같다. 그래서 인간의 자격이 결

여된 인간은 금수와 같은 부류에 속한다. 곧 비인은 금수다. 수오지심을 갖지 못한 인간은 인간의 모습을 하고 있지만, 실은 금수라고 보는 것이다. 이러한 인식에서 파생된 말들이 후안무치나 철면피다. 얼굴의 살가죽이 너무 두꺼워서 낯붉힘의 신호조차 보이지 않는 인간 같지 않은 인간이 후안무치의 인간이다. 그리고 얼굴에 철판을 깐 인간 같지 않은 인간이 낯가죽이 쇠로 만들어진 철면피다.

그런데 우리는 '비인'을 현대적으로 이해할 필요가 있다. 우리 또한 후안무치의 인간 같지 않은 인간들과 함께 살고 있기 때문에 이들의 의미를 고전에 가두어 무덤덤하게 이해하지 말도록 하자.

맹자의 철학과 심리학에서 비인이란 단지 도덕적인 가치평가에 따른 것은 아닌 것 같다. 수오지심은 태생적으로 가지고 태어난다고 보기 때문에, 그리고 그러한 맹자의 언급은 현대의 진화론과 신경생리학에 의해 지지되기 때문이다. 그래서 비인을 다음과 같이 정의하려고 한다.

부끄러움을 모르는 비인이란 태생적으로 이 감정을 느낄 수 없는 불감증의 존재다. 그들은 신경생리적으로 부끄러움이라는 감정을 불러내지 못하는 병적 존재들이다. 사이코패스, 소시오패스, 반사회적 성격장애를 가진 자가 그들이다. 비인은 사이코패스(소시오패스, 반사회적 성격장애자)다.

앞서 부끄러움은 수줍음의 생리적 기제를 사용해서 내면과 외면을 가리지 않는 사회적 규범을 저촉할 때 생겨난다고 보았다. '규범 저촉의 단계'에서 두 가지 경우를 생각할 수 있다. 무지無知와 무시無視다.

첫 번째는 규범을 저촉할 때 (내면이든 외면이든) 타인의 시선에 무지한 경우다. 이 경우는 학습을 통해서 해소할 수 있다. 순자가 이 노선을 강조했다.

두 번째는 무시다. 부끄러운 사태를 감지하고서 합당한 감정을 내면에서 불러내는 데 무능한 경우가 있다. 이것은 교감은 가능하지만 공감 기제가 신체(뇌)에 갖춰지지 않은 것이다. 이를테면 사이코패스가 이렇다. 그리고 더욱 우려스러운 것은 사태를 감지하고 공감을 하면서도 이를 억제하는 경우다. 이는 의도적인 은폐다.

의도적인 은폐는 두 가지로 나눌 수 있다. 하나는 부끄러움이 사회적 규범과 관련되는 한에 있어서, 기존 사회 규범과 관습적 체계가 건강함을 상실했을 때 그것을 깨뜨리고자 하는 개혁이나 혁명의 저항적 태도일 수 있다. 이는 급진적 사회 이념을 가진 사람들에게 볼 수 있다. 하지만 이것이 큰 문제가 되지는 않을 것이다. 건강함을 회복하는 것은 사회적 정의를 다수가 심리적으로 공감하고, 사회적으로 합의한 토대 위에서 실천되는 강제력이기 때문이다. 사회적인 합의는 민주주의의 가장 중요한 요건이 되므로, 이는 민주를 지향하는 하나의 수단으로 정당화될 수 있다.

정작 문제가 되는 것은 사회적 규범을 비웃듯 파괴하는 것이다. 이들이 진정한 의미의 사이코패스일 것이다. 교감은 하지만 공감하지 못하는 것도 사이코패스이고, 공감하지 않는 것도 사이코패스다. 우리는 후자의 사이코패스가 매우 많다는 것을 알고 있다. 일상의 흔한 일탈 사례인 교통질서를 지키지 않거나 금연구역 안에서 버젓이 흡연을 하는 것은 실제로 사회적 규범을 무너뜨리는 것이므로, 부끄러움의 계기가 된다. 그러나 그러한 행위를 저촉이라고 인식하지만, 부끄러움을 느끼지 못한다. 이는 그냥 넘어갈 수 있는 보잘 것 없는 단순하고 일상적인 행위지만 매우 큰 폐해를 가져오는 조짐이다. 썩은 사과 하나는 궤짝 전체의 사과를 썩게 만든다. 많을 필요도 없이 하나면 족하다. 빨리 들어내지 않으면 멀쩡한 사과까지 썩는다. 만고의 명언을 상기하자. 연못 전체를 흙탕물로 만드는 데에는 수십 수백 마리의 미꾸라지도 필요 없다. 단 한 마리면 족하다.

　과연 이 사이코패스들을 어떻게 해야 할까? 그리고 왜 이러한 공감 불능자들이 많은 것일까? 인간 종의 확장에서 항시 발생하는 생물학적인 오류에 불과한 것일까? 그렇지 않다면 우리의 사회 환경이 이들을 생산하는 온상이 되는 것일까?

부끄러움을 모르는 미꾸라지들

순자의 철학과 심리학에서 보면 무지한 자들은 '학습'을 통해서 변화시킬 수 있다. 교통법규나 무절제한 흡연은 사회적 규범과 법적 장치에 따라 지탄을 받거나 벌을 받는다. 유교 문화에 입각하면, 부끄러움을 알게끔 해주는 사회적 규범이 확립되어야 한다. 공직자처럼 말하고 있지만, 그 길밖에 다른 길은 없다.

이는 사회적 규범에 대한 문제이기 때문에 우리의 사회 환경이 이들을 생산하는 온상이 되지 않도록 만드는 것과 함께 '학습'이 중요하다. 인간 존재는 환경에 의해서 주조되기 때문에, 건강한 환경을 만드는 것이 관건이다. 그리고 교통이나 흡연의 자잘한 문제를 넘어서는 큰 문제는 사회 개혁이나 혁명의 상황을 필요로 한다. 개혁과 혁명의 문제에는 사회 전체나 문명 전체의 비전에 대한 것도 있다. 가령 '서구의 몰락'이나 '민주주의의 종언'과 같은 문제의식이 이에 해당한다.

그러나 맹자가 말한 경우는 조금 다르다. 비인들의 존재는 이런 학습의 차원으로는 다루기 어렵기 때문이다. 혁명으로도 안 될 것 같은 존재가 비인이다. 부끄러움이 촉발되지 않는 심각한 상황을 표로 나타내보자. 제목은 "부끄러움을 모르는 미꾸라지 종류"다.

부끄러움 자각상태	'미꾸라지'의 종류	개선 가능성 여부
무지	'일시적 미꾸라지'	교정 가능
무시	① 의심스러운 개혁, 혁명	교정 가능성 대상 아님
	② 반사회적 성격장애 ③ 사이코패스(소시오패스)	교정 가능·치료 필요성 또는 교정 불가능·치료 불가능

표5. 부끄러움을 모르는 미꾸라지 종류

부끄러움에 무지하면 '일시적인 미꾸라지' 처지가 되지만, 학습을 통해서 교정(교화)이 가능하다. 그런데 무시하는 미꾸라지는 교정이나 치료를 통한 개선 가능성의 여부에서 몇 가지로 갈린다. 부끄러움을 의도적으로 무시하는 미꾸라지는 세 종류다.

첫째, **의심스러운 개혁·혁명론자**들이다. 개혁(혁명)의 상황은 새로운 규범과 질서를 위한 잠정적인 규범 무시가 일어나는 것이지만, 광범위한 공동체의 지지를 얻지 못할 때에는 부끄러움을 무시하는 것이 되기 때문에 포함했다. 이 경우는 급진적이고 전위적이라서 다수의 세력을 얻지 못할 수도 있지만, 역시나 의심스럽다.

둘째, **반사회적 성격장애**antisocial personality disorder는 정신의 병(질환)이다. 앞서 논의했던 나르시시즘(자기애성 성격장애)이 여기에 포함된다. 비록 진단 개념에서 구분된다고 해도, 우리는 이 둘을 함께 취급한다. 전통적인 심리치료 방법으로는 오랜 시일이 걸리며, 약물 치료와 병행해야 한다. 다음은《DSM》(5판)에서 제시한 진단 기준이다.[136]

A. 15세 이후에 시작되고, 다른 사람의 권리를 무시하고 침해하는 행동 양상을 보이며, 다음 중 세 가지 이상의 항목에 해당되어야 한다.
① 반복적인 범법행위로 체포되는 등 법률적, 사회적 규범을 따르지 않는다.
② 거짓말을 반복하거나 가명을 사용하거나 자신의 이익이나 쾌락을 위해 다른 사람을 속이는 사기성이 있다.
③ 충동적이거나, 계획을 미리 세우지 않고 행동한다.

④ 쉽게 흥분하고 공격적이어서 신체적인 싸움이나 타인을 공격하는 일이 반복된다.

⑤ 자신이나 타인의 안전을 무모하게 무시한다.

⑥ 시종일관 무책임하다. 예컨대 일정한 직업을 꾸준히 유지하지 못하거나 당연히 해야 할 재정적 책임을 다하지 못한다.

⑦ 다른 사람에게 해를 입히거나 학대하거나 또는 다른 사람의 물건을 훔치는 것에 대해 아무렇지도 않게 느끼거나 합리화하는 등 양심의 가책을 느끼지 않는다.

B. 진단 당시 최소한 만 18세 이상이어야 한다.

C. 만 15세 이전에 미국정신의학회의 진단 기준에 따른 품행장애가 시작된 증거가 있다.

D. 반사회적 행동이 조현병이나 양극성장애의 경과 중에만 발생한 것은 아니어야 한다.

셋째, **사이코패스**psychopath, **소시오패스**sociopath는 반사회적 성격장애(병적 나르시시즘 포함)를 표현하는 보다 일반적인 용어이나, 따로 표현하는 까닭은 반사회적 성격장애에서 좀 더 중증인 경우를 구분하기 위해서다. 사이코패스와 소시오패스는 같은 의미지만, 전자가 주로 선천성을 위주로 본 것이고, 후자는 후천적인 환경에 따른 영향을 위주로 한 것에서 차이가 있다. 그러나 경험적으로 동일하기 때문에 둘을 함께 본다. 중증의 경우는 유전적 생물학적인 문제이므로, 현재까지는 치료 지식이 없다. 맹자의 성선설이 무색하다. 비인이기 때문

266

에, 법과 제도의 강제력과 다수의 사회적 감시가 필요하다.

우리 사회를 수치스럽게 만드는 미꾸라지는 모두 네 종류로 나타난다. 일시적 미꾸라지, 의심스러운 혁명론자 미꾸라지, 반사회적 성격장애(병적 나르시시즘) 미꾸라지, 사이코패스(소시오패스) 미꾸라지. 이들은 썩은 사과이고 미꾸라지다. 특히 부끄러움을 무시하는 반사회적 성격장애와 사이코패스 유형의 미꾸라지들이 큰 문제다. 이들은 특히 비인이다.

의심스러운 혁명론자는 반드시 비인이지는 않으므로 미래 가능성이 열려 있다고 볼 수 있다. 반사회적 성격장애와 사이코패스는 거의 비슷한 특징을 갖기 때문에, 이를 사이코패스로 일원화하겠다. 그래서 사이코패스 미꾸라지에 대해서 살펴보는 것이 더 나은 사회를 모색하는 우리의 목적에 맞을 것이다. 사회를 해치는 공공의 적을 먼저 잘 알고 있어야, 대처할 수 있기 때문이다.

공감할 줄 모르는 비인

유교는 인간 사회에 대해 큰 관심을 가지고 있고, 이는 동양의 다른 철학들과 변별되는 특징이 되었다. 도가는 자연과 그 너머 선계에 대한 관심이 컸고, 불교도 적멸의 무상과 정토의 세계를 더 크게 취급했기 때문이다. 앞서 언급한 비인에 이어 간혹 유교 경전에 등장하는 소인의 정체도 인간 사회에 대한 큰 관심 속에서 나온 말이기 때문에,

그것의 의미를 살펴볼 필요가 있다.

　보통 소인을 군자라는 이상적 인간에 대비해서 설정된 이기적이고 현세적인 물욕에 사로잡힌 인간 군상들로 알기 쉽다. 특히 우주의 이법과 도덕성을 하나로 파악한 성리학에 이르면 소인은 거의 악의 화신이 되다시피 했으니, 더욱 극단적으로 파악했을 것이다. 또한 이 것을 정치 영역에 대입하면, 이른바 '군자당'과 '소인당'의 대립과 같이 소인은 실체적 진실과는 별개로 정적에 대한 격렬한 적대감을 드러낼 때 곧잘 동원되는 말이 되었다.

　이제 맹자가 말한 비인과 더불어 소인이 오늘날 우리 안에서 어떤 의미로 쓰이고 있는지를 알아볼 필요가 있다. 바로 앞에서 비인을 현대의 언어로 사이코패스라고 규정했다. 다만 소인은 비인과 달리 '사이코패스적인 존재'라고 간주하겠다. 소인이 자각을 하면 군자가 될 수 있기 때문이다. 하지만 비인은 자각으로 어찌되는 것이 아닌 듯하다.

　신경과학적 관점에서 사이코패스는 뇌의 지능 담당 부위가 정상일지라도, 복내측 전전두피질에 선천적으로 문제를 가진 사람이다. 또한 수술이나 상해를 입어 그 부위가 손상된 사람도 후천적으로 사이코패스가 된다. 우리는 부끄러움과 같은 공감 감정을 촉발하는 뇌 부위가 복내측 전전두피질이라는 것을 알고 있다. 그래서 사이코패스는 기형 장애가 해당 신체 부위의 기능에 불능이듯이, 공감 감정을 일으키는 데 불능이다. 이 말은 무엇을 의미하는가?

　부끄러움과 같은 공감 감정은 사회적 감정이다. 사이코패스는 사회적 감정이 불능이다. 그래서 그들은 반사회적일 수밖에 없다. 미각 이상이 맛을 못 보고 색각 이상이 색을 구분하지 못하듯이, 그들은 사회적 가치에 대해서 무지하고 무시한다. 반사회적인 특징을 보이는 사이코패스는 수오지심이 결여되었기 때문에, 부끄러움은 물론이고 의로움이나 정의감이 전혀 없다. 그래서 맹자는 이들을 비인이라고 부른 것이다. 인간의 정체성을 이루는 중요한 감정이 결여되어 있어서, 인간의 형상을 갖추고 있더라도 인간이 아닌 자격 미달의 인간으로 본 것이다.

사이코패스 연구자들은 미국 기준으로 남성이 여성들보다 진단 가능성이 세 배 이상 많고, 인구 4퍼센트에 못 미치지만(미국의 사이코패스는 약 200만 명 추산), 중범죄의 50퍼센트 이상을 차지한다고 보고한다. 사이코패스의 세계적인 연구가인 헤이어Robert D. Hare는 사이코패스 체크리스트를 제시했는데, 다음과 같이 열두 가지로 요약된다.[137]

1. 언변이 좋지만 피상적이다.

2. 자기도취적이다.

3. 공감이 없다.

4. 후회나 죄책감이 없다.

5. 거짓말을 잘하고 조작에 능숙하다.

6. 감정이 빈곤하다.

7. 충동적이다.

8. 행동 통제력이 빈약하다.

9. 흥분자극을 필요로 하고, 금세 지루함을 느끼고 질려 한다.

10. 책임감이 없다.

11. 이른 시기에 이미 품행 문제를 일으킨다.

12. 성년이 되어서는 반사회적 품행을 보인다.

공감능력에 기준을 두고 열두 가지를 좀 더 단순하게 추려내보자. 공감이 없으니 후회나 죄책감이 없을 것이고, 고차 감정이 결여되어 있으니 빈곤한 감정을 보일 것이며, 자기도취적일 것이다(1번, 3번, 4번, 5번, 6번). 공감을 못하니 충동에 의지하고 그 때문에 행동 통제력이 빈약하며, 흥분이 수시로 필요하다. 당연히 책임감이 없다. 그러니 싹부터 노랗고 역시 커서도 마찬가지다(7번~12번).

여기서 언변이 좋지만 피상적이라는 것은 교감 능력이 살아 있기 때문에 가능한 것이고, 피상적이라는 것은 타인과 사물에 대한 깊은 감정을 느끼기가 곤란해서 그런 것이다(1번).

결국 사이코패스는 교감만 있고 공감이 없는 존재이며, 이는 신체의 일부가 없는 것처럼 마음의 한 조각이 떨어져 나간 존재다. 우리는 전에 교감에 따른 얇은 흑백의 차가운 속성을 가지고, 공감은 컬러풀한 색상처럼 다정하고 충만한 것이라고 살펴보았다.

교감이 살아 있어서 이들은 의학적 소견이나 법적 소견에 따라 사회적 규범을 잘 이해하고 있는 건강한 사람이라고 판정받는 경우가 많다. 그리고 거짓말 탐지기에도 걸리지 않을 정도로 이성적이다. 요컨대 이들은 차가우면서도 냉정해서, 어찌 보면 도도하며 이지적 성격을 가진 것처럼 보인다. 그러나 그러한 특성은 겉보기에 불과하며, 흔히 이들의 이런 '시크'한 모습을 사모해서 인간관계를 맺다가 호되게 당하는 사람들을 주변에서도 흔하게 본다. 이러한 인상에 대한 호감은 오랜 시간 동안 감정에 대한 이성의 우위를 주장해온 사회의 주류적 견해에서 생겨난 것이다. 특히 근세에 들어와 과학적 합리주의가 대두하자 이런 인상에 대한 호감은 더욱 강해지게 되었다.

하나의 예로 영화 〈베를린 천사의 시〉를 들어보자.[138] 영화 속에서 천사가 세상을 바라볼 때는 화면이 흑백으로 처리된다. 건조하고 단조로운 색감으로 이성의 관조를 나타낸 것 같다. 그런데 이 천사가 지상을 그리워해서 날개를 버리고 지상에 내려왔을 때 처음 느낀 변화는 컬러풀한 색깔이었다. 화면도 흑백에서 총천연색으로 바뀐다. 이어서 감관에 폭격을 쏟아 붓는 다양한 감각들이 등장하고, 천사는 이를 경탄하면서 즐겼다. 흑백의 세계를 이성의 관조로 보고, 색이 담뿍 배인 세계를 감각과 감정의 욕망으로 본 것이다. 물론 영화는 천사와 지상의 가치를 통념처럼 주장하는 것이 아니라 인간의 실존을 탐구하는 것이기 때문에, 이성의 관조를 더 높은 가치를 가진 것으로 보지 않는다. 오히려 그 반대다.

사이코패스의 세계는 비유적으로 흑백의 세계다. 감정의 풍요롭고 풍만한 깊이와 넓이에서 우러나오는 인간성의 충만함이 사라지고 없는 것이다. 그래서 그들이 인간과 사회문화, 그리고 역사를 보는 시각은 충격적이지만, 의외로 우리가 일상에서 자주 접하는 씁쓸한 시각이기도 하다.

사이코패스가 인간과 세상을 보는 방식

사이코패스가 타인을 대하는 태도와 이들과 함께 사는 문화와 역사의 운명공동체에 대한 태도는 매우 파괴적이다.

이들은 교감을 하지만 그것의 진정한 의미를 모르기 때문에 '피상적'이다. 그러나 피상적이지만 의미를 알기 때문에 그것을 모방하고 암기해 연출하는 행동 패턴을 보인다. 사이코패스는 사람들을 대면하면서, 그들의 기뻐하고 재미있어 하며 아름다움을 느끼는 단순한 감정들을 교감적으로 인지한다. 그러나 그와 더불어 고차적인 감정을 처리할 수 없기 때문에, 그리고 그것이 어떤 것인지 모르기 때문에 흉내 내는 데 그치며, 따라서 그것은 다소 극적인 형식을 갖는다. 그래서 어색하거나 어떤 경우에는 매우 세련된 연출처럼 보이기도 한다. 이들이 대인관계의 규범을 암기해서 대응했기 때문이다. 그리고 무엇보다도 이들이 인간관계를 맺는 이유는 자신의 이익 때문이다. 이익이 없다면 대인관계는 시작하지도 않는다.

이들은 공감 감정이 없기 때문에 타인의 불행은 단순히 그가 얼굴을 찡그리거나 울거나 하는 신체 변화만을 통해 알 뿐, 그곳에 담긴 절실한 감정의 세계는 전혀 이해하지 못한다. 다만 자신의 이익과 관련이 있기 때문에 불행의 신체 표현과 언행을 모방해 공감하는 척한다. 그러나 그것은 거짓이다. 또한 타인의 부끄러운 행위도 그것에 대한 신체적 표현을 인지할 뿐 그것에 분노하거나 혐오하지 않으며, 그렇다고 부끄러워하지도 않는다. 이익이 없다면, 무시한다. 이익이 있다면 공감하는 척한다. 말을 번지르르하게 하고 타인을 기만하고 속인다. 우리는 2,500년 전 중국의 고전에서 이런 사례를 발견한다.

> '교언영색'과 '과공'을 좌구명 같은 분도 부끄러워하셨는데, 나도 이를 부끄러워한다.[139]

교언영색巧言令色은 공자 이전에도 《서경》에서 나오는 말이다. 교언영색은 "말을 잘 하고 얼굴빛을 곱게 꾸미는" 행위나 그렇게 하는 사람을 뜻하고 과공過恭은 과도하게 공손한 행위나, 그렇게 하는 사람을 뜻한다. 좌구명은 당시 공자의 선배쯤 되는 현인으로, 공자가 부끄러움의 공감 감정을 설명할 때 객관성을 강조하기 위해 잠시 그의 말을 인용한 것이다.

제임스 레게는 이 구절을 영어로 이렇게 옮겼다. 비교적 간단한 표현들이기 때문에 이해가 더 잘 될 것이다.

> The Master said, "Fine words, an insinuating appearance, and excessive respect – Zuo Qiu Ming was ashamed of them. I also am ashamed of them."

교언의 교를 'fine'이라는 쉬우면서도 매우 함축적인 언어로 번역했다. 그런데 쉬운 글이 더 어렵다. fine에 담긴 의미를 풀어헤치면, 교언이란 '세련된 말', '품위 있는 말', '훌륭한 말'이다. 그런데 왜 그것이 부정적일까? 교언은 '점잖은 척 하고', '고상한 체하며', '미여사구를 담아 번지르르하게' 하는 말이며, '기분 좋으라고' 하는 말이다. 사기꾼에게 속는 이유는 그 말이 달고 좋아서 깜빡 넘어가기 때문이다. 그래서 교언은 무언가 불순한 의도를 가지고 사물의 실상을 감추며 사람의 눈을 멀게 하는 말이다. 에덴에 살고 있었던 '달변의 혀'를 가진 뱀의 말이 'fine words'였을 것이다. 그 때문에 '죽음'이 인간에게 들어왔다. 교언이란 실제로 우리를 수치스럽게 만드는 말이다.

'영색'은 얼굴빛을 꾸미는 것이다. 그것이 부정적인 까닭은 좋은 인상을 주려고 표정을 꾸미면서 환심을 사려는, 불순한 의도가 감춰져 있기 때문이다. 혹은 상대에게 넌지시 의심을 불러일으키는 표정을 지어 보이면서 실상을 왜곡하도록 현혹하는 것이다. 역시 뱀이 여기에 재주가 있었다.

교언영색을 짓는 의도는 대부분 남의 것을 빼앗거나 망신을 주기 위한 계획에서 생겨난 경우가 많다. 사기꾼이 좋아하는 것은 돈과 힘(재물과 권력)이다. 그래서 현인은 교언영색을 짓는 사람을 싫어할 뿐만 아니라 수치스럽게 여긴다. 공자님 말씀이 그렇다. 그런데 이런 수치에는 더 큰 의미가 있다. 레게의 영어 표현을 함께 보자.

The Master said, "Specious words confound virtue."
교언은 덕을 어지럽힌다(교언난덕巧言亂德). 《논어》〈위령공〉 26장.

앞서 교언과 다른 번역을 선택했다. 'specious words'는 '허울만 그럴 듯한' 말, '겉만 번지르르한' 말이다. 영어 표현은 다르지만 교언영색의 교언과 같다. 교언은 사기꾼의 말이다. 사실처럼 보이기 위해 교묘하게 꾸며대지만 실은 거짓된 말이다.

그런데 '덕을 어지럽힌다'는 것은 무슨 뜻일까? 덕은 수오지심을 근거로 해서 인간이 마음속에 가지고 있는 사랑과 정의(예의바름, 시비판별 포함)의 덕성이다. 이를 어지럽히는 것은 영어의 표현이 절묘하게 포착했다. confound는 《성서》에서 '욕보이다put to shame'는 뜻으로 쓰인다. 공자는 교언영색을 수치스러워했는데, 그것은 인간이 가진 선을 지향하는 본래의 마음을 욕보이는 것이기 때문이다. 선을 지향하는 마음이 없는 세상은 지옥이다. 세상 가운데 지옥을 짓는 이들이 뱀의 혀를 가지고 날름거리고 있다. 교언영색하는 자들이다. 공자는 교언영색하는 자들이 어떤 자들인지 폭로한다.

'교언영색'하는 자들 가운데에서는 어진 사람이 드물다(교언영색 선의인巧言令色 鮮矣仁). 《논어》 〈양화〉 17장.

'드물다'는 것은 거의 없다는 뜻이며, 전혀 없다고 단정하지는 않았다는 데에서 인간의 가능성에 대해 그나마 여지를 남긴 성인의 말씀이다. 어진 사람은 어진 행동을 하는 사람이다. 우리는 사이코패스가 《논어》 속에 어떤 모습으로 등장하고 있는지 알아보았다. 그런데 이보다 더한 자들이 '향원'이다. 공자가 말씀했다.

향원은 덕의 적이다(향원 덕지적야鄉原 德之賊也).《논어》〈양화〉13장.

향원鄉原이란 향원鄉愿으로, 마을(향鄉)에서 몸가짐을 삼가고 청렴하며 공손한 사람을 가리킨다. 레게의 번역이 쉽고 좋다. "Careful people of the villages." 그런데 왜 이런 사람을 덕을 훔치는 도둑놈이라고 했을까?

현실의 사악함과 맞서 싸우는 방식

공자를 뒤이은 맹자는 저술 마지막 부분에서 이 향원을 심각하게 분석하고 있다. 우리들처럼 맹자의 제자들도 물었다. "그렇게 좋은 사람이라는데 왜 도적이라는 것인지요?" 맹자는《논어》에는 없는 공자의 말씀을 옮긴다.

(공자가 말씀했다) 나는 사이비가 싫다. 가라지를 싫어하는 것은 알곡의 싹을 어지럽힐까 우려해서고, 말이 번지르르한 자를 싫어하는 것은 (인간 세상에 필요한) 의로움을 어지럽힐까 우려해서이며, 말재간이 있는 자를 싫어하는 것은 (인간 세상에 필요한) 신뢰를 해칠까 우려해서이며, 정나라의 음란한 풍속을 싫어하는 것은 미풍양속을 해칠까 우려해서고, 이것저것이 섞인 잡스러운 색을 싫어하는 것은 순정한 색을 해칠까 우려해서다. 이처럼 내

4부. 수치, 위쪽 얼굴

가 향원을 싫어하는 것은 그들이 덕을 욕보일까 우려해서다.[140]

공자는 향원이 사이비似而非이기 때문에 싫어하고 혐오한다. 그들은 가라지다. 사이비는 실재가 아니면서 실재인 것처럼 보이는 것이다. 사실을 표방하지만 내실은 가짜인 것인데, 가려내기가 무척 어려운 것이 문제다. 향원은 언행을 삼가고 근실한 사람이라서, 교언영색을 짓는 사람보다 훨씬 더 구별하기가 어렵다. 고난도의 사이비이며, 사기꾼의 왕인 것이다.

맹자가 향원에 대해서 좀 더 구체적으로 분석한다. 도적으로 불리는 그들은 도대체 누구인가?

그들은 비난하려 해도 거론할 흔적을 남기지 않고, 신랄하게 꼬집으려 해도 꼬집을 만한 흔적이 없다. 그들은 세속의 흐름을 잘 읽어서 동화되고 더러운 세상에 영합하지만, 마치 진실하여 신뢰가 있는 듯이 처신하고 아주 청렴하고 결백한 것처럼 행동한다. 그래서 모든 사람들이 그를 보면 열렬히 환호하고 그 자신도 이것이 옳다고 생각한다. 그러나 그들과는 요순의 도를 함께 할 수 없으니, '덕을 훔치는 도둑'이라고 공자님이 말씀하신 것이다.[141]

향원은 요즘 말로 옮기면 '인텔리 계층의 사이코패스들'이다. 사이비 지식인, 정상배政商輩, 사이비 법조인, 사이비 종교인, 악덕 기업가, 사이비 언론인, 사이비 교육자 등 도덕적으로 타락했으나, 음험한 행위의 흔적을 감추는 자들이다. 비난의 흔적을 남기지 않고 타인에게 흠이 잡힐 일은 교묘하게 피해서 지탄받지 않는다. 오히려 사회적 관습을 잘 따르고 법과 규칙을 잘 지킨다. 그러나 법망을 피하고 관습의 시선이 미치지 않는 곳을 잘 알고 있을 뿐이다. 세상의 민심을 잘 파악해서 여론을 효과적으로 이용하고 그 덕에 늘 여론의 한가운데 있다. 그리고 그러한 자신들의 가치관을 항상 옳다고 생각한다. 좋은 게 좋은 것이다.

그런데 왜 이들이 도적이 되는가? 공자와 맹자는 공감 감정이 온전한 사람들이다. 그래서 향원을 꿰뚫는다. 그러나 이러한 통찰은 누구나 다 할 수 있다. 왜 그런가? 태어나면서부터 이런 공감의 능력은 모두 가지고 났기 때문이다.

그러면 왜 향원이라는 인텔리 계층의 사이코패스들은 만인에게 환호를 받는가? 그들은 조작의 달인이기 때문이다. 사이코패스의 언행이 마치 정상인 가운데서도 특히 지적이고 세련되어 보이거나 순수하고 중후해 보이는 까닭은 그렇게 연출하기 때문이며, 단순한 감정 빈곤을 감정의 절제나 관조인 것처럼 착각하게 만들었기 때문이다. 세속의 흐름을 잘 읽고 더러운 곳을 더럽다고 피하지 않고 영합하는 것은 타인을 만나면 타인의 얼굴이나 신체의 표현을 잘 파악해(교감능력), 고차 감정(사회적 감정)을 제외한 여러 단순 감정을 표출할 수 있기 때문이다.

공자나 맹자의 시대에도 이러한 사이코패스가 교언영색과 향원의 이름으로 존재했다. 과연 이 두 성인은 유교의 입장에서 이들을 어떻게 처리했을까? 그리고 우리는 성현들의 처리 방식에 얼마나 동의할 수 있을까?

> 군자는 변함이 없는 도를 회복할 뿐이니, 이 도가 바르게 서면 사람들의 내부에서 선함이 일어나고, 선함이 일어나면 사악함은 저절로 사라질 것이다.[142]

군자의 삶이란 세상에 존재하는 사악함에 맞서서 싸우는 삶이다. 그 싸움의 방식은 반경反經 즉 '표준을 다시 회복'하는 것이다. 회복이란 본래 있어야 할 그 자리로 되돌아오는 것이다. 본래 있어야 할 그 자리는 인간이 가진 본래의 선함을 내부에서 끌어 올리는 일밖에 없다. 이렇게 경정經正, 곧 '군자의 삶이 세상의 표준으로 바르게 확립'되면, 조금 낙천적인 생각이지만 악은 저절로 사라질 것이다. 이것이 의를 위해서는 죽음도 마다하지 않는 유교의 성인이 남긴 말이다. 그런데 고상하고 또 고상하다. 내부에 선함이 없는 자들이 있기 때문이다. 그들은 진정 사악한 자들인데 말이다.

'가라지'가 알곡이 있을 자리를 빼앗는 것은 사람의 마음속에 있는 선을 향한 한 줄기 불꽃을 꺼트리고, 물줄기를 다른 곳으로 돌리는 것과 같다. 흥미롭게도 가라지와 알곡은 기독교의 비유에서도 나온다. 그리스도나 공자는 모두 한 문명의 성인이다. 그리스도가 제시하는 처방은 심판이다.

예수께서 그들 앞에 또 비유를 들어 이르시되 천국은 좋은 씨를 제 밭에 뿌린 사람과 같으니, 사람들이 잘 때에 그 원수가 와서 곡식 가운데 가라지를 덧뿌리고 갔더니, 싹이 나고 결실할 때에 가라지도 보이거늘,

집 주인의 종들이 와서 말하되, "주여, 밭에 좋은 씨를 뿌리지 아니하였나이까? 그런데 가라지가 어디서 생겼나이까?"

주인이 이르되, "원수가 이렇게 하였구나."

종들이 말하되, "그러면 저희가 가서 그것들을 뽑기를 원하시나이까?"

주인이 이르되, "가만 두라. 가라지를 뽑다가 곡식까지 뽑을까 염려하노라. 둘 다 추수 때까지 함께 자라게 두라. 추수 때에 내가 추수꾼들에게 말하기를 가라지는 먼저 거두어 불사르게 단으로 묶고 곡식은 모아 내 곳간에 넣으라 하리라." 〈마태복음〉(13장 24~30절)

가라지는 잡초다. 번식력이 지독하게 강해서 알곡이 살 땅을 모두 차지한다. 누가 가라지를 심었는가? 원수가 그렇게 했다. 그런데 가라지를 지금은 뽑을 수 없다. 가라지를 뽑다가 알곡의 싹까지 해칠까 우려하기 때문이다. 여기서 가라지가 바로 향원이며, 교언영색하는 자이고 사이코패스다. 제자들이 그리스도에게 비유의 뜻을 더 물었다. 가슴 속에 새기기 위해서일 것이다.

이에 예수께서 무리를 떠나사 집에 들어가시니 제자들이 나아와 이르되, "밭의 가라지의 비유를 우리에게 설명하여 주소서." 대답하여 이르시되, "좋은 씨를 뿌리는 이는 인자요. 밭은 세상이요. 좋은 씨는 천국의 아들들이요. 가라지는 악한 자의 아들들이요. 가라지를 뿌린 원수는 마귀요. 추수 때는 세상 끝이요. 추수꾼은 천사들이니, 그런즉 가라지를 거두어 불에 사르는 것 같이 세상 끝에도 그러하리라." 〈마태복음〉(13장 36~40절)

그리스도의 해결책은 한 판으로 끝나는 '최후의 심판'이다. 가라지를 만들어낸 것은 마귀(사탄)의 소행이고, 그래서 그것은 사악한 자가 낳은 자식들이다. 이들은 세상을 분탕질하고 어지럽히며, 알곡의 싹을 없애서 사람들을 굶겨 죽이려는 생명의 원수들이고 죽음의 세력이다. 이들은 가라지를 불에 태워 없애듯 불 칼로 내쳐야 한다. 기독교의 불같은 정열을 느낄 수 있는 말씀이다.

하지만 그것은 도래한다지만 아직 오지 않은 미래에 일어날 일이며, 현재도 계속해서 가라지는 쑥쑥 잘 자라고 있지 않은가? 도대체, 언제 그런 날이 오겠나이까?

우리는 여기서 이 세상은 회복이 필요할 정도로 본래 자리에서 멀리 떠나 있고, 심판이 필요할 정도로 잘못된 것이 판을 치고 있다고 본 것은 유교든 기독교든 한마음임을 알 수 있다. 비록 기독교가 우리 문화에 뿌리를 내린 지 오래되었지만, 우리의 무의식에 더 침잠되어 있는 층은 유교다. 유교에서 내린 결론이란, 내면을 다스려서 세상에 우뚝 서야 한다는 메시지다.

> 너 자신이 벼리가 되어, 모든 이들의 가슴 속에 선함의 불씨를 살
> 리고, 선함의 물줄기가 솟아오르게 하라.

유교 문명에서 이런 일이 일어난 적이 있었는가? 세상의 주인은 악마이고, 악마는 이 세상의 주인이라는 권리를 주장한다. 악마가 낳은 가라지 무리(비인, 소인, 교언영색, 향원 등)를 제거하기 위해 유교 문명은 어떤 작전 계획을 가지고 있는가?

사이코패스는 인간관계도 황폐화시키고, 사회문화의 가치와 역사의 의미를 폄훼한다. 그들은 성인들의 가르침을 결코 이해할 수가 없으며, 그러한 고차적인 차원에 접근할 수도 없다. 기껏해야 단순한 감정으로 감상적인 것에 몰두하고, 기껏해야 성인이 가리키는 달이 아닌, 성인의 삶을 기술한 전기적 스토리 같은 피상적인 내용에나 기웃거리고, 이익을 위해 관련 정보를 암기하며, 타인의 시선을 속이고 연출해 극적인 행위만을 일삼으며 인기를 얻으려고 대중의 마음을 조작할 뿐이다.

가라지 무리에서 '세계적인 미꾸라지'였던 히틀러는 수십만 명이 사는 도시를 폭격하고도 눈 하나 꿈쩍하지 않았다. 그것이 갖는 도덕적 의미가 느껴지지 않았기 때문이다. 그러나 자신이 키우던 카나리아가 죽자, 하루 반나절을 울며 시간을 보냈다고 한다. 참으로 가소로운 일이다. 사이코패스의 빈약한 감정은 감상이고 잔인함이다. 그런

자를 한때 국민 모두가 힘을 모아 최고 통치자로 선출했다. 남의 나라 역사지만 우리도 그런 경험이 있어서, 수치심이 밀려온다.

●

그렇다면 과연 유교의 가르침은 우리 역사에 어떤 기록을 남겨왔는가? 그 기록의 현재적 의미는 어디에 있을까? 마지막 부의 주제다.

수치,
대안의 길

마지막으로 부끄러움의 심화가 어떤 철학과 문화를 만들었는지
역사 속에서 살피고, 현대에도 어떻게 계승되었는지를 알아본다.
그럼으로써 '부끄러움이 실종된 세계'에서, 수치를 무시하는 부끄러운
미꾸라지들을 어떻게 처리해야 할지를 생각해보고,
수치 주기 전략과 현재 논의되고 있는 법과
제도적 접근 등을 짚어본다.

1장
부끄러움의 철학

부끄러움과 시

유교가 가라지를 뽑고 미꾸라지를 잡으며 썩은 사과를 골라내는 방법은 뽑고 잡고 골라내서 버리는 형벌적 퇴치와 처벌이라는 직접적 방식이 아니었다. 그 대신 경經의 회복과 확립이라는 원칙을 제시했다. 경은 불변적인 기준을 의미하는데, 이는 외부가 아닌 내면에서 시작한다. 맹자는 덕의 성취를 인간의 내면에서 샘솟는 사회적 감정(공감 감정)을 단서로 해서 넓혀 나가야 한다고 했다.

부끄러움의 감정과 관련된 내면의 덕은 의로움(정의)인데, 부끄러움은 이뿐 아니라 다른 덕 전체를 성취하는 중요한 실마리가 된다. 이제 부끄러움은 의로움만이 아닌 인격의 성숙 전체와 관계를 맺게 되었다. 공맹 이래 유교는 오래된 시에서 그 단서를 발견한다.

그대가 군자와 벗하는 것을 보건대, 네 얼굴을 온화하며 부드럽게 하여, 어떤 잘못이 있지 않을까 해야 한다네. 그대가 홀로 방에 있을 때에, 방안 귀퉁이에도 부끄럽지 않게 할지니, 드러나지 않다고 해도 나를 보는 이가 없다고 말하지 말라. 신神께서 이르심이 언제인지 헤아릴 수 없거늘 하물며 한 순간인들 소홀히 하랴.[143]

군자는 홀로 있을 때에도 부끄러움이 없어야 한다. 방안 귀퉁이는 가장 구석진 곳을 뜻한다. 이처럼 너 자신 말고는 그 누구도 없는 장소일지라도 부끄러움이 없는 언행을 해야 한다. 심지어 마음속에서 아직 피어나지 않은 생각조차도 부끄러움이 없어야 한다. 이는 외면의 시선이 문제가 아니라, 너를 바라보고 있는 신이 늘 함께 있기 때문이다. 아담이 이렇게 충실했으면, 선악과는 먹지 않았을 것이다.

이러한 생각은 유교의 형이상학이라고 부르는 《중용》의 중심 주제가 되었다. 그것이 신독愼獨이다. 홀로 있을 때를 삼가라는 가르침은 내면의 경經(기준)을 세우기 위한 맹자의 가르침을 그대로 이어받은 것이다.

군자는 보이지 않는 것에도 '경계하고 삼가며', '들리지 않는 것에도 두려워한다'. 숨겨진 것보다 더 잘 드러나는 것이 없으며, 작은 일보다 더 잘 나타나는 것이 없으니, 그러므로 '군자는 홀로를 삼가는 것'(신기독愼其獨)이다.[144]

신이 항상 있으니 어떻게 피할 것인가? 신은 숨겨진 곳에 계시지만 늘 나와 함께 있으니 이보다 더 드러난 것이 있을까? 작은 일조차 모두 드러난다. 내면 속의 아무리 작은 감정도 생각도 모두 드러난다. 그러니 홀로 있을 때를 삼가는 것이다.

신독은 내면의 '기준'을 세우기 위한 것이며, 내 속에서 한 줄기 빛과 샘으로 있는 감정의 실마리들을 보호해 사해에 펼치는 것을 목적으로 한다. 그래서 그것의 외양은 마치 아무 일도 하지 않는 정적이고 수동적인 것처럼 보여도, 실제로는 전쟁과 다름없다. 온화한 군자를 두고 전쟁을 운운하는 것이지만, 그것은 '소리 없는 우레'이며 벼락이 내리치는 격전과 다름없다. 유교에서 제시하는 자기성장과 발달을 가리키는 수양 혹은 수신의 모습은 이렇게 치열하다.

> 《시경》에서 "물고기가 연못에 깊이 잠겨 엎드려 있지만, 또한 환히 다 보이네"라고 했다. 그러므로 군자는 안으로 살펴보아도 잘못이 없어 마음에 부끄러움이 없으니, 세상 사람들이 군자를 따라 잡을 수 없는 것은 오직 그들이 보지 못하는 그 깊은 내면에 있는 것이로다.[145]

부끄러움이 내면에서 피어나도 그것을 은폐하는 것은 스스로 깊은 곳에 숨어 있다고 생각하는 안일함 때문이다. 물고기도 그렇지만 미꾸라지는 더욱 그럴 것이다. 군자가 '기준'을 세우는 것은 마음속의 숨겨진 곳이 역설적으로 더 드러난다는 것을 알기 때문이다. 그곳에 숨겨진(심리학적으로 말하면 무의식) 부끄러움과 같은 마음의 실마리 늘이 곧상 언행으로 실현되며, 혹여 지식을 배위서 공적인 지위에 오르게 되면 일신 정도가 아니라 세상을 망치는 원인이 되기 때문이다. 세상을 망치는 것은 세상을 욕보이는 것이며, 이는 그 사람의 내면에서 부끄러움을 지우지 못했기 때문이다.

부끄러움이 신독으로 옮겨가면서 점점 마음 전체를 잘 기르고 돌보며 다스리는 체계적인 수양론이 생겨난다. 이제 부끄러움은《주역》과 연결되고, 이윽고 마음을 다스리는 핵심 개념인 경敬에 이른다.

경, 내면을 곧게 한다는 것

이천선생이 사람을 가르칠 때 단지 '경이직내'만을 오로지 쓰게 하셨는데, 만일 이 이치를 쓴다면 모든 일에서 감히 경솔히 않고 감히 거짓된 짓을 하지 않아, 사람이 보지 않는 곳에서도 부끄러움이 없게 되니, 익히기를 오래하면 자연스럽게 얻는 것이 있을 것이라 말씀하였다.146

'경이직내'는《주역》의 곤괘坤卦〈문언전文言傳〉에서 공자가 말한 구절에 나온다. 그 뜻은 "경을 하여 내면을 곧게 하는 것"이다.

곤괘 육이의 효사는 군자는 '경을 하여 내면을 곧게 하고,' '의로

움을 실천하여 외면을 방정하게' 하니, 경과 의가 확립되어 덕이 외롭지 않다'는 것을 말한다.[147]

'경이직내'와 '의이방외'는 내면과 외면이 하나로 일관되게 연결되어 있는 유교의 수양론이 잘 드러나는 말이다. 먼저 경을 살펴보고 나서, 이것의 전체적인 의미를 알아보자.

경은 주로 공경이나 경건 혹은 외경의 뜻으로 쓰이지만 그 뜻은 매우 복합적이다. 다만 그 핵심은 하늘에 제사를 지낼 때처럼 외경하는 마음의 근원적인 태도와 연결되어 있다. 그런데 이런 엄숙한 상황이 아니라고 해도, 가령 산불이 지나간 불모의 자리에 다시금 싹이 틔어 오를 때 생명에 대한 외경을 느낄 수 있는 것처럼 실은 삶의 도처에서 이런 외경의 느낌은 자주 확인할 수 있다. 상대방의 말을 그저 듣는 정도가 아니라 그의 인격과 마주하고자 귀를 기울이게 되면 듣는 행위는 '청聽 앞에 경敬을 붙인 것'이 된다. 경청敬聽은 신독에서 극치에 다다른다. 자신을 돌아보아 부끄러움이 없을 때가 바로 경을 하여 내면을 곧게 하는 '경이직내'다.

경의 사상은 새로운 유교라는 신유교(신유학Neo-Confucianism)의 중요한 수양론으로, 공자와 맹자의 '반경(기준의 회복)'과 '경정(기준을 바로 세움)'의 사상이 여기에서 새로운 옷으로 갈아입은 것이다. 이러한 사상은 경이 가라지를 골라내고 분탕질로 탁해진 물을 만든 미꾸라지를 잡기 위한 군자의 자세임을 알려준다.

군자의 수양은 전쟁과 같다. 그런데 여기에 "내면을 경으로 곧게"

하면 그것으로 그치는 것이 아니라, 반드시 "의로움으로 바깥을 바르게 하는 것"으로 이어진다. 내면과 외면을 하나로 통합하고 있다. 이런 이론은 공자와 맹자에게서 느꼈던 다소 아쉬웠던 점을 보완해줘 우리를 위로해준다.

내면을 수양해 세상을 바로 잡을 기준을 확립하는 것은 원론적으로 옳다. 그러나 난삽한 세상 속에서 언제 기준을 만들겠는가? 마음 바깥에는 눈뜨고 보지 못할 패악질이 만연해 있다. 부끄러움을 넘어 수치와 치욕으로 욕보이고 있는 나의 내면과 황폐화된 외면의 사태는 어떻게 해야 할 것인가?

내면은 반드시 외면으로 이어져야 한다. 경의협지敬義夾持, 경敬과 의義는 한데 꽉 붙잡아서 함께 나아가야 한다. 이러한 '경의협지'는 새로운 유학의 중요한 문제의식이었다. 그러나 하나도 못하는데 둘을 어떻게 하겠는가? 내면을 신경 쓰다 보면 외면은 소홀하기 쉽고, 외면에 치중하다 보면 내면은 돌볼 수가 없다. 그래서 실제 역사에서는 둘은커녕 하나도 제대로 못했다. 세상은 가라지 천지가 되어갔다. 가라지는 공자시대에도 맹자시대에도 만연했고, 심판의 날은 오지도 않았으며, 새로운 유교를 만들었으나 아직도 '반경'과 '경정'은 고원한 이념으로만 여겨졌다.

이런 사태를 맞이하여 조선시대의 한 선비는 신독이나 경의직내, 그 어떤 수양이라도 그것은 편한 것이 아니라 목숨을 걸고 싸우는 전쟁임을 노골적으로 표방했다. 그는 남명 조식南冥 曺植이다.

부끄러움을 알려거든 목숨을 걸어라

그가 그린 〈신명사도神明舍圖〉는 수양이 전쟁일 수밖에 없음을 보여주고 있다. 지금은 전쟁 상황이다. 성 안의 집에 태일군太一君이 있는데 이는 '마음의 임금'이다. 이 임금을 중심으로 해서 성 전체를 지키는 것이 경敬이다. 경은 문무의 모든 신하를 거느리고 총력을 다해 외적을 막는다.

수양이 단지 고요히 자신을 성찰하는 정적인 침잠이 아니라, 소리 없는 뇌성벽력이 떨어지고 화살과 쇠뇌가 비 오듯 쏟아지는 전쟁의 실상과 같다는 것을 이렇게 실감나게 비유한 예는 일찍이 없었다.

우리는 여기서 '경이직내'와 같은 내면만으로 향하는 침잠이 위험하다는 것을 역설적으로 짐작하게 된다. 그래서 '의이방외'가 필요하다. 그런데 이것은 칼을 들어 세상을 분탕질하는 미꾸라지와 가라지를 쳐내고, 썩은 사과를 들어내는 일이다. 세상을 방정하게 만드는 일이란 부끄러움을 모르면서 온갖 사회적 규범을 무시하고, 타인을 조종하고 군림하기 위해 재물과 권력을 손에 쥔 자들이 망쳐버린 질서를 복원하고 질서를 유지하는 것이다.

그러나 실제 역사에서는 경의 가치를 토대로 의의 가치를 실현한 경우가 극히 드물었다. 우리나라를 보건대 경의협지의 정신은 오직 뜻 있는 선비들, 그러므로 부끄러움을 느끼고 살았을 그들에게 한탄으로만 존재했을 것 같다. 현실은 외적의 침입과 학정으로 생겨난 각종 민란이 거의 한 해도 쉬지 않고 일어났다. 내면에서 자발적으로 피

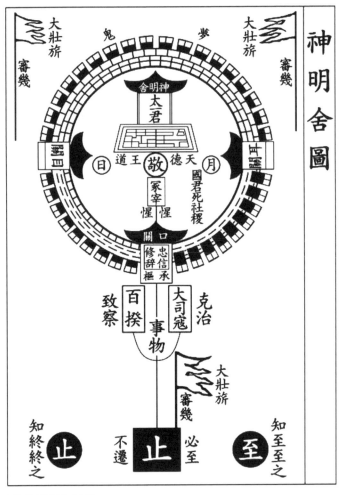

표6. 〈신명사도〉 추산본

어나는 부끄러움과 같은 감정을 바탕으로 유지되는 사회적 규범이 평화를 기약해줄 것이라는 유교의 비전은 시대가 전개될수록 실정에 어두운 생각이 되어갔다.

그러나 의로움으로 세상의 질서를 바로 잡는 것은 어찌 되었든, '경이직내'와 '신독'의 내면이 곧지 않고서는 달성될 수가 없다. 외면의 무능은 내면의 무능이기도 하다. 그리고 군자는 세상 속에서 늘 부끄러움이 피어나는 존재다. 교감이 아닌 공감으로 세상을 사는 것은 냉철하고 차갑게 사는 것이 아니라, 뜨겁고 열정적으로 사는 것이다.

> 나라에 도가 있는데도 가난하거나 천한 것은 부끄러운 일이고, 나라에 도가 없는데도 부유하고 존귀한 것은 부끄러운 일이다.[148]

군자는 태평성대를 살면서 자신의 성취가 적으면 부끄럽고, 무도한 세상에서 성취한 것이 많아도 부끄러운 존재다. 오직 군자에게는 내면을 바탕으로 외면으로 나아가는 방향만이 있을 뿐이다. 그래서 자신을 향한 성찰과 배움이 더 중요했다. 그렇다면 부끄러움을 멈출 수 없는 이들은 어떤 삶을 살았는가?

2장
부끄러움의 미학

어눌하고자 하는 것이 군자다

교언영색과 그것의 극치는 향원이었다. 이들은 부끄러움이 없는 자들이며, 현대어로 사이코패스로 분석할 수 있다. 부끄러움의 공감 감정은 새로운 유교의 수양론에 이론적 전제가 될 정도로 격상되었다. 그러나 실제적으로 내면과 외면의 일치는 어려운 것이었고, 그나마 내면이라도 잘 다스려서 미꾸라지나 가라지는 안 되길 바라는 심리가 생기지 않는 것도 이상하다. 원론적으로 내면과 외면은 '협지'해야 한다. 그것은 통합되어야 하며 군자를 지향하는 유교의 학문 전체가 도달해야 하는 목적이며 결구다.

이런 목적은 흔히 정신적 고통을 낳는다. 교감이 아닌 공감은 뜨겁고 문채난다. 더구나 경敬이란 일단 경건하고 엄숙하다. '아, 군자가 되고 싶지만, 그렇게 배웠지만, 정신이 잠시라도 쉴 수 있는 방법이 없을까?' 부끄러움이 철학화가 되듯이, 나는 이런 요구가 정신이 요구하는 휴식에 답해 이를 미학화했다고 본다.

교언영색의 '교언'은 사이코패스의 특징이다. 교^巧의 반대말이 졸^拙이며, 이는 노자와 장자의 도가들이 자연을 위주로 하는 그들의 철학을 나타낼 때 쓰는 메타포다. "큰 기교는 서툰 듯하다(대교약졸^{大巧若拙})."[149] '서툰 것'은 인위 위에 세워진 문명을 낳은 무한한 잠재력을 가진 '스스로 그러한 도^道'에서 생긴 것이다. 이러한 도는 기교로 가공되지 않은 '통나무(박^樸)'를 가리키는 말이었다. 그래서 통나무는 졸^拙과 같다. 이런 언어들은 문명에 대한 그들의 부정적 시선을 잘 보여준다. 그러나 부끄러움이 미학화되는 단서는 《논어》에 이미 있었다.

　　강직하고 굳세고 질박하고 어눌한 것이 인에 가깝다.[150]

인에서 제일 먼 것이 이 교언이고 인에 가까운 것이 눌언^{訥言}이다. 또 공자는 서툰 말의 '눌'과 더불어 '어리석음(우^愚)'과 '둔하고 미련함(노^魯)'을 함께 말씀하고 있다. 모두 세속의 견지에서는 '덜 떨어지는' 성품이다. 그러나 이는 역설적인 말이다.

부끄러움은 수줍음의 신체 통로를 이용해 낯붉힘을 동반한다. 그것은 본래 말없이 피어나는 감정이다. 군자에게 필요한 것은 부끄러움을 느끼면 그 감정이 일어난 사태를 바로 잡으려고 하는 행동일 뿐이다.

군자는 말은 하는 데 있어서는 어눌하게 하고, 행동하는 데 있어서는 민첩하고자 한다.[151]

말이 어눌한 것이 아니라 '어눌하고자 하는 것'이 군자다. 어눌하고자 함이란 겸손을 불러오며, 타인에 대한 공경과 경건은 물론이고 살아 있는 것을 향한 외경畏敬의 태도에 매우 가깝다. 말을 아끼는 것, 그보다는 행동하는 것, 불의를 보거나 부끄러움을 느낄 때 기민하게 행동하는 것, 또한 그 행동이 무산되지 않게 치밀하고 지혜롭게 생각하는 것, 이것을 한 단어로 집약하면 눌訥이다. 그런데 '눌'보다 '졸'을 즐겨 쓰게 된 이유는 아마도 자연스러움을 더 강조하는 말은 졸이며, 교언과 대응하는 문자적 의미로 졸이 더 적합하다는 이지적인 판단이 있었기 때문일 것이다.

수양을 위해 내면으로 향하는 경지, 졸

졸의 사색은 이후 모든 학파에게서 두루 사랑을 받는 시인 도연명陶淵明으로 옮겨 간다. 선비란 자신을 갈고 닦는 자이지만 동시에 타인과 그 결과를 나누는 사람이다. 이른바 유교의 수기치인修己治人이다. 그래서 그들은 벼슬길에 반드시 올라야 하는데, 그곳은 언제나 욕망이 들끓는 곳이다. 향원이 시류에 영합하고, 지능은 갖췄으나 덕성은 부족하거나 결여된 엘리트 사이코패스들이 활약하는 곳이다. 이런 가라지와 미꾸라지들이 사는 곳에서 내면을 돌보기란 지극히 어려운 일이다. 거기에 외면의 치세를 도모해야 하다니! 그들의 정신적 노고는 상상할 수 없다. 그래서 도연명은 귀거래歸去來만을 꿈꾼다. 그가 돌아가고픈 곳은 어디인가?

> 새장에 갇힌 새가 옛 숲을 그리워하고, 지당에 갇힌 물고기가 옛 연못을 생각하듯, '졸을 지키고자' 전원으로 돌아가련다.[152]

'졸을 지키는 것(수졸守拙)'은 교언이 없는 곳, 영색하지 않아도 되며 향원이 없는 곳으로 가려는 것이다. 우리는 내면을 지키기 위한 그에게 동감을 느끼지만, 그렇다면 세상은 어찌 되는가? 하지만 우리는 어쨌든 살아야 한다는 그의 마음에 공감한다. 이러한 산수와 전원의 고향을 그리워하는 심정은 선비들도 마찬가지였다.

졸은 새로운 유교에서도 깊이 음미되었다. 새로운 유교를 만든 다섯 현인 가운데 주돈이周敦頤는 다음과 같이 졸에 대한 글을 지었다.

> 교자는 말을 잘하고 졸자는 침묵하며, 교자는 수고롭고 졸자는 편안하며, 교자는 남을 해치고 졸자는 덕을 베풀며, 교자는 흉하고 졸자는 길하다. 아, 천하가 졸하면 형정이 거두어지고 윗사람은 편안하고 아랫사람은 순종하며 풍속이 맑아지고 백 가지 폐해가 끊어지리라.[153]

'졸'과 '교'를 대구로 해 쓴 글은 지친 선비의 마음을 달래준다. 그런데 주돈이는 졸이 세상의 지도 원리가 되면 저절로 평화로울 것이라 희구한다. 졸이 세상의 지도 원리가 되는 것은 교가 사라졌기 때문이다. 향원과 교언영색의 사이코패스를 사라지게 한 것이 졸의 지도 원리이며, 이는 졸을 기준으로 세상을 다스리기 때문이다. 그러나 이것은 역시 하나의 바람일 뿐이다. 더구나 유교에서 졸은 인간세상보다는 자연세계로 좀 치우쳐 있는 말이라, 다소 의심스러웠다.

주희는 이를 직감하고 천하가 졸의 지도 원리가 된다면 하는 구절에 시큰둥했다.

"이는 노장의 무리들이 하는 말과 같구나!"[154]

노장의 무리는 단순한 지칭이 아니라, 외면을 돌보지 않고 내면만 추구하는 편벽된 자들이라는 비난의 언사다. 조선에서 노장이라는 지탄을 받으면, 그는 출세하지 못하고 가문은 멸한다. 그러나 주돈이는 신유학의 현인이다. 주희 역시 졸에 대해서 결국은 그렇게 폄하하지는 않았다.

군자의 학문은 하나의 이치를 잘 살펴서 지키는 것이니, 잘 살펴서 지키는 것은 그 하나에 통하고자 함이요, 지킴은 편안하고 견고히 하고자 함이다. 그것은 하나이자 견고한 것이므로 졸에 가깝다고 하겠다.[155]

졸은 교에 반하기에 도에 가까운 것이다. 새로운 유교에서 졸은 수양을 위한 하나의 경지가 되었다. 졸의 경지에 도달해도 비록 세상의 기준을 세우는 일에 비교할 수는 없겠지만, 그 또한 엄청난 것이다. 이로써 점차 내면으로 향하는 것이 허용되어갔다.

부끄러움 없이 살기 위해 노력한다는 것

조선의 선비들은 출사를 해 치국과 평천하를 하는 교화보다 내면으로 향하는 길을 택했다. 부끄러움이 없이 사는 일이 최소한 자신의 몸을 더럽히지 않는 것이었다. 이 가운데 가장 대표적인 선비로 퇴계 이황退溪 李滉을 꼽을 수 있다. 그의 호는 '물러남'의 의미를 짙게 띄고 있다. 그리고 졸도 역시 그의 심경에 가깝게 있었다.

비로소 내가 시냇가에 거처할 곳을 골라 집 두어 간을 얽어매고 서책을 저장하고 졸박拙朴을 기르는 장소로 삼았다.[156]

퇴계뿐 아니라 율곡 이이栗谷 李珥도 졸을 읊조렸다.

커다란 통나무가 흩어지니 문명이 생겨나니
'졸'이란 곧 사물의 시초였네.
그대로 하여금 이미 도를 듣게 하니

스스로 수양함은 항상 넉넉하였네.

올곧은 성품에는 진솔함이 담겨 있고,

옛 모습은 더더욱 청아하고 맑았도다.[157]

　조선의 유교를 대표하는 큰 선비가 이 정도라면 이후의 선비들은 말할 필요도 없을 것이다. 졸은 하나의 담론이 되었다. 선비들이 자신의 정체성을 드러낸 호에서도 졸은 수없이 등장한다. 문헌상으로 보면, 고려시대 최해가 졸옹拙翁이라 호를 지은 것을 시작으로, 조선에 들어오면 홍성민도 졸옹을 썼다. 이어 조성기趙聖期의 호는 졸수재拙修齋이고, 용졸재用拙齋라는 호도 있다.

　재미있는 사례도 있다. 조선 중기 문신인 민성휘는 호가 용졸用拙로, 집의 당호는 용졸당用拙堂이었다. 당호를 짓고는 청음 김상헌에게 다음과 같은 기문記文을 받았다.

　'졸'이란 덕德이다. 양졸養拙은 인仁의 일이고, 용졸用拙은 지智의 일이다.[158]

　무슨 뜻인가? 민성휘의 아버지는 호가 양졸養拙이고, 형의 호는 수졸守拙이며, 아우의 호는 지졸砥拙이라는 사실을 빗대어 쓴 것이다. 아버지는 졸의 덕을 길렀고, 아들은 쓰고, 형은 지키고 동생은 따른 것이다. 한 집안이 모두 졸을 따른 보기 드문 예다.

　비슷한 호들이 시대를 달리해 계속 등장했다. 졸재拙齋라는 호는 김빈(조선 태종 시기)과 신식이 함께 했고, 이충작과 유영순의 호는 졸암拙庵이었다. 이 밖에도 백졸百拙, 묵졸默拙, 의졸宜拙, 졸탄拙灘, 양졸養拙 등을 꼽을 수 있다.[159] 비록 그들이 자신의 호가 지닌 뜻과 일치하는 삶을 살았는지는 알 수 없지만, 최소한 부끄러움이 일신에 미치지 않기 위해 애를 쓰고 염원한 것은 알 수 있다. 그러나 가라지와 미꾸라지들은 부끄러움을 모르고 여전히 활개를 치고 있었다.

3장
부끄러워할 줄 알았던 사람들

부끄러움과 의로움, 그리고 비극

선비의 부끄러움은 수치로 이어지고, 이내 자신의 나라(조선)가 망하자 그 치욕은 울분을 저만큼 넘어서 사생취의의 비장한 행동으로 이어졌다.

> 일찍이 나라를 위한 작은 공도 없었으니
> 그저 인을 이룰 뿐 충정은 아니라네.
> 이제 겨우 윤곡을 따르는 데 그칠 뿐
> 부끄럽구나, 진동에 이르지 못하나니.[160]

이른바 '국치'다. 매천 황현梅泉 黃玹의 〈절명시絶命詩〉(네 번째 수)다.

비록 출사의 길에 나서 치국을 한 것도, 1910년 국권이 피탈되는 국치를 통분하며 무장 투쟁과 같은 적극적 항쟁을 한 것도 아니지만, 선비로서 성현의 가르침을 배운 대로 실천했다. 원문의 '괴愧'는 맹자의 "하늘을 우러러 부끄러움이 없다"고 할 때 쓴 글자다. 이는 작게라도 사라져 버릴지도 모르는 '기준'을 세우려고 했던 선비가 있다는 지극히 역사적인 행위였다. 사생취의의 전형이다. 그런데 이를 우리 시대의 언어로 옮기면, 밈meme의 확산이다.

밈은 사전의 풀이에 따르면, "유전적이지 않은, 특히 모방을 통해서 전해지는 것으로 여겨지는 문화의 요소An element of a culture that may be considered to be passed on by non-genetic means, esp. imitation"다.161 인간은 생물학적 수준에서 자연선택과 유전자를 통해 삶을 전개한다. 그런데 우리는 생물학적 수준 그 이상이다. 문화는 생물처럼 유전할 만하다고 생각하는 것을 기록과 기억을 통해 전달한다. 일종의 문화유전자인 것이다.

죽음을 달게 선택해 낙천지명의 삶을 바랐던 선비의 행위는 밈이 되어 지금도 전해지고 있다. 가라지와 미꾸라지에 해당하는 제국주의적 야욕과 침략의 불의에 역사의 힘으로 저항하는 수단이 부끄러움이었다. 부끄러움은 비단 개인이 아니라, 사회적 지향을 갖는 인간의 본래적인 감정임을 여기서 다시 확인한다. 그의 죽음은 개인의 죽음이면서, 사회적 기준, 곧 의리를 지키고 이를 역사에 기록해 설욕의 의도를 널리 전파하는 밈의 행위였다.

이러한 밈은 의도치 않을지라도 계속 반복된다. 부끄러움이 하나

의 밈, 개인의 삶을 파괴하는 내면화된 수치의 심리장애가 아니라 개
인의 성상과 발전은 물론 사회적 경종의 신호로 작동했던 순간을 현
대사에서 두 장면으로 골라본다. 한 인물은 시인이며 또 다른 인물은
정치가다.

윤동주, 부끄러움을 안다는 것

윤동주는 어린 시절부터 가학으로《맹자》를 배웠다. 외삼촌이 스승
의 역할을 했는데, 유교 경전에 해박한 목사였다. 당시 기독교를 공부
한 지식인들은 한학의 달인들이 많았다. 외삼촌도 그런 지식인 가운
데 한 명이었다. 선비들이 흔히 하곤 했던 말, 곧《맹자》를 만독萬讀했
던 사람이라고 전한다.

뒷날 시인이 될 아이가 비록 한문의 표현이 어렵다고는 해도 맹자
의 화려한 수사와 고절한 언변, 호연지기로 충만한 기개에서 우러나
오는 대장부의 기상과 붓을 들어 천하의 불의에 경종을 올리는 선비
의 준엄한 태도에 아무런 감동도 받지 않았을 리 없다.《맹자》를 읽은
이들이 하나같이 받는 감동은 여기에 있다. 그러니 '만 번 읽었다'는
광적으로 보이는 향학열 또한 하나도 이상한 일이 아니다. 그런 스승
에게서 받아 뇌리에 새겨진 가르침은 우리가 계속 탐구해온 '부끄러
움이 없는 삶을 살아야 한다'는 지상명령이다.

윤동주의 시에는 '부끄러움'이 없는 삶에 대한 시적 탐색이 쉽고

5부. 수치, 대안의 길

간편한 우리말로 표현되어 있다. '조선어'를 쓰면 출세는 물론이고 삶도 제대로 보존하기 힘들었던 악랄한 식민지 치하를 생각하면 놀라운 일이었다.

윤동주의 부끄러움은 수줍음과 쑥스러움으로 시작된다. 시인의 깊은 속을 어찌 알 수 있겠는가만, 시를 읽은 우리의 공감은 그쪽으로 기운다.[162]

코스모스는
귀또리 울음에도 수집어지고
코스모스 앞에 선 나는
어렸을 적처럼 부끄러워지나니 〈코스모스〉 3연(1938년 9월)

숙맥을 못 가릴 정도로 부끄러움을 잘 타는 심성이 바탕을 이루고 있다. 이제 남은 것은 '부끄럽지 않은 삶을 사는 것'이다. 그런데 바로 그 지점이 어렵다. 나의 실존은 늘 우연한 세상의 실상과 부딪치면서 고뇌가 시작된다.

세상은 이랬다. 시인의 모어가 1941년 3월 교육과정에서 완전히 사라진다. 한 해 전 지금은 옛 영광을 망각한 양대 신문이 폐간되고, 시인의 등단이 되어줄 문학잡지도 따라서 출간이 금지된다. 그의 대학 4학년 가을이었다.

돌담을 더듬어 눈물짓다

처다보면 하늘은 부끄럽게 푸릅니다. 〈길〉 5연 (1941년 9월)

길이 막힌 이런 세상에서 살아야 하는 것은 부끄러운 일이다. 이 나라와 이 역사가 그리고 나의 실존도 함께 길이 없다. 시인은 눈물짓고, '하늘을 우러러 한 점 부끄러움이 없어야 할' 삶이 그렇게 되지 못해 죄스럽다.

같은 해 시인의 실존을 담아야 할 존재의 집인 모어가 사라지고, 성명 석 자도 쓰지 못하는 무도한 세상이 되었다. 시인은 자기 이름을 언덕 위에 써보고 흙으로 덮는 고통을 겪는다.

이 치욕스러운 삶은 벌레만도 못한 것일까? 벌레의 울음처럼 시인도 따라 밤새운다.

나는 무엇인지 그리워
이 많은 별빛이 나린 언덕 위에
내 이름자를 써보고,
흙으로 덮어버리었습니다.

딴은 밤을 새워 우는 벌레는
부끄러운 이름을 슬퍼하는 까닭입니다. 〈별 헤는 밤〉 8연, 9연
(1941년 11월)

시인의 삶은 자신의 실존보다 주어진 역사의 본질에 이끌리고 있

었다. 시인의 삶은 치욕으로 변해가고 있다. 창씨개명을 하기 닷새 전, 시인은 펜을 들었다.

> 파란 녹이 낀 구리거울 속에
> 내 얼굴이 남아 있는 것은
> 어느 왕조의 유물이기에
> 이다지도 욕될까
> …
>
> 내일이나 모레나 그 어느 즐거운 날에
> 나는 또 한줄의 참회록을 써야 한다.
> ― 그때 그 젊은 나이에
> 왜 그런 부끄런 고백을 했든가 〈참회록〉 1연과 3연(1942년 1월)

시인의 사명은 무엇인가? 부끄럽지 않은 삶을 살아야 하는 것이지만, 이미 부끄러움이 넘쳐서 수치와 치욕으로 펜을 들 수도 없다.

> 창밖에 밤비가 속살거려
> 육첩방六疊房은 남의 나라
>
> 시인이란 슬픈 천명天命인 줄 알면서도
> 한 줄 시를 적어 볼까
> …

인생은 살기 어렵다는데

시가 이렇게 씌여지는 것은

부끄러운 일이다. 〈쉽게 씌여진 시〉 1연, 2연, 7연 (1942년 6월)

그러나 시인은 사명을 자각한다. 그는 부끄럽지 않게 사는 것이 삶의 이유이며, 인간의 이유이며, 시의 이유라는 것을 다짐한다. 널리 알려진 맹자의 삼락三樂에서 영감이 왔다.

죽는 날까지 하늘을 우러러

한 점 부끄러움이 없기를,

잎새에 이는 바람에도

나는 괴로워했다.

…

그리고 나한테 주어진 길을

걸어가야겠다. 〈서시〉(1941년)[163]

시인의 부끄러움 그리고 지주

부끄러움을 주제로 한 우리의 탐색 과정에서, 부끄러움을 시작詩作한 윤동주의 시를 감상하며 그 의미를 생각했다. 그의 부끄러움에 대한 내면의 성찰은 수오지심을 가진 인간의 섬세한 공감 감정 때문에 가능한 것이다. 우리는 그가 식민지의 굴욕 속에서, 세상을 교감이 아닌 공감으로 살았다는 것을 본다. 부끄러움에 낯을 못 들고 치욕과 수치에 울었다.

나라를 잃고 이름을 잃고 언어를 잃어도 시인 노릇을 못할 것도 없다. 그때도 시인은 많았다. 또한 교감 능력만을 사용해서 사태를 짐짓 외면하고, 수사의 기교로 돌파할 수도 있다. 그러나 세상에 공감하면, 그의 내면에 샘물이 솟듯 부끄러움이 가득 차고, 세상의 몰염치와 파렴치에 부끄러워하며, 부끄럽지 않은 삶을 위해 의로움이 생겨난다. 부끄러운 삶을 살지 않는다는 것은 의로움을 선택하는 인간됨의 길을 걷고자 하는 것이다.

시인은 일제의 치안유지법을 위반했다고 해서 징역 2년을 선고받고 후쿠오카 형무소에 수감됐다. 그리고 일제는 생체실험 대상으로 취급해 시인을 욕보였다. 1945년 3월 만 27년 2개월 동안 부끄럽지 않게 살고자 했던 시인의 삶은 끝이 난다. 실증을 내세우는 자들은 독립운동이냐 아니냐, 병사냐 타살이냐 등을 논의하며 결국은 확증할 수가 없다고 말한다. 그러나 부끄러움의 의미를 잘 아는 우리는 그의 삶이 결국 '사생취의'의 순교와 같다고 생각한다.

끊임없이 등장하는 부끄러움의 시어들은 시인으로서, 삶의 의미와 실존의 의미, 존재의 의미와 세상의 의미를 묻는 데서 등장했다. 시인이 그 시대에 우연히 실존하지 않고 지금 시대에 태어났어도 부끄러움은 도처에 있으므로 또한 시로 부끄러움을 읊조렸을 것이다.

일제에 의한 타살이지만 시인의 비극은 실존적 존재이자 역사적 존재로서 부끄럽지 않은 삶을 살고자 인간의 길을 선택한 결과이기도 하다. 가라지가 무성한 세상에 아까운 알곡 하나가 그만 사라졌다. 시인의 사후 유고집《하늘과 바람과 별과 시》를 내며 동시대 선배 시인이 이런 말을 남겼다.

> 무시무시한 고독에서 죽었구나! 29세가 되도록 시도 발표하여 본 적도 없이! 일제시대에 날뛰던 부일문사附日文士 놈들의 글이 다시 보아 침을 배앝을 것뿐이나, 무명無名의 윤동주가 부끄럽지 않고 슬프고 아름답기 한이 없는 시를 남기지 않았나? 시와 시인은 원래 이러한 것이다. … 일제 헌병은 동冬 섣달에도 꽃과 같은, 얼음 아래 한 마리 잉어와 같은 조선 청년을 죽이고 제 나라를 망치었다.
>
> … 만일 윤동주가 이제 살아 있다고 하면 그의 시가 어떻게 진전하겠느냐는 문제. … 아무렴! 또 다시 다른 길로 분연 매진할 것이다. (1947년 12월)[164]

윤동주는 시로 살아서 우리 문화의 밈이 되었다. 그의 밈은 수없이 복제되어 우리가 부끄러움을 잃을 때나 너무 오래 불의를 보고도 교감으로 일관할 때 경종이 되어준다.

우리는 윤동주의 시를 접하며 시인도 분명히 읽었을 부끄러움에 대한《맹자》의 한두 구절을 떠올린다. 이는 이전에 크게 주목하지 못했던 부분이기도 하다.

사람은 부끄러움이 없어서는 안 된다. 부끄러움이 없는 것을 부끄러워한다면 부끄러워할 일이 없을 것이다.[165]

부끄러움이 사람에 있어서 매우 크다. 임기응변으로 교묘히 속이는 자는 부끄러워하는 마음을 쓸 일이 없다. 부끄러움이 없는 것이 정상인과 다르다면, 정상인과 같은 것이 뭐가 있겠는가?[166]

첫 구절은 한자의 '치恥'를 연이어 쓴 문장으로 처음 한문을 배울 때 새기기 어렵다. 어린 시인도 이 구절에 멈춰서 여러 번 자주 문장을 익혔을 것이다. 부끄러운 삶을 살아서는 안 된다는 삶의 근원적인 자세는 이러한 문장을 익히고 배워서 생겨났다.

다음 구절은 삶에서 늘 등장하는 가라지와 미꾸라지, '부일문사'처럼 시의 근원이 되는 모어를 빼앗기고 자신의 이름을 잃고도 부끄러움이 없는 자들을 맹자가 분석한 것이다. 원문의 기변機變은 임기응변臨機應變과 같은 말로, 그때그때 처한 뜻밖의 일에 재빨리 적응하는 것이다. 여기서는 "시류에 영합한다"는 뜻으로 썼다. 교언영색하는 자들이다.

현재를 사는 우리도 시인 윤동주가 남긴 고뇌의 길을 걷는다. 우리 시대는 그때보다 여건이 훨씬 좋다. 그런데 부끄러움은 줄지 않는다. 그의 믿이 없이는 가라지가 천지를 덮을 것이다. 시인은 부끄러움을 모르고 범람하는 시류時流를 버텨주는 지주砥柱가 되었다.

"부끄러운 줄을 알아야지!"

2019년 9월 16일 이후 거의 6개월 동안 매주 토요일마다, 서울 서초동은 동네가 생겨난 이래 가장 많은 사람들이 운집했을 것이다. 조국 전 법무부 장관에 대한 검찰 수사에 반발하고 검찰 개혁을 요구하는 집회 때문이다. 2016년 국정농단에 항거하는 촛불혁명 이후, 일제 강점기와 군부독재 시기를 거치며 쌓여온 나라의 주요 분야에 대한 적폐 청산의 요구가 거세었고, 그 연장선상에서 이러한 집회가 열린 것이었다.

대한민국은 윤동주와 같은 '죄 없는' 시인을 타살하고 온갖 만행을 저지른 식민지 일본제국주의와 그에 부역한 자들과 세력들이 누적해온 적폐를 여전히 청산하지 못하고 있었다. 더욱이 분단으로 인한 극렬한 반공 이데올로기와 군부독재 및 산업화 개발독재의 결과로 생겨난 병폐들이 쌓여 산을 이룬 채 사회의 모든 분야가 고질적인 폐습에 시달리고 있었다.

적폐청산 가운데 검찰의 무소불위한 권력을 민주적으로 제어하려는 노력이 '고위공직자범죄수사처(공수처)' 설치를 대표로 가시화되었다. 그러나 검찰은 기득권을 유지하려는 조직 이기주의와 민의를 거부하는 독재적 발상에 따라, 검찰 개혁을 추진한 전 법무부 장관과 그 일가에 대한 무차별적인 수사를 무리하게 감행했다.[167] 특히 검찰의 전 장관 가족에 대한 수사는 법적 관행을 넘어서 정치적 영역에까지 개입하는 정당성이 전무한 검찰의 월권이었으며, 이에 시민들은 민주주의의 위협을 체감하고 서초동 거리로 나왔다.

그런데 여기서 나온 여러 구호들 가운데 '부끄러움'이 등장한다. 집회에 나온 시민들은 서초동 서울중앙지방검찰청을 향해 목이 터져라 다음과 같은 구호를 외쳤다.

"부끄러운 줄 알아야지! 부끄러운 줄 알아야지! 부끄러운 줄 알아야지!"

이후에도 거의 6개월 이상을 이어간 집회에서 항상 이 구호가 등장했다. "부끄러운 줄 알아야지!" 이 구호의 내원은 부끄러움을 정치의 중요한 요소로 생각한 정치가 노무현(1946~2009)에게서 시작된다. 대한민국의 제16대 대통령 노무현은 윤동주가 돌아간 이듬해에 태어났다.

:
•   **정치가 아닌 고백과 반성**
•

노무현은 '여보, 나좀 도와줘'라는 제목의 자전적 일대기를 담은 책을 낸다. 그런데 그 부제가 '노무현 고백 에세이'다. 일종의 고백록에 해당한다. 당시 노무현은 1988년 13대 국회의원(부산 동구)으로 시작해, 1989년 '제5공화국비리특별조사위원회' 청문회에서 이른바 청문회 스타가 된다. 그는 현실 정치의 고질적인 문제로 지역감정을 들고,

이 문제를 정치적 화두로 삼아 정치를 시작했으나 난관에 부딪힌다. 14대 국회의원에서 낙선(부산 동구)하고, 계속해서 지방선거(부산시장)에 낙선했으며, 1994년 4월에 치러진 15대 국회의원 선거(서울 종로구)에서도 낙선했다. 그때 나온 책이 바로 '고백 에세이'다. 새로운 시작을 위해 그는 고백을 시작한 것이다.

> 결코 길다고 할 수는 없는 4년이라는 시간에 '청문회 스타'라는 뜻밖의 행운과 '낙선'이라는 커다란 좌절까지 모두 경험했던 나의 정치 생활을 차분히 정리해보면서 그 과정에서 있었던 나의 잘잘못을 가리고 반성해보고 싶었다. 그리고 그 과정들을 하나도 숨김없이 솔직하게 독자들에게 알리고 싶었던 것이다. … 하지만 나의 이야기를 늘어놓는 것 역시 어쩔 수 없이 부끄러운 일이 아닐 수 없다.[168]

정치인이 고백을 하고 반성을 하는 것은 다음의 정치적 행보를 위한 포석이기 쉽다. 그런데 노무현은 진짜 고백을 한다. 고백은 살면서 행했던 부끄러운 일에 대한 참회였다. 정치인에게 이런 행위는 훗날 정쟁이 벌어졌을 때 치명적 약점이 될 수도 있다. 적에게 급소를 보이는 위험한 행위다. 그러나 그는 고백을 했다. 책 전반에는 부끄러움의 감정이 배어 있다. 내면화된 수치심이 아니라, 수치의 다른 얼굴인 자기반성의 모습이 내내 등장한다.

그는 변호사 시절 수임료를 좀 벌어볼 욕심으로 의뢰인에게 돈을 더 챙겼다. 흔한 변호사의 '스킬'일 수도 있는 일이다. 이런 낌새를 챈 의뢰인 '아주머니'는 눈물을 훔치고 돌아서며, "변호사는 그렇게 먹고삽니까?"라는 말을 던진다. 과연 변호사는 '이건 단지 비즈니스일 뿐인데'라고 생각했을까?

> 내가 인권 변호사로 활약하면서 언제부터인지 그 아주머니에 대한 기억이 나를 따라다니기 시작했다. 내가 법정에 서서 주먹을 흔들며 양심을 거론할 때는 어김없이 그 아주머니의 얼굴이 나를 지켜보는 것이었다. 그리고 국회의원이 되고 … 그 아주머니가 던진 말 한 마디가 가슴에 꽂힌 화살처럼 더욱 큰 고통으로 다가왔다. … 지금쯤은 백발의 할머니가 되었을 그 아주머니에게 들려주고 싶다. 그리고 지금까지 걸어온 내 삶의 영욕과 진실을 담보로 하여 따뜻한 용서를 받고 싶다.[169]

정치인이 되지 말 것을 그랬다. 자신의 일생을 되돌아보며 그가 반성한 것은 부끄러운 행실이었다. 부끄러움에 대한 고백은 계속된다. 국회의원 시절 의원직 사퇴서를 내놓고 번복하게 되자, "오로지 부끄러울 따름입니다"라고 했다. 그런데 이런 번복은 정치인에게는 다반사가 아니었던가?

어린 시절 가난이 주는 열등감으로 부잣집 아이를 시샘해 그 애의 가방을 칼로 찢은 '만행', 이른바 공인이 되기 전에 막노동을 하며 부녀자에게 농 짓거리를 한 일…. 이런 일들을 기억해내다니, 이름난 정치인이 되면 어쩌려고 그러는가?

당시에 한국에서 태어난 대부분의 남편들이라면 별 부끄러움도 모르고 버젓이 하는 짓이 아내에게 하는 손찌검이었다. 어른이 아이 체벌하듯 가장의 위엄을 폭력으로 세워 권력을 과시하는 어리석은 행동이다. 그런데 그도 그런 짓을 해버렸다! 신혼 시기에 시집살이에 치이고 경제적으로 어렵고, 육아 노동이 극심한 중에 쌓인 아내의 스트레스와 "공부한답시고" 큰일인지 뭔지를 준비하는 남편의 또 다른 스트레스가 자주 부딪힌 것이다.

> 나는 아내가 조금이라도 불평을 하면 소리를 질러대었고, 그 말에 심하게 반발을 하면 다시 손을 올려붙였던 것이다. 정말 기억하기에도 부끄러운 일이 아닐 수 없다.[170]

그런데 정치를 계속하려는 인물이 왜 이런 '스스로 수치 주기self-shaming'를 한 것일까? 부끄러움을 드러낸다는 것은 정치인에게 치명적인 일이 된다. 특히 지금처럼 수치 주기를 통해서 정치적 생명을 위협하는 일이 정치권의 기술로 쓰일 때, 이는 자살행위나 다름없다. 그러나 노무현은 이런 반성의 계기가 없이는 새로운 일을 할 수 없다고 생각했다. 우리는 부끄러움에 대한 통렬한 반성이 의로움을 쌓는 호연지기와 사생취의의 결기로 연결된다는 것을 알고 있다.

초선 국회의원이 된 그는 1988년 7월 8일 국회 대정부질문에서 국회의원에 출마한 이유를 진술하지만 열정을 다해 말한다. 우리는 여기서 부끄러움을 통한 반성의 내공이 이미 오래전부터 쌓여 왔다는 것을 알 수 있다.

> 존경하는 의원여러분, 국무위원 여러분! 저는 부산 동구에서 처음으로 국회의원이 된 노무현입니다. … 제가 생각하는 이상적인 사회는 더불어 사는 사람 모두가 먹는 것, 입는 것 이런 걱정 좀 안 하고 더럽고 아니꼬운 꼬라지 좀 안 보고 그래서 하루하루가 좀 신명나게 이어지는 그런 세상이라고 생각합니다.[171]

"더럽고 아니꼬운 꼬라지." 우리는 부끄러움의 원초적 형태가 더러움에 대한 혐오라는 것을 배웠다. 더럽고, '비위가 뒤집혀 구역날 듯한' 것이 아니꼬움이다. 이러한 혐오는 공적 혐오이며 부끄러움의 사회적 반성과 실천의 아래에 놓인 공감 감정이다. 그는 이런 마음가짐으로 고백 에세이를 썼다.

이후 1998년 보궐선거를 통해 15대 국회의원에 당선(종로구)되었으나, 지역감정을 해소하려는 정치적 신념으로 결단한 1999년 16대 국회의원 선거에서는 아쉽게 낙선(부산 북강서 을)했다. 낙선했지만 그의 정치적 이념과 행위에 담긴 진정성을 인정한 국민들은 대한민국 최초의 정치인 팬클럽 노사모(노무현을 사랑하는 사람들의 모임)를 결성해서 그의 정치에 공감했다. 계속해서 2000년에는 김대중 정부에서 해양수산부 장관을 역임하고, 이윽고 2002년 대한민국 16대 대통령으로 국민의 선택을 받는다. 대권을 쥔 것이다. 이제 노무현은 공인

중의 공인이 되었다. 그러다 취임 중 다시 부끄러움을 공론화시킨다.
대통령의 말은 공론이기 때문이나.

:.. 누가 부끄러운 사람인가?

재임 당시 명연설로 회자되는 말 가운데 "부끄러운 줄 알아야지!"가
등장한다. 이로써 하나의 밈이 만들어졌다. 대통령은 2006년 12월
21일에 '전시작전통제권' 관련 연설을 했다.[172] 대한민국 국방정책의
부조리와 대한민국 국군의 장군들이 전시상황에 국군을 지휘할 수
있는 작전 권한이 없다는 것을 비판하며, 당초 20분 시간을 훌쩍 넘어
무려 80분 동안 내심을 토로했다.

　당시 대부분의 장성들은 대한민국의 전력이 북한에 밀린다는 이
유로 미국으로부터 전시작전통제권 환수를 반대하고 있었다. 대통령
은 그런 생각이 옳지 못하다고 열정적으로 설득하면서 자기반성을
촉구했다. 나중에 알려지기에 이는 즉흥 연설이었다. 그래서 사투리
가 저절로 튀어나올 정도로 진심을 토로한 보기 드문 언사였다.

　대한민국 군대들 지금까지 뭐했노, 이기지! 나도 군대 갔다 왔
　고, 예비군 훈련까지 다 받았는데, 심심하면 사람한테 세금 내라
　하고, 불러다가 뺑뺑이 돌리고 훈련시키고 했는데, 거 위에 사람
　들은 뭐 했어! 작전통제권 자기들 나라 자기 군대 작전통제도 제

대로 할 수 없는 군대를 맨들어 놔 놓고 "나 국방장관이오!", "나 참모총장이오!" 그렇게 별들 달고 *끄드럭*(거들먹)거리고 말았다는 얘깁니까? 그래서 작통권 회수하면 안 된다고 줄줄이 모여가 가지고 성명 내고. 자기들이 직무유기 아닙니까? … 부끄러운 줄 알아야지!

… 이렇게 수치스러운 일들을 하고 …. 작통권 돌려받으면 우리 한국군들 잘해요. 경제도 잘하고, 문화도 잘하고, 영화도 잘하고, 한국 사람들이 외국 나가 보니깐 못 하는 게 없는데, 전화기도 잘 만들고, 차도 잘 만들고, 배도 잘 만들고 못 하는 게 없는데! 왜, 작전통제권만 왜 못한다는 얘깁니까? … 인계철선[173]이란 말 자체가 염치가 없지 않습니까? 남의 나라 군대를 가지고 왜 우리 안보를 위해서 거 인계철선으로 써야 됩니까? 피를 흘려도 우리가 흘려야지요.[174]

대통령의 연설은 치욕의 역사를 경험한 국민들의 피맺힌 절규를 대변했다. 대통령은 자주국방의 필요성을 역설하며, 일신의 영달을 위해 외세에 의존하고 자기비하를 일삼으며 소극적이었던 '향원'들에게 부끄러움을 공감하게 만드는 열변을 토했다. 반드시 의식한 것은 아니었지만, 결과적으로 이는 '수치 주기 전략'이었다.

해방이 되고 산업화에 성공하고 명분상의 민주화도 진전되었다. 그러나 적폐는 여전했다. 그 적폐를 대하는 대통령 노무현의 방식은 어떠한 계산도 없이 솔직한 표현으로 전달되었다. 이 역시도 정치적 부담이 컸다. "부끄러운 줄 알아야지!" 하는 일갈은 불과 얼마 전까지만 해노 총칼을 쥐고 나라를 흔들었던 군부에 대한 호통이었다. 이는 부끄러움을 통한 자기반성의 호연지기가 축적되지 않는다면 이루어질 수 없는 일이다. 적폐 청산을 위한 노무현의 의지는 국민의 의지를 대변한 것이었고, 이것은 시간이 흘러 2019년 서초동에서 재현되었다. 우리는 공자와 맹자 이래 우리 문화에서 계속 복제되어 온 밈의 작동을 여기서도 볼 수 있다.

당시 노무현과 정치적 이념을 함께한 유시민 전 보건복지부 장관은 '자살로 생을 마감했던' 대통령 노무현의 정신을 기리기 위해 설립된 '사람사는 세상 노무현재단' 출범을 기리며 기고한 글에서 우리와 같은 생각을 표명한다. 이는 당연하다. 그도《맹자》를 읽고, 윤동주를 읽고, 노무현과 호흡을 같이 했고, 무엇보다 부끄러움에 공감할 수 있는 인간이었기 때문이다.

> 우리는 지금 한마디로 말해서, 이利를 위해서라면 의義 따위는 아무래도 상관없다는 불의不義와 물신숭배의 시대적 탁류를 만난 것입니다. 역사는 이런 탁류에 뒤덮인 나라치고 위험에 빠지지 않은 나라가 없음을 되풀이 증명합니다.
> 그래서 이로움보다는 의로움을 따랐던 노무현 대통령의 정신이 더욱 귀하게 다가옵니다.[175]

대통령 노무현은 "민주주의 최후 보루는 깨어 있는 시민의 조직된

힘"이라는 말을 남겼다. 이는 부끄러움이 없는 삶을 살고자 하는 사람들의 의로움이 쌓여야, 그리고 이런 사람들이 힘을 모아야 민주주의를 성취할 수 있다는 말로 들린다.

노무현은 내면을 통해 외면으로 가는 어려운 길을 선택했다. 그의 죽음도 그 이면에는 이 길에 따른 선택이 있었을 것이다. 그런데 이는 맹자의 길이고, 윤동주의 길이었다. 가라지로 무성하게 덮힌 길을 찾아 헤쳐가는 삶이었다.[176]

4장
수치의 무기화

사이코패스는 만들어지는 것인가?

우리 주변에 부끄러움을 모르는 미꾸라지와 가라지는 반사회적 성
격장애자, 악성 나르시시즘, 사이코패스 등과 같이 사회적 공감 감정
이 없는 무리들이었다. 이들은 공감이 아닌 교감으로 세상을 바라본
다. 그런데 이런 무리들뿐만 아니라 여느 사람들 또한 자주 교감으로
세상을 본다.

교감으로 세상을 보는 태도는 무심 혹은 무관심하게 세상을 다만
인지하는 것이다. 이는 자신을 방어하기 위한 일종의 건전한 방어기
제다. 예컨대 환자를 대하는 의사는 환자의 고통에 매번 공감할 수 없
다. 그랬다가는 의사가 병들 것이다. 학술적인 관찰을 할 때 관찰자
는 평정을 유지해야 한다. 사자가 어린 사슴을 쫓아가 잡아채는 광경

을 관찰할 때 공감을 앞세우면 발을 동동 구르며 차마 보지 못할 것이다. 그러면 사자의 사냥 행태에 대한 학술적 기술은 물 건너간다. 무리지은 군중 속에서 가끔 익명의 평온을 즐길 수도 있다. 지나가는 이름 모를 행인에 대해서 우리는 그가 자신의 주변을 지나간다는 사실조차 모를 때도 많다. 하지만 우리는 지하철과 버스 속에서 스쳐 지난 그 모든 개인들의 정체성을 부정하지 않는다. 그들이 존엄한 인간이라는 것을 알고 있다(공감한다). 하지만 개개인의 정체성에 대해서는 교감에만 머무는 경우가 많다. 그래야 우리의 머리가 뜨거워 터지지 않을 것이다.

그런데 교감이 만성이 되면 이것도 일종의 간헐적인 사이코패스와 같은 특성을 띤다. 흔히 사회적 불의에 눈을 감은 다음 나중에라도 반성의 형태로 부끄러운 감정을 띠는 경험이 적거나 없어질 경우, 말하자면 양심이 작동하지 않는 경우가 만성화되면 공감능력이 있어도 잘 작동하지 않게 될 것이다. 더욱이 세상이 너무 더럽고 부끄럽고 수치스럽고 치욕스러우면, 공감을 멈추고 교감만이 작동한다. 살기 위해 참으며 짐승이 길들여지듯이 인내가 순치馴致로 진행될 때, 드디어 인간은 가라지의 무리에 합류한다. 연못에 한 마리의 미꾸라지가 사는 것이 아니라 '물 반 미꾸라지 반'이 되는 것이다. 순치되면 결국 세상은 치욕스러운 곳이 된다.

한 사회의 구성원들 가운데 사이코패스 비율이 대략 4~7퍼센트라면, 올바른 성장기를 거치지 못한 미숙한 나르시시즘은 그보다 훨씬 더 많고, 이런 저런 이유에서 생겨난 반사회적 성격장애도 거의 같은 수준일 것이다. 이들은 공감에 장애가 있는 부류들이라서 우리는 가라지니 미꾸라지니 하며 모멸했다. 그런데 공감에 문제가 없는 사람들도 간헐적으로 이들과 같아질 수 있다. 더욱이 생존을 위해서 눈을 질끈 감아야 하거나 함구하는 환경의 압력은 이들 건강한 사람들을 사이코패스로 순치시킨다. 그렇다면 태생적 장애가 문제가 아니라, 환경이 더 큰 문제가 아닐까?

사이코패스를 권장하는 사회

신경과학적으로 공감의 하드웨어가 결여된 4~7퍼센트 가량의 사이코패스를 제외하고, 사람들은 왜 사이코패스가 되는가? 우리는 이 비율이 진짜 사이코패스를 포함해서 거의 인구의 90퍼센트 이상이 될 것이라고 추정한다.[177] 열 명 가운데 겨우 한 명 정도만 공감 감정이 비교적 원활하고, 나머지 대부분은 못 본 척하거나 일부러 입을 다물고, 개중에는 아예 공감을 못하기도 한다. 그리고 부끄러움이 일어나지 않도록 하고, 그것이 일어나도 무시한다.

왜 이런 일이 일어났는가? 이 질문에 답하기 위해서는 제법 길고 깊은 이야기를 오래 해야 하겠지만, 여기서는 우리의 일상적 체험을 반추하면서 한 가지 답을 내리고 싶다.

이러한 사태의 가장 근본에는 "나란 누구인가?", "지금 여기 살고 있는 나는 도대체 누구인가?"라는 철학의 오래되었으며 근본적인,

그리고 매우 고상한 질문이 자리하고 있다고 본다. 이러한 질문을 정체성 물음이라고 부른다. 인간(나)은 어떻게 해서 인간으로 존재하는가? 이 질문에 가장 유력한 답은 환경이다. 만일 흑인 사내아이를 경상도 산청에 데려다 키운다면, 그는 경상도 사람이 된다. 그의 생각과 행동, 문화의 무의식조차 모두 여느 한국 사람과 다르지 않을 것이다. 아마도 그는 이순신 장군을 존경하고 한글을 사랑하는 건실한 한국인이 될 것이다. 이를 좀 더 일반적으로 이렇게 말할 수 있다.

> 정체성은 존재보다 성장과 더 밀접한 관련을 맺고 있고, 성장은 탄생하는 순간부터 시작된다. … 넓은 의미에서 우리가 누구인지를 배울 수 있는 것은 타인이 우리에게 가르쳐 주기 때문이다.178

결국 '나'라는 정체성은 타고난 것이 아니라, 타인에 의해서 생겨나는 것이다. 이 타인은 가깝게는 부모로부터 시작해, 멀게는 환경 전체가 된다. 자신의 내면조차 어떤 의미에서는 내 것이라기보다는 이러한 환경이 반영된 이미지다. 그래서 내면과 외면 전체가 환경에 의해 주조된 것이다. 이제부터 현실 사회의 부끄러움을 실감나게 표현하기 위해 잠정적으로 이 관점을 수용해 보겠다.

가령 부끄러움이나 수치와 관련이 깊은 나르시시즘에 따른 자신감이나 자존감은 본래 우리에게 있는 것이 아니라, 타인의 신뢰와 존중에서 비롯된다. 내가 타인(환경)에게서 받은 신뢰와 존중이 내 것이 되도록 만들어준 것이다. 그래서 정신분석학의 통찰처럼 사랑받고 사라지 못한 사람은 수치의 내면화 과정을 겪게 된다. '악마'가 자라나는 일이니 이 얼마나 무서운 일인가?

　우리가 너무 크게 보거나 앞질러 가지 않는다면, 지금 이 글의 독자들을 15세부터 100세까지라고 잡았을 때, 100세의 독자는 1920년부터 시작되는 환경을 가지고 있을 것이다. 80세라면 1940년부터 시작된 환경, 50세라면 1970년대부터 시작된 환경, 30세라면 1990년대부터 시작된 환경이고, 20세라면 2000년대부터 시작된 환경을 가졌을 것이다. 바로 이 환경이 우리의 정체성을 구성했다. 고령의 어르신들에게는 죄송하지만, 대략 1940년대부터 지금까지 60년 동안 지배적으로 군림하는 환경이 우리를 만든 '조물주'다. 이 시기 대한민국뿐 아니라 전 세계의 존재방식이 환경의 정체다.

　환경은 구체적으로 어떤 것일까? 우리를 둘러싼 환경을 말할 때 두 가지 방식을 생각해볼 수 있다. 첫 번째는 통합심리학의 관점이며, 여기에는 네 가지 영역이 있다. 객관세계를 다루는 과학, 주관적 의도를 다루는 종교(철학), 상호 주관적인 세상을 다루는 문화, 상호 객관성에 바탕을 둔 사회 등이다. 이는 삼대 가치로 이루어져 있다. 바로 진(과학=객관적 진리), 선(문화=상호 주관적 진리), 미(주관적 진리)다.[179] 이것을 좀 더 이해가 쉬운 다른 방식으로 설정하면, 경제, 종교, 윤리, 사회 등의 시스템이라고 할 수 있다.

　지금 우리를 근 60년 동안 집중적으로 지배하고 있는 환경은 경제가 종교, 윤리, 사회 등을 지배하는 특성을 보이고 있다. 이를 '신자유주의Neo-liberalism'라고 부르기로 하자. 우리는 이것을 학술적으로 정의하지 말고, 우리가 느끼는 대로 이해해보자.

신자유주의의 특징은 종교가 경제에 복종하고, 윤리가 경제를 따르고, 사회가 경제에 복속된 것으로, 이름처럼 단순한 경제이론이 아니라 '거대하고 포괄적인 이데올로기'다. 종교에 세속의 모든 시스템이 복종했던 서양의 중세시대처럼 경제가 모든 시스템을 복속시킨 것이다. 심지어 국가조차 이른바 자유시장에 복종시키려고 한다.[180] 우리는 경제가 모든 것에 군림하고 있는 환경에 의해서 주조되었다. 인간 세상에 경제가 없었던 적은 한 번도 없지만, 이렇게 모든 것을 자기 아래에 두고 지배한 적은 일찍이 없었다. 그것이 문제의 시작이다. 이것이 의미하는 바를 부끄러움(수치)과 관련해 실제의 삶 속에서 살펴보자.

등수 매겨 내쫓기

경제가 윤리와 종교와 사회를 복종시킨다는 의미는 쉽게 말해 모두 돈에 예속화되어 있다는 것이다. 돈은 승리자이고 주인이므로, 이것이 가는 곳에 패배자와 노예도 따라 간다. 돈은 종교와 윤리와 사회의 모든 가치를 평가하는 절대 기준이 되었다. 그래서 이 기준을 소유하는 능력이 인간에 대한 모든 것을 지배한다.

이 능력은 '타고난 유전자의 힘'에 매우 큰 영향을 받으므로, '승리자'가 되기 위해서는 '좋은 집에서 잘 태어나야' 한다. 그런데 좋은 집은 대부분 돈이 많은 집이다. 좋은 유전자는 교육을 통해 단련되어야 명실상부한 능력을 갖출 수 있으므로 '좋은 교육'이 더없이 중요하다. 좋은 교육은 돈에 굴복한다. 단지 감상적인 표현이 아니라, 그러한 시스템 속에 교육이 작동한다는 의미다. 결국 돈이 좋은 교육을 제공한다. 또한 인간의 내면을 도야시키는 윤리도 이 시스템 속에서는 돈을 소유할 수 있는 품성과 자질을 함양하게끔 도와준다. 사회진화론의 적자생존과 능력주의가 결합된 것이다.

브래드쇼가 내면화된 수치를 만들어내는 주범이 가족시스템, 학교시스템, 종교시스템이라고 본 것을 상기해보자. 그는 이러한 시스템이 대부분 잘 작동되지 못해서 인간에게 수치의 상처를 준다고 생각했다. 그런데 여기에 한 가지 중요한 점이 간과되고 있다. 신자유주의는 이 시스템을 지배한다. 그래서 경제 즉 돈을 위해 이 시스템이 작동되어야 하고, 그렇게 되었을 때 정당한 평가가 주어진다. 곧 경제와 분리되거나 무관한 시스템은 존재할 수 없다. 그래서 그토록 많은 가족이 깨지고 학교가 망가지고 성스런 사원들이 폐허가 된 것이다. 돈과 무관하다면, 가족은 휴식의 공간이 될 수 없고, 학교는 부끄러움과 같은 내면의 샘들을 풍요롭게 하지 못하며, 사원은 무의미한 상징들만 남는다. 가족과 학교와 사원이 생기를 얻으려면 돈을 벌 수 있는 능력을 갖춰야 한다.

이른바 신자유주의적 능력주의 아래에서는 경제적 능력 즉 돈을 버는 능력이 모든 능력에서 우위를 차지한다. 시도 잘 팔려 돈이 되어

　　　　　　　　　　　　　5부. 수치, 대안의 길

야 좋은 시이며, 그렇지 못한 시는 무능력한 시다. 잘 안 팔리는 시를 읽으면 무능해진다. 그래서 이러한 능력주의는 애초 차별과 서열화를 함축하고 있다. 이런 함축은 적자생존의 법칙으로 능력주의를 정당화한다. 곧 최상의 인간이란 최고의 생산성을 갖춘 자이며 이는 돈을 제일 잘 버는 자다.

경제의 상징은 경제 주체 가운데 기업이다. 이윤 추구를 지상목표로 하는 신자유주의의 기업은 '등수 매겨 내쫓기]Rank and Yank appraisal system' 시스템을 도입했다. 이는 단순히 기업뿐 아니라, 사회 운영 시스템으로 확산된다.[181] 그리고 두려운 점은 이러한 시스템은 수치가 잘 자랄 수 있는 토양을 만든다는 것이다. 사회 전체에서 차별과 배제의 시스템이 최상의 지도 원리로 작동한다면, 내쫓기는 자들은 모두 수치스러운 자들이다. 단순히 기업만이 아니라, 가정에서 학교에서 사회에서, 정신적인 영역인 종교와 예술에서, 그리고 내밀한 사적 체험의 영역에서 그 어디에서든 시스템은 작동한다.

공부 못하는 애는 능력이 없는 애고, 따라서 수치스러운 애다. 그런데 이런 평가는 외부에서만 오는 것이 아니라, 우리 내면에서 스스로도 매기는 평가라는 것이 더 끔찍한 일이다. 환경이 인간을 만들기 때문에 필연적인 결과다. 대학은 그 전형적인 예다.

어떤 대학을 들어가는가에 따라 능력주의는 빛을 발한다. 개인의 품성도 대학에 따라 이루어진다. 우리는 좋은 대학이 좋은 사이코패스를 양산하는 시스템이라는 것을 체험으로 알고 있다. 게다가 학생을 가르치는 대학은 신자유주의 시스템에 영향을 입어, 상품 생산을 위한 공장, 곧 돈 버는 지식을 만들어내는 '지식의 공장'이 되었다. 가르치는 교수들은 이를 위한 능력을 평가받는다. 평가 시스템에 따라 많은 지식을 생산하지만, 돈이 되지 않는 지식은 소용이 없다.

당신의 직업은?

학교에서 역사를 가르쳤소.

그럼 왼쪽으로 가시오.

당신의 직업은?

배관공이오.

그럼 오른쪽으로 가시오.

왼쪽은 홀로코스트로 가는 기차이고, 오른쪽은 조금 더 살려둘 필요가 있는 자들이다. 나치의 인간 감별은 실용적 쓸모를 기준으로 생사를 나누는 것이었다. 그러나 신자유주의는 실용의 차원이 더욱 단순해졌다. 역사를 가르쳐도 돈이 되면 그만큼 더 사는 것이고, 배관공도 돈이 안 되면 기차를 타야 한다. 대학에서 인문학은 돈을 버는 데 도움이 되는 보조적 지식으로 재편성되어야 하며, 나머지 쓸데없는 내용은 버린다. 인문학은 과거의 영광을 뇌까리는 얼굴마담이나 바지사장 신세다. 그나마 내일도 써줄지 몰라 불안해하며 아첨하는 신세다. 이제 세상은 나치가 지배할 때보다 더한 곳이 되었다.

능력의 크기는 돈을 세는 방식에 따라서 단순한 수치로만 표현되므로, 연구의 질은 본질적으로 평가 대상이 아니다. 출판물의 수가 중요하다. 그중에서도 국제적 수준의 연구를 원하므로 자국의 언어로 쓴 것은 낮게 평가받는다. 국제적 수준의 기준으로 왜 영어만 인정받는 것인지 누구도 설명해주지 않는다. 그저 영어로 된 논문이 자국의 언어로 된 논문보다 더 가치가 있다.

대학도 '등수 매겨 내쫓기 시스템'이 장악하고 있다. 돈을 만드는 지식을 많이 생산해야 하는 것이 지상 목표다. 그래서 현재의 대학은 대기업의 싸구려 연구 기관으로 전락하고 있다. 교수와 학생은 사장과 직원의 관계로 빠르게 전환되고 있다. 교수는 대기업에서 파견된 관리다. 그들이 그렇게 생각하지 않아도 큰 그림은 그렇게 작동된다. 졸업생이 얼마나 성공적으로 취업했는지 그 성취도에 따라 학과의 존폐를 결정짓는데 무슨 수로 배겨내겠는가?

가장 돈이 안 되는 철학을 가르치는 교수들은 내면에 자괴감으로 고통스럽지만, 순치의 시스템은 그 자괴감을 이내 망각시키고 교감의 차갑고 싸늘한 인식만을 남겨 놓는다. 그래서 더욱 사람들이 찾지 않는 유물이 되어 간다. 수치심이 내면화가 된 상태에 어떤 철학이 새롭게 솟아나겠는가?

의료계와 미디어 분야도 마찬가지다. 더 큰 힘을 갖기 위해서는 돈을 벌어야 하며, 이를 위해 각종 미디어들은 사회의 여러 시스템들과 협업을 하고 저들도 돈을 번다. 병원은 돈 되는 병을 다루어야 하고, 미디어는 특정 병의 위험을 소개해 병을 만들어낸다. 이과의 인재들이 대의를 위해 연구실에서 진리 탐구에 매진하는 것은 철 지난 생각이다. 난치병을 치유하고자 하는 결의나 뇌 속 미지의 영역에 대한 순수한 호기심은 거의 없다. 있다고 해도 조만간 생각을 고쳐먹을 수 있도록 어려 정당화의 명분이 지적인 모양새를 갖추고 이들을 찾아온다. 또한 쉽게 설득된다. 강남대로에 줄지어 늘어선 성형외과 의사들은 모두 능력주의의 산물이다.

능력주의에 비추어봤을 때 미디어는 상대적으로 약자다. 그러나 약자들은 연대하며, 능력주의를 가진 집단의 충복이 되어 여론을 조작하거나 오도한다. 가짜 뉴스가 판을 치는데, 이 모두는 돈을 벌기 위한 비즈니스이지 누구를 원망하거나 사적 원한 때문에 거짓을 선동하는 것이 아니다. 정말로 엄살이 아니라, 이렇게 하지 않으면 미디어는 문을 닫아야 한다.

인간이 돈으로 계산되는 사회

사회의 엘리트들은 상대적으로 더 많이 가진 자이고, 그들이 소유한 것은 능력과 능력의 동의어인 돈이다. 그들은 돈이 더 되는 일을 찾아가며, 자신의 지위를 이용해 더 많은 돈을 벌려고 혈안이 되어 있다. 엘리트가 쓰는 방식은 그들이 가진 권한을 강화하는 것이다. 이는 더욱 더 큰 차별과 공고화를 낳는다. 그들이 모여 있는 집단에 신규가 가입하는 일은 점점 더 어렵게 된다. 용이라도 개천에서 난 용은 용으로 취급받지 못한다. 그런 용은 자신밖에 없으므로 세력을 강화하는 데 미미하고, 대부분 한미한 집안 출신이므로 성정에 '하자'가 발견된다. 예컨대 가끔씩 불의를 참지 못하는 악덕을 가지고 있다. 그래서 더 배제해야 한다.

지금까지 든 예들로만 머리가 아플 정도이며, 더 이상 진행하는 것은 모두 다 아는 사실을 공연히 늘어놓는 일에 불과하다. 요컨대 신자유주의라는 이데올로기는 특히 지난 60년 동안 '역사적으로 유례가 없을 정도로' 강력하게 우리의 정체성을 주조해왔다.

이 주조의 틀은 능력과 돈을 갖춰야 제대로 된 인간이 된다는 신화다. 능력과 돈이 동일시되면서, 인간의 성장 과정에서 필연적으로 습득하게 되는 모든 지식은 돈과 연관된다. 돈은 모든 유무형의 가치를 교환할 수 있는 절대 기준의 자격을 갖추면서 점점 더 큰 힘을 갖게 되었다. 이러한 시스템이 가진 더 큰 문제는 반드시 패배자를 만들어내고, 이 패배자는 새로운 시작의 기회를 얻어 부활하기 어렵게 된다는 데 있다. 돈은 상류층과 하류층의 차이를 더욱 더 벌려 놓기 때문이다. 하류층은 돈을 벌 수 있는 기회가 점점 적어지며, 모든 돈은 한쪽으로만 몰린다. 중산층의 허리가 끊어진 사회가 만들어진다. 하류층은 상류층의 돈을 벌어다 주는 '말하는 기계'로 전락한다. 그러니 상류층으로 올라가려다 떨어지면, 그대로 하류층이 된다. 올라갈 사다리가 없다.

수치와 관련해서 이러한 시스템은 파괴하기 어렵다. 실제 이러한 시스템의 이전 모델들은 이미 인간이 사회를 만들면서부터 시작되었다. 일찍이 공자는 인간 사회의 이러한 속성을 간파했다.

"군자는 의로운 것에 밝고, 소인은 이익이 되는 것에 밝다."[182]

'밝다'는 말은 유喩를 옮긴 것인데, '잘 깨우친다'는 뜻이다. 그러니 소인들에게 지금은 도대체 얼마나 살기 좋은 시대일까? 거꾸로 말해서, 지금 시대는 소인들이 많이 양산될 수밖에 없는 구조를 가지고 있다. 시대에 적합한 건전한 인간을 양성하고 건전한 지식을 만들어내는 교육 시스템 자체도 소인에 의해 유지된다. 그 '건전한' 인간과 지식의 목적이란 곧 신자유주의의 목적에 부합하기 때문이다. 그러니 소인의 세상이다. 소인은 불의를 보고 그것이 불의라는 인상은 받으나, 부끄러움이 생겨나지 않는 무리다.

우리의 논의라면 비록 정상적인 공감능력이 있다고는 해도, 눈을 질끈 감고 못 본 척하고 신음조차 내지 않고 함구하는 것이다. 바로 이들이 사이코패스다. 그렇다면 인구의 거의 다가 사이코패스다. 얼마는 늘 사이코패스이고, 또 얼마는 간헐적으로 사이코패스와 같은 행동을 번갈아 가며 한다. 하지만 계속 무디어지고 순치되어 간다.

이러한 우리네 정체성은 바로 신자유주의라는 이데올로기에 따른 것이다. 돈이 모든 것을 좌우하는 역사상 가장 가공할 시대가 우리를 사이코패스로 만든 주범이다. 이익에 목숨을 거는 소인들이 제 능력을 뽐내는 시대라면, 수치의 두 얼굴은 이제 하나로 합쳐진다. 그리고 내면화된 수치심을 키우는 '등수 매겨 내쫓기' 시스템으로 병적 수치심이 상존하는 삶을 산다.

이 수치심은 자신을 파괴하며 그 이웃을 파괴한다. 또한 자신들이 사는 사회를 건강하게 만들기 위해 스스로 분비하는 부끄러움의 신호는 더 이상 감지되지 않고, 가라앉는다. 결과적으로 불의가 판을 치는 세상을 만드는 데 어쨌든 일조하는 삶을 산다. 이때 부끄러움은 수치로 변하고, 굴욕스러운 삶이 된다. 그러나 이것도 부끄러움을 느낄 때나 가능한 소리지, 점차 부끄러움을 모르는 삶이 정상이 되어가고, 세상은 점점 비인간의 존재 즉 비인이 주인 노릇을 한다. 우리 시대가 부끄러움을 모르는 시대가 되었다는 의미는 여기에 있을 것이다.

그렇다면 우리는 이렇게 무능하게 살아야 하는가? 나는 여기서 방법적으로 '신자유주의 이데올로기' 입장에서 말을 했다. 이러한 분석에 수긍하더라도, 과연 우리의 삶이 계속 이렇게 진행될 것인지에 대해서는 의문이 든다. 그렇게 살지 않을 수 있다. 무언가 새로운 대안이 전혀 없는 것은 아니다. 그 하나는 우리 자신을 한 번 더 믿는 것이고, 다른 하나는 수치를 이전처럼 사회적 관습의 자발적 기제로만 이해하지 말자는 것이다. 법적 장치와 수치의 긴밀한 연관을 모색하는 것이다. 이 두 가지 대안은 실제로 전쟁을 방불케 한다.

전쟁의 무기, 혁명과 수치 주기

우리 자신을 믿을 때 우리는 불의와 싸우게 된다. 우리 내면에 있는 선을 향한 자발적 움직임에 한 번 더 기대는 것이다. 우리는 단지 간헐적으로 눈을 감는다. 하지만 우리는 더 이상 참을 수 없을 때 일어났고, 세상을 바꿨다. 이 가운데 가장 큰 움직임이 혁명이다. 실제 수치의 혁명을 외친 사람이 있었다. 지금은 역사의 뒤안길로 갔다고 생각하는 사상가 칼 마르크스Karl Marx가 그런 사람이다.

> 수치심은 이미 하나의 혁명입니다. … 수치심은 일종의 내면화된 분노입니다. 그래서 만약 전 국가가 진심으로 수치심을 경험한다면, 공격적인 자세를 취하기 위하여 몸을 웅크리고 있는 한마리의 사자와 같은 것입니다. 그러나 독일에서는 아직 수치감이 현존하지 못하고 있다는 것을 경고하고 싶습니다. 수치는커녕 오히려 이 처절한 백성들은 아직도 애국 이데올로기에서 깨어나지 못하고 있습니다.[183]

마르크스는 그 당시 자본주의의 횡행을 분석하면서 혁명의 시기가 도래한다는 것을 '과학적으로' 확신했고, 바야흐로 역사는 사회주의 혁명을 경험했다. 하지만 이러한 혁명은 일단 실패했다. 현실역사는 사회주의 혁명이 종언을 고하기 시작한 시기부터 신자유주의가 더 기승을 부렸다는 것을 보여준다.

그러나 수치의 혁명은 우리가 스스로를 계속 믿는다면, 언젠가 터져 나올 수밖에 없는 절박한 문제다. 본래 수치란 불의가 판을 칠 때 생기는 인간의 자연스러운 감정이며, 이는 혁명의 도화선으로 이어진다. 우리가 자신을 믿는다면, 문명 전체의 새로운 전망을 위해 부끄러움을 아는 사람들이 잔뜩 웅크린 '사자'처럼 또 다른 혁명을 준비

5부. 수치, 대안의 길

할 것이다. 그때 마르크스의 통찰은 새로운 해석을 맞이할 수도 있을 것이다.

우리가 스스로를 믿을 때 우리는 수치를 무기로 만든다. '수치 주기'가 그것이다. 수치 주기는 사회 규범을 저촉한 사람을 각성시켜 다시는 잘못을 반복하지 못하게 하면서, 동시에 사회의 공동체에게는 경종을 울리도록 고안된 장치다. '더 이상 이 이상의 선을 넘지 말도록 합시다.'

이러한 '수치 주기 전략'은 인간 내부에 자리한 사회적 선을 지향하는 토대에 의지해 사회 기풍을 건전하게 하려는 것이다. 이것이 전략인 이유는 주로 자신의 이익을 위해 의도적으로 규범을 위반하는 자들을 공개적으로 혼내주면서, 형벌로 연결시킬 수 있기 때문이다. 규범을 위반한 이들을 예로 들자면 기업처럼 다수의 사람들이 결집한 힘이 있는 조직이거나, 매우 파렴치한 사이코패스와 같은 개인이다. 수치 주기 전략의 필수 요소들은 일곱 가지가 있다.[184]

첫째, 관객이 해당 위반 행위와 관련이 있어야 한다

관객이란 수치를 바라보는 사람들, 곧 공동체의 일원들이다. 수치는 관객이 없으면 이루어질 수 없다. 타인들의 시선이 필수적이라는 뜻에서 관객이란 이름이 붙었다. 사회적 규범을 저촉하는 행동이 관객과 관련되어야 한다. 금연 캠페인이 적합한 예다. 흡연은 점차 유해한 행위로 인식되고 있다. 자신은 물론이고 타인들까지 담배 연기에 노출되는 것은 세균에 감염되는 것처럼 인식된다. 수치 주기가 성공하려면 관객의 관심을 끌어야 한다.

둘째, 바람직한 행동과 어긋난 행동 사이의 간극이 커야 한다

사회적 규범은 바람직하거나 이상적인 내용들이라서 퍽 윤리적인 경우가 많다. 그래서 이를 따르는 것이 바람직한 행동이다. 그런데 수치의 강도가 커지는 경우는 정반대다. 예컨대 공적 자금을 사적으로 유용하는 집단을 보자. 사회에서 빈번히 일어나는 공직자들의 부패도 그런 경우다. 이런 자들은 다른 경우에 비해 더 파렴치한 자들로 여겨진다. 공직자들의 부정부패는 수치 주기의 좋은 목표다. 성 접대와 같은 추문은 말할 것도 없다.

셋째, 정식 처벌을 받을 가능성이 낮아야 한다

역설적이지만 수치를 부과하는 것 말고는 다른 대안이 없을 때 수치 주기가 성공한다. 예컨대 건강에 해롭지만 유독한 성분을 꼬집어 가리키기 어려운 식품에 대해서는 딱히 제재 수단이 없다. 법이 그렇게 미세하게 강제력을 발휘하기는 어려운 일이다. 이때 해당 식품이 가져올 수도 있는 부작용을 소비자에게 알린다면, 그 식품은 개선이 되지 않고는 못 배길 것이다. 반대의 경우도 좋은 식품에 대해서는 홍보가 될 수도 있다.

넷째, 규범 위반자가 수치 주기 집행자에게 민감해야 한다

규범을 위반한 자들도 공존하기 힘들 정도로 독한 자들을 제외하고는 함께 살아야 할 공동체의 일원이다. 채찍도 중요하지만 당근도 중요하다. 예컨대 상품 시장에서 기업은 채찍을 휘두르는 소비자에게 촉각을 세울 수밖에 없다. 그렇지 않다면 물건을 못 팔 것이다. 그러나 당근을 주는 소비자에게도 촉각을 세울 수밖에 없다. 물건을 더 팔 수 있기 때문이다. 하지만 채찍과 당근을 모두 들고 있는 소비자는 더욱 기업의 시선을 사로잡을 수 있다. '생사여탈'이 그 손에 있기 때문이다. 그러다 보면 '넘지 말아야 할 선'에 대한 모종의 바람직한 기준이 관례처럼 생겨난다. 일종의 춘추필법春秋筆法이다. 대의의 기준을 건강한 다수가 만드는 것이다.

다섯째, 관객이 수치 주기의 집행자를 신뢰해야 한다

수치스러울 만한 사안에 대해서 폭로를 해도 소용없는 경우는 대개 폭로하는 쪽이 신뢰를 받지 못하기 때문이다. 예컨대 '똥 묻은 개와 겨 묻은 개'의 문제로 받아들여진 것이다. 그래서 수치 주기는 이른바 도덕성을 가진 쪽에서 부과해야 성공 가능성이 높다. "명망이 높은 사람은 처벌의 주체로서 더 신뢰를 받고 명망이 낮을수록 처벌의 주체로서 얻는 신뢰도가 떨어진다."[185]

여섯째, 이익을 최대화할 수 있는 쪽으로 방향을 잡아야 한다

여기서 이익은 효과의 이로움이다. 개인보다는 더 큰 조직, 예컨대 기관이나 기업에 초점을 맞춰야 한다. 방사능 오염이 의심되는 일본산 명태를 값이 저렴해서 구매하는 소비자의 의식이 부끄러운 일이라고 하는 것보다, 그것을 대규모로 수입하는 대형 유통회사에 초점을 맞추는 식이다. 개인이 크게 변하는 것보다 큰 조직이 조금 변하는 것이 전체의 판도를 더 크게 변화시킬 수 있기 때문이다. 마찬가지로 국회의원에 대한 낙선운동은 정당한 요건들이 충분하다면, 수치 주기에 큰 효과를 가져올 수 있다. 그들은 일개인이 아니라 일당백의 규모를 갖춘 거대 조직이기도 하기 때문이다.

일곱째, 양심적으로 실행해야 한다

수치 주기를 할 때는 많은 이들(관객)이 참여해야 효과가 크다. 하지만 바람직한 사회를 만들기 위한 일을 한다는 대의를 내세워 인격을 짓밟는 일이 없도록 신중해야 한다. 예컨대 공개 전에 미리 고지하고 수치를 피할 기회를 준 '점잖은' 행동은, 당장은 속 답답할지도 모르지만 결과적으로는 성공확률이 높았다고 한다. 사적인 동기로 한 것이 아니었기 때문에 관객의 호응을 얻은 것이다.

양심은 부끄러움으로 인해 그 존재가 알려지는 내면의 덕성이다. 수치 주기를 부과하는 자들이 그 일을 할 때 부끄러움이 생긴다면 수치 주기는 마땅히 고려되어야 한다.

　●

수치 주기는 사회적 규범을 저촉하는 불량한 사람이나 조직을 솎아내는 일이다. 썩은 사과를 골라내고 가라지를 뽑고 미꾸라지를 잡아서 물을 맑게 하는 것이다. 그런데 우리의 적들은 우리와 비슷한 전략을 쓴다. 미디어에서 많이 보았을 것이다. 왜 그들은 일이 생기면 칩거하는가? 왜 그들은 법망을 피하는 데 선수이고 법 조항의 맹점을 그리도 잘 발견하는가? 왜 그들은 물 타기의 명수인가? 시간 끌기, 꼬리 자르기, 증거 인멸, 메시지가 아닌 메신저에 대한 공격, 말만의 사과. 그들은 나쁜 일의 달인이고, 우리를 만든 최근의 환경은 이익에 밝은 이들이 더 성공하고 발전할 수 있는 기반을 만들어주고 있다. 그래서 수치 주기와 같은 사회 개선의 좋은 수단이 오용된다.

이제 '수치 주기'라는 영어 표현을 싫지만, 다시 써야 할 때가 왔다. 수치 주기라는 셰이밍shaming은 다르게 쓰면, '조리돌림'이다. 선가에서는 활인도活人刀는 살인검殺人劒이라는 말을 한다. 사람을 살리는 칼이 사람을 죽이는 칼이 될 수도 있다.

비인들의 반격

수치 주기가 자신의 감정에 비교적 솔직하고 깨어 있는 공감적인 사람들 손에서는 옳게 작동하지만 그렇지 않은 사람들의 손으로 넘어가면 매우 파괴적이게 된다. 활인도와 살인검의 관계다. 온라인이 생활의 주요 부분이 된 요즘에 온라인 수치 주기Online shaming는 '온라인 조리돌림'이 되기도 한다. 부정적인 경우를 좀 살펴보자.

특히 요즘 들어 트위터나 페이스북과 같은 미디어 플랫폼 그리고 이메일 등을 통해 인터넷 상에서 공개적으로 모욕을 주는 경우를 많이 발견한다. 살인의 검을 휘두르는 것이다. 여기에는 부정적인 '불매운동call-outs'의 형태가 있다. 악덕 기업이 아니라도, 목표가 설정된 다음 불매를 선동하는 영향력이 있는 개인 한 명이면 준비가 끝난다. 이제 그 물건을 파는 곳은 그냥 폐업이다. 그런데 이 영향력이 있는 한 명이 사이코패스라면? 참으로 근심스럽다.

독싱doxing은 '신상털기'라는 이름으로 더 유명하다. 드로핑 독스 dropping docs(문서를 떨어뜨리다)에서 생겨난 말이다. 누군가의 민감한 개인 정보를 알아낸 뒤에 이를 인터넷에 공개한다. 그 개인은 망신을 당하고 경력에 치명적인 손상을 입는다.

독싱의 최고봉은 '리벤지 포르노revenge porno'(영상 기반 성적 학대)다. 헤어진 연인에게 복수하기 위해 과거 나눈 성적 관계를 담은 사진이나 영상을 공개하는 것이다. 성적 문제는 수치의 전형적인 영역이다. 그 영향력이 매우 파괴적이라서 극단적인 비극으로 치닫게 되는 일이 많다.

우리는 수치 주기가 조리돌림도 된다는 것을 알고 마음이 불편해진다. 적들이 쥔 칼에 내가 당할 수도 있다. 과연 적들의 반격을 어떻게 물리칠 수 있을까? 수치의 무기는 칼자루를 누가 쥐는가에 따라 달라진다.[186] 우리는 여기서 형벌을 떠올린다. 하지만 결코 쉬운 일은 아니다.

수치의 부과는 인류 역사에서 아주 오래전부터 시작된다. "너희 중에 죄 없는 자가 먼저 돌로 치라"고 한 것을 보면, 당시 유대 문화에서 간음죄는 돌로 쳐 죽였다. 그뿐 아니라 모든 문화에서 형벌은 수치 주

　　　　　　　　　　　　　　　　　　　　　　　5부. 수치, 대안의 길

기와 함께 시행되었다. 목을 베어 효시하거나, 부관참시도 많은 문화권에서 흔한 것이었다.

우리 기억으로 1961년 5.16쿠데타를 일으킨 군부가 사회적 관심을 끌기 위해 이런 형벌을 시행한 적이 있다. 이른바 정치깡패들을 소탕해 그들을 도로 한복판에 줄지어 걷게 한 것이다. 당시 행렬에 세워진 커다란 플랜카드에는 "나는 깡패입니다. 국민의 심판을 받겠습니다"라고 적혀 있었다. 곧 사형을 받을 깡패 두목이 제일 앞장서 걷고, 그의 목에는 본인의 이름 석 자가 걸렸다. 이런 광경은 중국의 문화혁명 시기에도 볼 수 있었다. 한반도에서 일제에 부역한 자들은 피해 갔지만, 프랑스에서 나치와 동석을 한 여자는 조리돌림을 당해 크게 다치거나 죽기도 했다.

우리 자신의 야만성을 드러내지 않기로 하자는 사회적 합의로 수치 주기 형벌은 조금씩 사라져갔다. 하지만 우리 사회가 여전히 완전한 합의에 이르지는 못했다. 수치심을 부여하자는 쪽과 그래서는 안 된다는 쪽의 주장이 대립하고, 둘을 섞자는 주장도 있다. 이 주장들의 골자를 살펴보자.[187]

"형벌에 수치를 넣자. 파렴치한 사회이니, 부끄러움을 알게 해서 공동체의 규범을 회복하자."

공자가 그랬다.[188] 형벌만으로는 안 된다. 이런 주장으로부터 자연스럽게 시행의 방법이 따라 나온다. 처벌보다 교훈을 가르치는 것이다. 하지만 감금형의 대안으로 더 나은 것이 없다는 것이 문제다. 예컨대 벌금형에는 문제가 있다. 죗값을 치러야 하는데, 이것은 "돈으로 때우는 것이 아닐까?" 그런 것은 정의가 아니다. 또한 사회봉사는 경중이 있는 법이지 아무데나 쓸 수가 없다. "그게 뭐냐? 장난하냐? 누가 그 정도로 부끄러워할까?" 이것도 정의와 멀다! 그리고 교훈으로 될 일인가? 우리는 적을 상대하고 있다. 적을 말이다.

"안 된다. 인간은 존엄하다. 그건 비인간적이고 잔인하다. 낙인찍기다. 왜 과거로 회귀하는가?"
"수치는 국가의 권한을 약하게 한다. 사회적 규범에 힘을 싣기 때문이다. 수치 주기를 국가가 아닌 어떤 기구가 담당할 수 있는가?"

반대는 매우 고상한 이념에 토대를 둔다. 인간은 존엄하다. 우리 모두 그것을 인정한다. 대표적인 사례로 이 입장을 가진 어떤 저명한 학자가 왜 이런 입장을 취하게 되었는지, 자신의 체험을 담아 소개한 것에 주목해 보자.

어머니는 알콜 중독자였다. 나는 어린 시절 어머니가 차에 음주운전자라는 표시가 된 번호판을 달고 다닐 수도 있다고 생각했다. (어머니는 체포된 적은 없지만 분명 약간 취해서 운전을 하곤 했다) 그럴 경우 어머니는 운전 교육이나 면허 정지, 그리고 다른 일반적인 처벌 방식을 통해 조용히 죄를 갚기보다는 어머니의 정체성을 영원히 망가뜨릴 수도 있는 공개적인 표지를 달고 다녀야 했을 것이다. 시간이 지나 이 번호판을 뗀 뒤에도 공동체 안에서 (그녀의 지위는) 손상된 채로 남아 있게 된다. 그녀는 영원히 '술주정뱅이 어머니'로 각인될 수 있는 것이다. 게다가 아버지, 동생, 나도 열등한 정체성을 가진 존재로 각인될 수 있었다. … 국가가 사생활과 존엄성을 보호하면서 동시에 근원적인 문제에 대한 처방을 제공하기보다 인간의 존엄성에 대한 존중을 결여한 채 이런 식으로 공개적으로 어떤 사람을 처단한다면 이는 잔인한 일이다.[189]

이러한 논의에 대해 우리(나)의 입장을 대신할 만한 간략한 말을 골라보자.

국가의 수치 주기를 반대한 마사 누스바움의 책에는 '인터넷'이란 용어가 등장하지 않는다. 고도의 유동성과 익명성을 특징으로 하는 도시사회에서 수치 주기가 효과적일 수 없다고 주장한 법학자들은 인터넷에서 충분한 시간을 보내지 않았다.[190]

수치 주기의 효과를 모르는 물정 어두운 주장일 뿐이라는 것이다. 천문학적인 규모의 돈을 불법으로 편취했지만, 형사 제도는 작동하지 않고 사법 판결은 차일피일 미루어진다. 한 백 년은 갈 태세다. 그리고 우리가 마주하는 적은 결코 쉬운 상대가 아니다. 그들은 사회의 사법 체계에 정통하고 여론 조작에 능수능란하다. 눈에 보이는 명백한 증거도 잡아 뗼 정도로 의도적인 비상식을 과시하고 이를 관철시킨다. 2,500년 전부터 말해왔다. 정의는 강자의 편이다. 그러나 반만 옳은 말이다. 신자유주의 이데올로기가 득세한 곳에서 정의는 돈의 충복이다. 그래서 부끄러움을 느낄 수 있는 사람들은 분노한다.

수치를 형벌로 부과하자는 논의는 축적된 분노, 공감작용으로 인해 지쳐 있는 심신의 노고와 허탈이 농축된 공분을 적실하게 해결해 주지 못한다. 감금형 말고는 다른 대안이 없을 뿐더러, 그나마 제대로 실행하기가 어렵기 때문이다.

우리도 인간의 존엄을 인정하지 않는 것도 아니고, 낙인찍기가 왕따나 소수자 차별에 사용될 때 얼마나 위험한 것인지도 잘 알고 있다. 하지만 수치 주기도 한계가 있고, 형벌에도 한계가 있다면, 가라지와 미꾸라지에 도대체 어떻게 대처해야 하는가?

우리가 대단한 사람이 아니지만, 주변의 실제 사례를 살펴보고 우리가 내릴 수 있는 결론을 도출해 보자. 부끄러움에 대한 탐구도 점점 커튼을 내려야 할 때가 다가온다.

우리의 얼굴을 만드는 것은 우리 자신이다

성폭력 피해자는 억울하다. 가해자보다 더 큰 수치와 치욕으로 일생을 망칠 위기에 있다. 사회가 수치 처벌을 대신하기도 어렵다. 이야말로 피해자 개인의 신상이 중요하기 때문이다. 지금은 피해자들도 용기를 내고 있지만, 여전히 큰 희생이 따르는 일이다. 그리고 형벌 제도는 가소로운 경우가 많다. 평생 수치심을 다스리고 살아야 하는데 고작 그 정도 형벌에 그치는 경우가 많다. 그리고 더욱 분통 터지는 것은 가해자의 태도다. 범죄행위가 까발려졌어도 낯빛 하나 변하지 않는다. 참으로 파렴치한 자들이다.

그래서 많은 시련에도 불구하고 '성범죄자알림e서비스'와 같은 공적 제도의 운영은 귀감이 될 만한 사례다.[191] '낙인찍기'라서 해서는 안 되는 것인가? 그렇지 않다. 우리는 여기서 힌트를 얻을 수 있다. 칼자루를 쥔 사람이 공적 기구가 되어야 한다는 것이다. 국가가 가장 공적인 기구라고 할 수 있다. 그러나 우리의 경험은 이에 동의하기 어렵다. 민주주의의 실현이 어렵기 때문이다. 하지만 원칙은 알게 되었다. 민주주의의 성취와 참여가 칼자루를 쥐어 준다. 여기에 더해서 형벌이 가해지기 위해, 적합한 법률이 제정되어야 한다. 이른바 미세 법안의 제출이다. 법망을 피할 수 있는 가능성을 낮추는 것이다. 그런데 이 역시도 이를 사명으로 여기는 국회의원을 선출할 수 있는 민주주의의 실현이 굳건한 토대를 이루어야 한다.

우리는 '미세 법안'이나 '공적 기구'들이 미꾸라지와 가라지를 처리하기 위해 유효한 방법임을 알지만, 두 가지 이유에서 한계가 있다. 하나는 그 자체가 가진 방법의 한계다. 역설적이게도 미세할수록 더 허술해진다. 농약과 벌레는 서로 꼬리 물기를 하는 것처럼 '창과 방패'의 관계를 보인다. 우리가 정의로운 횃불을 높이 치켜들수록 그림자는 더 길게 늘어나고 더 커진다. 왜 빛이 밝은 대낮일수록 어둠의 그림자는 더욱 짙어지는가?

다른 하나는 이러한 제도가 많은 사람들의 각성을 토대로 이루어진다는 데 있다. 수치 주기조차 그 실제 가치를 살피기 전에도 이러쿵저러쿵 말이 많은데, 언제 의견을 모을 수 있을까? 더구나 개인의 가치가 더욱 커져가는 시대에 "소 백 마리는 몰고 갈 수 있어도, 사람 열 명의 시간은 한 데 맞추기 어렵다". 문제는 민주주의 정신이다. 깨어 있는 사람들이 서로의 존재를 확인할 때에야 비로소 바른 제도를 만들 수 있다. 비록 한계가 있지만 이 이상의 대안은 찾기 어렵다.

여태까지 우리의 논의가 한 곳으로 모아진다면 이런 이야기를 할 수 있을 것이다. 좀 더 근원적인 말을 되새겨 보자. 우리는 스스로를 믿어야 한다. 수치의 두 얼굴을 살피는 우리가 알기로, 수치의 얼굴은 야누스처럼 수평적인 두 얼굴을 가진 것이 아니다. 한 해의 끝에서 다른 한 해로 건너가는 이쪽과 저쪽에 얼굴을 대고 있는 것이 야누스다. 그러나 수치는 위와 아래로 향하는 얼굴을 가지고 있다. 아래의 얼굴은 수치와 치욕의 부정적인 얼굴이고 위의 얼굴은 성찰과 상승의 얼굴이다.

우리가 어떤 얼굴을 할지에 따라서 우리 자신이 결정된다. 나는 의도적으로 인간은 환경의 틀로 찍어낸 존재라고 말했고, 그 환경은 신자유주의 이데올로기라고 했다. 모든 가치의 기준이 돈에 따라 결정되는 가공할 세계가 최근 우리를 만든 틀이라고 했다. 그러나 우리는 부끄러움을 느끼는 존재이기 때문에 이런 세계가 부끄럽다. 비록 간헐적으로 부끄러움을 억누르고 무시해 부끄러움이 없는 파렴치한처럼 행세하기는 하지만, 혼자 있을 때나 꿈속에서 우리는 부끄러워 고개를 떨구고, 이름 모를 괴물에 쫓긴다. 신경정신적으로 문제 있는 약 5퍼센트만이 이러한 감정에서 제외될 뿐이다.

그때 잠시 돌아보지 않고 망각되는 그 순간이 우리에게 큰 영향을 끼친다. 우리가 행운이나 불행이라고 부르는 사건들은 우연의 이름을 가장해 다가온 것인데, 그 실상은 혼자 있을 때나 꿈을 꿀 때 대면하는 우리의 본성에 따른 것이다. 본래부터 우리 자신은 부끄러움이 샘솟는 존재이며, 이 때문에 오늘을 고치고 내일을 기대하고, 좀 더 높은 곳으로 올라가는 존재다. 우리는 이런 이야기를 주로 유교의 경전을 통해서 들었다. 그러나 유교뿐 아니라 동양의 여러 가르침이나 서양의 가르침들도 마찬가지 이야기를 들려준다. 다만 우리 환경이 이런 소리는 돈이 되지 않으니, 잊으라고 했기 때문에 돌아보지 않는 것일 뿐이다.

수치의 위 얼굴은 우리를 더 위로 데려다 준다. 인간에게는 하자가 많지만 오랫동안 네 발로 기다가 컴퓨터까지 만들 수 있었던 이유는 '지금을 되돌아보자 내일은 더 나아졌기' 때문이다. 우리는 탄소와 물이 대부분인 육신을 끌고 어기적대며 돌아다니는 미물이 아니다. 이 되돌아보는 우리의 천성은 잘못을 느끼고 생겨나는 뉘우침의 감정을 낳는다. 뉘우침이라고 말하지만, 감정의 언어로 말하자면 본래 사회적 존재인 인간에게는 부끄러움이다. 잘못은 부끄러움을 낳는다. 더 잘할 수 있는데 못해서 그렇고, 나는 물론이고 부모와 가족 그리고 이웃에게 조금이라도 쓸모 있는 인간이 되고 싶은 마음 때문에 생긴 것이다.

⋮ 고개 숙인 수치의 얼굴을 들며

부끄러움은 자신의 허물 또는 자신에게 공감 감정으로 나타나는 남과 세상의 허물 때문에 생겨나는 감정이다. 이런 감정은 나와 세상을 분리하면 생길 수 없다. 그래서 뉘우치거나 부끄러움을 느끼는 사람은 세상의 한가운데 서 있는 사람이며, 전 존재의 허물을 느끼고 그것이 더 잘 되어야 한다는 책임을 느끼고 있는 사람이다. 이런 책임감이 없는 사람을 우리는 가라지나 미꾸라지 또는 썩은 사과라고 불렀고, 요즘 말로 사이코패스라고 옮겼다.

군이 동양뿐 아니라 서양의 지혜로도 뉘우치는 자는 부끄러움을 아는 자이고, 회개悔改의 마음(참회懺悔의 마음, 회린悔吝의 마음)은 자신과 세상을 모두 이전과는 다른 잘 되는 방향으로 돌리고 싶은 바람이다. 이런 바람은 마음속 깊은 곳에서 피어나는 불꽃이자 물줄기였다. 우리가 인간이 될 수 있던 까닭도 이러한 불꽃과 물줄기를 내 것으로 만들었기 때문이다. 문명의 시작도 여기에서 비롯되었다.

유교는 개과천선改過遷善을 말한다. '허물을 고쳐서 선한 길로 들어서는 것'을 뜻한다. 그 사례를 형이상학이 아닌 일상의 경험 속에서 찾아보면, 부끄러움을 느낄 때 선을 발견한다. 부끄러움이 사라지고 없다면 이는 우리가 사는 이 세상이 선하지 않은 길로 들어서고 있다는 의미다. 세상이 좋은 곳으로 나갈 길이 보이지 않는다. 무도하다.

불나방은 죽는 길인 줄 알고서도 불에 뛰어들고, 우리의 삶에서도 죽을 자리임을 알면서도 들어가 죽을 곳인데 저도 모르게 위험을 무릅쓰고 낭패를 당하는 경우가 많다. 제 길이 아닌 곳을 가면 사달이 난다. 그러나 비록 길이 없는 무도한 세상이라지만, 우리는 자신을 다시 한 번 더 믿어야 한다.

자신을 믿는 것은 자신을 아는 것과 다르다. 아는 것은 인식이고 믿는 것은 실천이다. 아는 것만으로는 아무것도 변할 수 없다. 이는 마음을 다루는 여러 현명한 사람들이 입에서 입으로 전해준 은밀한 지혜다. 우리가 자신을 믿을 때라야만, 움직일 때라야만 비로소 우리는 변할 수 있다. 이제 무도한 세상을 증거하는 수치의 의미를 생각하며, 우리가 할 수 있는 일을 적어 보자.

수치의 아래 얼굴이 있다. 이 얼굴의 모습은 병적인 수치, 곧 내면화된 수치심이다. 내면화된 수치심이 이끄는 그 길에서 되돌아가기 위해 우리가 할 일은 무엇인가? 마음을 치료하는 지성의 힘에 의지해서 길을 벗어나야 한다. 일찍부터 심리치료사들은 이승과 저승을 가르는 관문^{gate}처럼, 수치의 이쪽과 저쪽에는 각각 판이한 세상이 있다는 것을 알고 있었다.

게이트는 이쪽과 저쪽의 경계에 세워진 관문이다. 이쪽은 남들에게 알려지면 치욕스러울지도 모르는 나만의 세계이므로 금단의 영역이다. 그러나 나는 관문을 나서지 않으면 고통은 사라지지 않는다는 것을 잘 알고 있다. 관문을 박차고 경계를 넘어 저쪽의 너른 곳으로 가면 새로운 세상이 있다. 문제는 용기다.[192]

좀 더 많은 사람이 이러한 지성의 힘에 노출될 수 있는 관행이 이루어져야 한다. 그러나 이는 관행으로도 실제 치료 과정으로도 지난한 길이며, 일부 심리장애는 인간을 다루는 방식으로는 치료가 불가능할 정도다. 그렇다면 인간의 물질적 측면을 다루는 신경생리의 놀라운 발전에 의지하자. 신경생리는 발전 속도가 빠른 분야라서 그에 대한 정보에 신속하게 접근하기가 쉽지 않겠지만, 이쪽 분야에서 제일을 하는 사람들에게 보다 많은 관심을 보내도록 하자.

이런 소박한 우리의 염원을 비웃는 자들도 많다. 어딜 가도 고개를 배꼼이 내빼고 교언영색을 하는 자들은 있는 법이다. 하지만 우리가 자신을 믿을 때 우리 안에는 그것이 거짓이라는 것을 알아챌 수 있는 천성이 작동할 것이다.

문제는 반사회적 성격장애, 미성숙한 나르시시즘(악성 나르시시즘), 사이코패스(소시오패스)들이다. 한 마리로도 충분히 질서를 교란하는 인간 세상의 적들은 '비인'이기 때문에 충분한 공감 감정으로 대한다고 해도 공감하고 감화될 가망이 거의 없다. 이들에 대처하기 위해서는 수치 주기의 긍정적 활동을 통해 감시하고, 형벌을 부과할 수 있는 제도를 계속 업데이트할 수 있는, 이른바 미세 입법을 할 수 있는 대표를 선출해내야 한다. 이들을 다스리는 데 개인의 행동보다 더 우선

되는 것이 법안이고 제도이기 때문이다.

　우려되는 점들은 간헐적으로 사이코패스가 되는 정상적인 우리들이고, 우리의 공감 감정을 막기 위해 무차별적으로 융단폭격을 가하는 잔혹한 환경이다. 지금 시대의 환경이 이제껏 어떤 역사적 실체보다 차별적이고, 그 성격은 엄중하고 심각하며 파괴적이라는 의미에서 이를 '신자유주의 이데올로기'라고 불렀다. 그 핵심에는 돈을 버는 정도로 가치를 매기는 능력주의가 있다. 가공할 환경의 힘에 우리네들은 거의 속수무책이라는 것을 실토해야 한다.

　우리 자신은 '세상에 도가 있든 없든, 부귀영화를 원한다'고 생각하며, 그것이 인간의 천성이라고 여긴다. 비록 '나만 잘 되면 돼!'라는 언사를 천박하게 여기지만, 잠시 미약한 부끄러움으로 약간 고개를 돌릴 뿐, 대체적으로 수긍한다. 공자는 무도한 세상에 잘 먹고 잘살면 그것이 부끄러운 일이라고 했다. 과연 그럴까? 이 말은 검증된 것일까? 그것이 우리의 본성인가?

　돈으로 줄을 세우는 능력주의가 판을 치는 이데올로기 속에서 공자의 말이 무슨 소용이 있겠냐고 하지만, 이 또한 이데올로기의 덫에 걸린 패배주의이며, 교묘한 회의주의다. 살아가면서 주변으로부터 다음과 같은 말을 들을 때가 있다. 평범하지만, 그러나 평범하지 않은 이야기다. 다음에서 제시하는 사례는 결코 정치에 뜻을 둔 특정인을 거명하는 것이 아니라, 솔직한 이야기를 주변에서 찾았을 뿐이다.

　저는 사회적으로도 정말 좋은 직업을 가지고 있어요. 민주당, 미래통합당 후보 다 합쳐 봐도 제가 서울 시내에서 제일 많이 소득세를 냈더라고요. 그럼에도, 저는 저보다 어렵고 힘든 사람에 대한 불편함이 있습니다. 혼자 잘사는 게 불편해요. 그래서 정치를 하려는 거거든요. 나 혼자 잘 먹고 잘사는 것에 대해서 죄스러운 감정이 있어요. 사회 전체가 살기 힘든 사람들에게 버팀목이 되고, 방어막이 되어주는 것이 제가 하고 싶은 정치에요.[193]

미꾸라지 한 마리가 연못을 흐리는 것처럼 그 반대로 우리 안의 불꽃 한 줄기, 샘 한 모금만으로도 세상을 정화할 수 있다. 적들이 우리를 따라서 손에 쥔 검을 살인검으로 쓸 수 있듯이, 우리는 그 칼자루를 빼앗아 활인도로 쓸 수 있다. 인면수심을 한 사람 하나가 세상을 더럽혀 혐오를 조장하고 부끄러움을 마비시킬 수 있다면, 그 반대로 단 한 사람만이어도 자신의 마음에서 공감의 불길을 만들어내어, 우리의 고개 숙인 부끄러움을 피어나게 할 수 있다. 우리를 네 발로 기는 짐승에서 인간으로 만든 그 힘이 방향을 돌려 오늘보다 더 나은 내일로 가는 길로 들게 할 것이다. 그렇다면 공자의 말처럼, 천박하게 사는 것이 오히려 부끄러운 때가 온다. 그렇게 된다면 세상은 더 이상 더럽지 않다.

무도한 이데올로기를 되돌려 제대로 된 길로 접어들기 위해 저마다 '그 한 사람'이 되자. 세상을 부수는 데에는 많은 사람이 없어도 되듯이, 세상을 일으키는 데에도 많은 사람이 필요 없다. 우리가 바로 '그 한 사람'이 되자. 그 한 사람은 길을 알려줄 선인이고 의인이며,

한 줄기 불꽃이고 한 모금 샘물이다. 그 한 사람이 우리의 차갑게 식은 공감 감정에 불을 지피고, 메마른 우리의 가슴을 적셔준다. 그 한 사람이 뉘우치는 자리, 부끄러움을 느끼는 그 곳이 세상의 중심이다.

●

우리가 자신을 믿는다는 최종적인 의미가 여기에 있다. 우리가 그 한 사람이다. 그 사람은 부끄러움을 느낄 줄 아는 사람이다. 고개 숙인 수치의 얼굴을 들어 위를 향하자. 우리를 아래에서 위로 이끌어왔던 그 힘으로 더 위로 올라가자.

왜 부끄러움은 인간의 몫인가?

수치는 독특한 감정이다. 수치는 야누스처럼 각각 위와 아래로 향하는 두 얼굴을 가지고 있다. 이 두 얼굴은 서로 모순되어 보이기 때문에 수치는 심리학 분야와 인문학 분야로 서로 갈라져 있다. 심리학 분야는 주로 '병'의 원인이 되는 수치를 연구했고, 인문학 분야는 수치를 도덕 감정의 실마리로 삼아 연구했다. 그러나 수치는 두 얼굴을 가지고 있을 뿐이다.

그런데 수치의 얼굴은 오른쪽과 왼쪽이 서로 다른 한 쪽씩을 가진 것도 아니고, 앞과 뒤로 각각 하나의 얼굴이 달린 것도 아니다. 특이하게도 수치의 얼굴은 위와 아래로 향해 있다. 이로부터 수치의 특별한 '양면성ambivalence'이 나온다.

수치라는 말은 '알몸'에서 직접 연유하거나 그런 상태에 대한 감정이 배인 말이다. 이는 수치가 동물과 인간, 자연과 문명 등이 마주 닿으면서 생겨난 감정이라는 것을 보여준다. 이 접촉면을 어떻게 생각하는가에 따라 수치의 양면성이 드러난다.

수치의 아래 얼굴은 치욕스러운 모습을 하고 있다. 치욕이 밖으로 드러나 분노가 되거나 안으로 파고들어 위축되어 있다. 그 이유는 인간 안에서 동물을 느끼기 때문이다. 본래 인간은 자연을 넘어선 '초자연적' 기원을 가진 존재인데, 초자연적 본성을 어기고 나자 자연으로 떨어지고 동물이 되었다. 이때 처음 느낀 감정이 수치다.

수치는 알몸이고 성, 말하자면 '도저히 다스릴 수 없는 음란한 성욕'이었다. 인간은 자신 안에 살아 있는 동물(자연)의 본성을 수치스럽게 여겼다. 그래서 내 안의 동물을 죽이고 길들이기 위해 이성이 등장하고, 이로부터 이성과 감성은 날카롭게 갈라섰다. 이성을 높이는 자들은 감성을 누르려고, 감성이 피어나는 신체를 억압했다. 이는 동물과 자연에 대한 학대다.

신화는 인간 자신이 동물과 자연에 속하는 것에 대한 수치를 불복종의 결과로 제시했다. 초자연적인 본성을 어긴 죄는 인간 안에 깊은 죄의식을 심었다. 동물에게는 죄의식이 없고 수치도 없다. 자연 상태를 혐오하는 인간만이 그것을 수치로 느끼고 죄의식을 갖는다.

이어 과학의 시대가 왔어도 신화적 인식은 영향을 끼쳤다. 이른바 정신분석은 동물과 인간, 자연과 문명의 중간에 끼인 수치를 신화의 유산 속에서 다루고 있다. 음란한 성욕이라는 짙은 가치 평가가 담긴 말은 접어두고, 가치가 배이지 않는 말인 리비도가 이를 대신하게 했다. 에너지가 좋고 나쁜 것이 없듯, 리비도는 에너지처럼 생각되었다. 인간 안에 있는 동물성과 자연의 힘에 붙여준 새로운 의미였다.

수치는 동물로 사는 것을 막아주는 '정신의 댐'이 되었다. 이 댐으로 인해 인간은 문명을 만들어낸다. 수치가 무너지면 인간과 문명은 파괴된다. 수치는 그래서 나쁜 감정이 아니며, 인간이 문명, 곧 사회를 이루고 살 수 있게 해주는 사회적 감정이 되었다. 그런데 우리 안의 동물과 자연의 힘은 쉽게 길들여지거나 잘 다스려지지 않는다. 그래서 인간은 댐을 지키려고 노심초사하는 삶을 살게 된다. 정신분석학은 인간에게 인간으로 산 시간보다 동물과 자연으로 산 시간이 더 많았다는 것을 알기 때문에, 이 힘을 두려워했다. 그래서 인간은 이 힘을 억압했고, 그 결과 불안을 늘 달고 살게 되었다. 억압의 힘은 수치이고 또한 죄의식이었다. 동물과 자연의 이 힘은 리비도이기 전에 근친상간도 불사하는 음란한 성욕의 힘이었기 때문이다. 신화의 인식을 이어받은 것이다. 신화는 과학의 어머니였다.

정신분석학은 리비도가 인간이 자기 정체성을 형성하는 데 중요한 역할을 한다는 것을 알려주었다. 여기서 나르시시즘이 등장한다. 이는 리비도가 자기를 향한 관심으로 변화한 것이다. 자기를 향한 관심은 지금보다 더 나은 자신의 이미지를 심어주고 그것을 현실에서 실현할 수 있게 해준다.

문제는 나르시시즘이 세상을 만나면서, 세상의 다른 나르시시즘을 갖는 타인들과 만날 때다. 두 나르시시즘이 서로를 인정할 때 사랑이 피어나고 한 인간의 정체성은 꽃을 피울 수 있다. 그러나 이는 자신의 희생을 요구하며, 좌절을 경험해야 하는 것을 의미한다. 희생과 좌절이 없이는 온전한 인간을 기대할 수 없다. 하지만 희생을 감내하고 좌절을 딛고 일어서는 것 또한 나르시시즘이다. 희생과 좌절을 겪으며 나르시시즘은 성숙해 간다.

나의 나르시시즘은 나를 더 향상시킬 수 있는 힘이다. 그때 필요한 것은 이미 먼저 희생과 좌절을 감내한 나르시시즘의 존재다. 이 존재가 나를 공감할 때 성장이 이루어진다. 이 존재는 나를 기르고 키워준 가장 가까운 존재다. 대부분은 부모가 그 역할을 한다. 희생과 좌절을 겪고 수용한 부모의 성숙한 나르시시즘이 자식의 성장을 이끄는 것이다. 하지만 이런 기가 막힌 만남은 드물게 일어난다. 그래서 인간의 성장은 더디고 자주 꺾이기 쉽다.

말하자면 동물과 자연의 힘이 가진 날것 그대로의 힘을 떨치고 일어서지 못한다. 에너지의 새로운 변형을 만들어내지 못하는 것이다. 자기의 나르시시즘이 좌절을 견딜 수 없고 희생을 멀리할 때, 성숙한 다른 나르시시즘으로부터 오는 적절한 공감이 부재할 때, 수치는 정체성의 구조가 된다. 유독한 수치심이 인간을 만성적으로 병들게 한다.

여기서 수치의 병리가 기승을 부린다. 아래 얼굴의 수치는 없앨수록 건강해지고 좋은 것이며, 가져서는 안 되는 것이다. 그런데 이상하지 않은가? 우리는 수치를 모르는 자신을 부끄러워하지 않은가? 그렇다면 수치는 없애야 좋은 것이 아니라, 있어야 좋은 것이 아닌가? 여기서 수치의 위 얼굴이 드러난다.

수치의 위 얼굴은 동물과 자연에 친화적이다. 인간은 초자연에서 자연으로 떨어진 것이 아니라, 자연과 동물에서 생겨났다. 그래서 동물에 기원을 둔 신체를 억압하거나 학대하지 않는다. 신체에서 피어나는 감정을 신뢰한다. 아래의 얼굴과 정반대의 모습이다.

여기서는 인간이 문명을 일구고 자신을 성장시키기 위해 수치가 중요한 역할을 한다. 본래 수치는 얼굴의 아래만 고통스러운 감정이 아니라, 위에서도 고통을 주는 감정이다. 그러나 위에서의 고통은 약이나 회초리가 주는 경계의 고통이다. 정신의 댐을 유지하기 위해서도 조심하고 살피는 경계의 고통이 따르지만, 그것은 억압에서 생겨나는 불안이 주는 고통이다. 약이나 회초리의 고통은 성장을 위한 '쓴 맛'에 있다. 쓴 맛은 이전보다 더 나은 자신을 만들 뿐 아니라, 이전보다 더 나은 세상을 만든다. 이제부터 수치보다 부끄러움이 더 나은 말이다.

부끄러움의 감정은 인간 존재의 성장을 위해 필요한 감정이면서, 동시에 사회의 건강을 유지하고 발전시키는 사회적 감정이다. 부끄러움이 없는 인간은 인간의 기본이 되지 않은 것이고, 부끄러움을 모르는 사회는 무도한 사회다. 그런데 부끄러움을 아는 것은 고통을 각오하는 것이다. 인간이 부끄러움을 아는 것은 감내하는 것이며, 이러한 자기교정을 통해 인간은 성장한다. 하지만 인간은 고통을 싫어한다. 부끄러움을 느끼고 싶어하지 않는다. 곧 동물의 상태로 돌아가고자 한다. 이 때문에 공연히 동물은 부끄러움을 느끼지 않은 혹은 그러고 싶지 않은 인간들을 혐오하는 비유의 제물이 되었다.

수치의 위 얼굴은 자발적으로 부끄러움을 느끼고 그 이후에 행동하는 인간을 요구한다. 그 행동은 의롭고, 사회를 맑게 하며 한 인간에게 높다란 품격을 만들어준다. 하지만 동물성으로 이끌리기 쉬운 인간의 다른 모습은 부끄러움을 망각하게 만든다. 그래서 예전에는 지나칠 정도로 엄격한 자기 수양을 요구했고, 불의하지 않은 사회적 삶을 요구했다. 이는 수치의 위 얼굴이 생각보다 저절로 주어지는 것이 아니라, 커다란 극기가 필요하다는 것을 알려준다. 그래서 과장하면 안 된다. 부끄러움은 자기 성장과 사회적인 선을 지향하는 마음에서 피어난 감정이지만, 매우 적고 가냘프다. 이것을 지키고 보호하면 세상은 불화하지 않고, 개인은 자부심이 가득한 명예로운 삶을 산다. 그래서 범용한 인간에게는 일견 모질고 혹독하게 보이는 수양이 필요했다.

수치의 두 얼굴은 이런 모습을 하고 있다. 우리는 짐짓 모순되어 보이는 수치의 두 의미를 하나로 합쳐서 이해하려 했다. 그렇다면 현실의 우리 모습은 어떤가?

사사롭게 금연구역에서 침을 뱉고 꽁초를 함부로 버리는 사람은 그런 행위를 쳐다보는 시선도 아랑곳하지 않는다. 그를 타이르며 부끄러움을 일깨우려는 노력은 개인을 존엄하게 보는 상식을 무시하는 것처럼 보이지만, 가상한 일이다. 그도 사람이라면 부끄러움의 감정이 있을 테니까. 그러나 그런 노력은 그 사람의 마음에 경종을 울리는 것일 뿐이며, 진정한 변화는 그 자신의 행동에서 생겨난다. 하지만 인간에게는 동물성으로 돌아가고픈 마음이 늘 존재한다. 고통스러운 감정을 불러내기 싫기 때문이다. 개인의 존엄성에서 나올 자발성에 대한 기대는 자주 빗나간다. 회초리를 들어야 한다.

그래서 우리는 수치 주기라는 무기(회초리)를 정당하게 사용하는 것을 생각했다. 이어서 담배꽁초 버리는 것 따위와는 비교도 할 수 없는 엄청난 일을 저지르고도 부끄러움을 모르는 존재들은 민주주의에 기초한 법안의 '회초리'로 제재해야 한다고 생각했다. 이들은 부끄러움의 고통을 모르며 부끄러움을 무시하기 때문이다.

부끄러움은 개가 뒤로 걸을 리가 없는 것처럼 인간 내부에서 자발적으로 분비되는 사회적 감정이지만, 이러한 분비가 안 되는 부류가 반드시 존재한다. 이러한 존재들이 활개치지 못하도록 하는 것이 부끄러움을 제대로 분비하는 인간들의 삶이다. 작은 일부터 큰일까지 부끄러운 일이 부끄러운 줄 모르고 살지 못하도록, 그것이 부끄러운 일이라는 것을 알리고 각인시켜서 행동을 교정하게 만드는 것, 그것이 정의이기 때문이다.

정의가 없다면 사회는 무너진다. 그리고 인간도 무너진다. 인간이 살고 문명이 유지되기 위해서는 정의가 살아나야 하며, 그것은 부끄러움을 아는 인간들이 다수가 될 때야 가능하다. 이를 위해 인간들 가운데 어떤 이들은 자의든 타의든 목숨을 바쳤다. 그 덕에 우리가 산다.

수치의 아래 얼굴은 수치의 유독함이 있는 곳으로, 병든 인간이 위축되어 있다. 비록 마음 내부의 일이며, 미성숙함에서 기인한 정신의 질환이라고 하지만 실제 유독한 수치심의 한 계기는 양육의 조건이다. 이것은 환경의 문제와 연결된다. 크게는 시대의 패러다임, 문명이 지향하는 방향, 국가와 사회의 기조 등이 가진 건강성 여부, 그리고 이러한 환경 속에서 살았던 부계와 모계의 가족 관계, 유전자를 건네준 부모와 직접적인 양육 환경 등이 모두 힘을 합해서 병적 수치심이 없는 인간을 만들든지, 아니면 수치로 찌든 인간을 만드는 것이다. 이렇게 본다면, 수치의 위 얼굴이 만들고자 하는 인간과 사회는 바로 아래 얼굴에 직접적인 환경이 된다.

자기 성장은 부끄러움의 고통스러운 체험을 극복하는 것이며, 이런 인간들이 양육자가 되면 병적 수치가 생겨날 틈이 없다. 또한 부끄러움을 느낄 줄 아는 인간은 정의로운 사회를 만들려고 하는 민주주의 정신을 구현하려고 노력한다. 이들이 다수가 되는 한 세상의 크고 작은 환경은 좋은 양육 조건으로 변한다.

그래서 수치의 두 얼굴은 서로 반대쪽으로 향하고 있지만, 실제로는 위의 얼굴이 전체를 이끈다. 위쪽 얼굴은 자신 안에 깃들어 있는 동물성을 천시하거나 억압하지 말고, 인간됨의 조건에서 어쩔 수 없이 생겨난 잘못이나 충동에서 피어난 부끄러움의 고통을 인정하며, 옳은 쪽으로 가는 것이 인간의 삶이 나아가야 할 길이라고 알려준다. 스스로 인정하기 어려운 고통스러운 감정을 우리가 자발적으로 분비하는 이유가 여기에 있다. 그것이 인간의 도이기 때문이다.

1부. 수치, 감정과 문화

1   Michael Lewis, *Shame: the Exposed Self* (New York : The Free Press, 1992), pp.17-20.

2   미치오 가쿠,《마음의 미래》, 김영사, 2015. 물리학자가 마음을 연구하는 두뇌 과학의 다양한 주제를 소개하고 향후 발전을 개관하고 있어 참고할 만하다.

3   《숫타니파타》제2장 소품小品에〈부끄러움〉의 주제로 5문장이 있지만 부끄러움 자체를 말한 것은 아니다.

4   법정 옮김,《숫타니파타》제1장 사품蛇品,〈밭을 가는 바아라드바아자〉.〈디지털 불교〉(http://kr.buddhism.org/)

5   Edward O. Wilson, *Biophilia: The Human Bond with Other Species* (Cambridge: Harvard University Press, 1984), p.47.

6   Charles Darwin, *The Expression of Emotion in Men and Animals* (London: John Murray, 1872), p.386

7   William James, *What is an Emotion?* (1894), republished (Radford, VA: Wilder Publications, 2007), p.31.

8   앞의 책, p.14.

9   마크 베어 · 베리 코너 · 마이클 파라디소, 강봉균 외 역, 《신경과학: 뇌의 탐구》,
     바이오메디북, 2009, 565쪽.

10   시상視床, thalamus은 감각 정보를 처리해 대뇌피질로 전달하는 데 중요한 역할
     을 한다. 오른쪽과 왼쪽 두 개의 시상이 있다. 시상에 도착한 정보 중 일부만을
     일차감각피질primary sensory cortex로 전달하므로 감각정보를 필터링하는 기능
     을 한다. 뇌 부위의 설명은 《신경과학: 뇌의 탐구》, 7장 부록 〈인체신경해부학도
     해〉를 참고한 것이며, 이하도 같다.

11   시상하부Hypothalamus는 시상의 아래쪽에 위치한 뇌 부위로 심혈관 기능조절,
     체온 조절, 체내 수분 대사 조절(목마름과 소변 생성 억제), 자궁수축과 모유 분비
     조절, 호르몬 분비 조절 및 식욕, 생식, 수면에 대한 본능적 욕구의 중추다.

12   《신경과학: 뇌의 탐구》, 7장 부록 참고.

13   뇌하수체hypophysis는 완두콩 크기이며, 우리 몸에 중요한 호르몬들의 분비를
     총괄하는 내분비기관이다.

14   대뇌피질cerebral cortex은 두께가 3밀리미터 정도의 세포층으로 쌓여 있는 조직
     이다. 두께가 있는 이 조직은 아래부터 쌓아 올린 것이기 때문에, 아래가 오래된
     것이고 위가 오래된 것이다. 아래의 오래된 층을 변연피질이라고 하고, 상층 부
     위가 그 유명한 신피질이다. 신피질은 고등포유류의 상징으로 인간의 경우 가
     장 크게 발달했다. 신피질은 감정조절, 결심, 결정, 사회적 도덕적 판단 등을 맡
     는 한편, 좌뇌 신피질은 언어 사유가능을 맡는다. 신피질은 인간 뇌의 80퍼센트
     를 차지한다.

15   변연피질과 뇌간 사이의 부위를 합쳐 변연계邊緣系, limbic system라고 한다. 변연
     계는 모든 포유동물의 뇌가 공유한다. 변연계의 주요 구조물들은 대상회, 기저
     전뇌, 해마, 편도체 등이다. 변연계는 두뇌 한가운데의 뇌간 주변에서 대뇌피질
     주변까지 망라하는 영역을 가리키는데, '변연계'는 주변이라는 뜻에서 붙여진
     이름이다.

16 해마hippocampus라는 이름은 비슷한 생김새를 가진 해마seahorse에 빗대 이름 그리스어로 부른 것이다(hippos=horse, kampos=sea monster). 편도체도 생김새 때문에 지어진 이름이다. 편도扁桃는 라틴어로 아몬드almond를 뜻하는 아미그 달라amygdala의 한자말인데, 열매가 납작 복숭아와 비슷하게 생겼다고 해서 붙 여진 이름이다.

17 뇌섬insula이란 이름은 그 모양이 바다의 섬 같다고 해서 붙여졌다. 전두엽과 두 정엽, 측두엽에 의해 덮여 보이지 않는 대뇌피질 부위다. 뇌섬은 신체의 내부 상 태가 재현되는 피질영역일 뿐만 아니라, 활성화되면 감각적 투입을 내장 반응 으로 전환시키는 내장 운동 통합 중추이다.

18 전전두피질ventrolateral prefrontal cortex은 뇌의 가장 앞부분에 있다.

19 Antonio Damasio, *Descartes' Error: Emotion, Reason, and the Human Brain* (New York: Penguin Books, 1994), p.134.

20 안토니오 다마시오, 임지원 옮김, 《스피노자의 뇌》, 사이언스북스, 2009, 79쪽.

21 Giacomo Rizzolatti, Corrado Sinigaglia, *Mirrors in the Brain : how our minds share actiona and emotion*, translated by Frances Anderson (Oxford University Press, Italian 2006, 2008), pp.79-114.

22 Vittorio Gallese, Chriatian Keysers, Giacomo Rizzolatti, "A Unifying View of the Basis of Social Cognition", *Trends in Cognitive Science*, 8-9, 2004, p.396.

23 황태연, 《감정과 공감의 해석학》(1), 청계출판사, 2014, 138쪽. 직관적 감성본능 은 쾌통, 재미, 미추, 시비 등을 가리킨다.

　*이 저술은 동서고금의 고전과 철학, 근현대 인문사회과학 및 자연과학 등을 섭 렵한 정치철학자 황태연 교수가 공감이론을 학제적으로 구성해 공자의 윤리학 과 맹자의 정치철학을 글로벌 경쟁 차원의 도덕철학으로 정당화하기 위해 두 권으로 지은 방대한 규모를 가지고 있다. 그의 학문적 여정에서 이정표가 될 만 한 노작이며, 세계적으로도 드문 선단先端의 문제의식을 가진 것으로 평가될 수

있다. 우리가 수치의 두 얼굴을 탐구하는 데, 많은 정보와 영감 및 논리가 이 책을 따라가고 있다.

24 인간에게는 삼라만상도 인식할 수 있을 정도의 수로 유형화되어 있고 이들의 자극으로 일어나는 심상도 그 수가 일정하게 정해져 있다. 대략 약 36개 정도의 심상으로 환원된다고 본다. 34종(7색, 7음, 5맛, 7냄새, 8촉각), 공간과 시간 2종. 《감정과 공감의 해석학》(1), 275쪽 참고.

25 David Hume, *A treatise of Human Nature*, Book 2, Of the Passion, p.257. (《감정과 공감의 해석학》(1), 280쪽에서 재인용).

26 《스피노자의 뇌》, 59~60쪽.

27 유교 경전인 《예기》에 나타난 일곱 감정(희노애구애오욕喜怒哀懼愛惡欲)과 《맹자》의 사단지심(측은惻隱, 수오羞惡, 사양辭讓, 시비是非)을 합한 수다.

28 《스피노자의 뇌》, 59쪽.

29 Paul Rozin, Jonathan Haidt & Clark R. McCauley, "Disgust", *Handbook of Emotion* (New York: The Guilford Press, 2008), p.758.

30 *The Expression of Emotion in Men and Animals*, p.270.

31 "Disgust", *Handbook of Emotion*, pp.757~761.

32 "Disgust", *Handbook of Emotion*, p.761.

33 Michael Lewis, "Self-Conscious Emotion: Embarrassment, Pride, Shame, and guilt", *Handbook of Emotions* (New York: The Guilford Press, 2008), pp.742~756.

34 *The Expression of Emotion in Men and Animals*, p.350.

35 *Handbook of Emotions*, p.750

36 *The Expression of Emotion in Men and Animals*, p.366

37 《내훈》은 1475년(조선 성종 6) 왕의 어머니인 소혜왕후가 부녀자의 교육을 목적으로 지었다. 당시 책이 그렇듯이 유교의 입장에서 여성을 교육하던 책인 중국의 《열녀전烈女傳》과 《여교女敎》, 일상 예절과 규범을 다룬 《소학小學》과 《명감明

鑑》 등에서 여성의 교육에 필요한 조목을 정리했다. 한문으로 쓰인 것을 서문이나 후기를 제외하고 거의 한글로 번역한 것이다.

38 고사의 내용을 약간 풀어 썼다.

39 시성詩聖이라 불리는 두보의 시를 한글로 옮겼다. 1443년(세종 25) 4월에 시작해서 38년에 걸쳐 1481년(성종 12)에 간행된 것으로 우리나라에서 시를 번역한 첫 저술이다.

40 이호영, 《부끄러움》, 청년의사, 2002, 34쪽.

41 김민수, 《우리말 어원사전》, 태학사, 1997.

42 심재완 편저, 《교본역대시조전서》, 세종문화사, 1972, 1152쪽.

43 《설문해자》는 고경古經(기원전 춘추시대와 그 이전의 시대에 쓰인 경전. 《주례周禮》, 《주역周易》, 《상서尚書》, 《시경詩經》, 《춘추春秋》, 《국어國語》 등이 여기에 속한다)에 근거를 둔 권위 있는 문자해설서다.

44 임지룡, 《말하는 몸》, 한국문화사, 2006.

45 여섯 종의 사전: 이희승 편, 《국어대사전》(민중서림, 1986); 신기철 외, 《새 우리말 큰사전》(삼성출판사, 1974), 한글학회 지음; 《우리말 큰사전》(어문각, 1991); 김민수 외, 《국어대사전》(금성출판사, 1991); 연세대 언어정보개발연구원 편, 《연세 한국어사전》(두산동아, 1998); 박영준 외 편저, 《관용어사전》(태학사, 1996). 한 종의 소설 자료: 김원우 외 편, 《현대소설 100년 한국 대표단편 57인 선집》(프레스 21, 1998).

46 KCP(카이스트 색인 프로그램), CETConc(고려대 민족문화연구원 전자텍스트연구소 용례추출기의 말뭉치) 등을 사용했다.

47 21세기 세종 말뭉치의 자료 가운데 현대 문어 데이터만을 추출한다. 구어 자료는 위에서 선정한 어휘들이 너무 적게 등장하기 때문이다. 말뭉치의 크기는 총 3,666만 6,924(36,566,924) 어절이다. 김아림, 김바로, 〈부끄러움/창피함/쑥스러움/수치스러움/수줍음 간의 관계 고찰〉, 《언어》 43-3, 한국언어학회, 2018.

48 위의 논문, 417쪽.

49 《꾸란》에서 알라(하나님)는 천사, 진, 인간을 창조했다고 한다. 천사는 빛, 진은 불, 인간 흙으로부터 각각 창조되었다. 이블리스는 진의 일종이며, 성서의 사탄과 비슷하고, 뱀의 형상으로 나타나기도 한다. 진에는 여러 종류가 있는데, 인간과 더불어 사는 아미르, 악의가 있는 사탄, 사탄보다 더 강하고 더 능력이 있는 이프릿 등이 있다. 김정위, 《이슬람 사전》, 학문사, 2002 참고.

50 영어 셰임shame은 인도게르만어로부터 비롯하며, 어근 kam/kem이 성性과 관련되어 있다. 독일어 샴scham은 부끄러움이나 수치를 뜻하지만, 성기나 벌거숭이도 뜻한다. 임홍빈, 《수치와 죄책감: 감정론의 한 시도》, 바다출판사, 2014, 180쪽 참고. 그런데 우리말의 부끄러움 또한 '벌거숭이'와 연관된 사실에서 동서가 부끄러움을 최초 경험한 것이 '성기가 드러난 알몸'임을 알 수 있다.

51 토브는 좋은, 선한, 즐거운, 선, 이익, 번영, 복 등을 의미한다.

52 다음을 참고. 임태수, 〈생명나무와 선악을 알게 하는 나무의 현대적 의미〉, 《신학사상》138, 한신대 신학사상연구소, 2007, 98쪽. 이재호, 〈아담의 선악과 시험과 예수의 광야 시험 다시 읽기: 전능성의 추구와 통제의 관점에서〉, 《목회와 상담》26, 한국목회상담회, 2016, 301쪽.

53 야훼 하느님께서 진흙으로 사람을 빚어 만드시고 코에 입김(생기)을 불어넣으시니, 사람이 되어 숨을 쉬었다. (〈창세기〉, 2장 7절)

54 의인의 의는 히브리어 '차디크tsad-deek'로서, 의로운, 공정한 곧다, 올바르게 행하다 등의 의미를 가지고 있다. 성서의 맥락에서 죄가 없거나 흠이 없는 의인은 없으나, 타락한 시대에도 경건하고 정직하게 살려고 노력하는 사람을 의미한다. 《한국컴퓨터선교회-KCM사전》 참고.

55 당신의 결정은 은혜로우시니, 그 몸서리치는 모욕에서 건져주소서. (〈시편〉, 119장 39절)

56 아우구스티누스, 성염 역주, 《신국론》, 제14권 10절, 분도출판사, 2004, 674쪽.

57 앞의 책, 같은 곳.

58　Aquinas, *Summa Theologia* I-II. 82. 3. ad. 1. (장재호, 〈원죄와 죽음의 문제〉, 《대학과 선교》 39, 한국대학선교학회, 2019, 237쪽에서 재인용)

59　밀턴, 유령 옮김, 《실낙원》 제8편, 신영출판사, 1987. 괄호는 시의 행을 적은 번호다. 예컨대 이 구절은 제8편의 455행을 가리킨다. 이후도 이렇게 표기한다.

60　《실낙원》 제9편에 속하는 행들이다.

61　〈시편〉, 119장 31절.

62　프로이트, 김정일 옮김, 《성욕에 관한 세 편의 에세이》, 열린책들, 1996, 19쪽.

63　앞의 책, 60~61쪽.

64　여기서는 더 이상 논의하지 않지만, 에로스와 짝이 되는 본능은 타나토스Thanatos다. 에로스는 삶의 본능이고 타나토스는 죽음의 본능이다. 타나토스는 흙으로 태어난 존재가 흙으로 돌아가려는 본질적 경향이다. 이 개념은 다소 형이상학적이라서 정신분석학자들은 기피했으나, 인문학 전반에 큰 영향을 미쳤다. 에리히 프롬Erich Fromm은 이를 변형해 에로스를 바이오필리아biophilia(삶에 대한 사랑)로 부르고, 타나토스를 네크로필리아necrophilia(죽음에 대한 사랑)로 불렀다.

65　《성욕에 관한 세 편의 에세이》, 53쪽.

66　앞의 책, 52쪽.

67　앞의 책, 53쪽 각주 46번.

68　1897년 10월 프로이트가 친구인 안과의사 프리스Fliess에게 보내는 편지에서 처음 보인다. 박민철, 〈프로이트의 삶과 업적〉, 《정신분석》 18-1, Korean Psychoanalytic Society, 2007, 7쪽.

69　오늘날 셈 족 계열로는 이스라엘, 시리아, 이라크, 요르단, 아라비아, 터키, 레바논, 북부 아프리카 등의 지역에 사는 사람들이 꼽힌다.

70　프로이트, 김인순 옮김, 《꿈의 해석》, 열린책들, 1997, 319~320쪽.

71　소포클레스, 천병희 옮김, 〈오이디푸스 왕〉, 《소포클레스 비극 전집》, 도서출판 숲, 2017, 83~85쪽. 희곡의 행으로는 1365~1408에서 발췌했다.

72 〈오이디푸스 왕〉, 80쪽. 1285행.

73 위와 같은 곳. 1530행.

3부. 수치, 정체성과 병리

74 프로이트, 민희기 옮김, 〈나르시시즘 서론〉, 《정신분석학의 근본 개념》, 열린책들, 2016, 49쪽.

75 앞의 책, 45쪽.

76 앞의 책, 64쪽.

77 앞의 책, 73쪽.

78 위와 같은 곳.

79 앞의 책, 74쪽.

80 위와 같은 곳.

81 앞의 책, 77쪽.

82 앞의 책, 80쪽.

83 위와 같은 곳.

84 앞의 책, 81쪽.

85 앞의 책, 85쪽.

86 실제로는 융이 한 말이 아니라, 널리 퍼진 격언 같은 것이다.

87 융은 1928년 중국학자 리하르트 빌헬름으로부터 도교의 경전인 《태을금화종지》에 대한 심리학적 주석을 의뢰받는다. 이국의 문화가 융의 탐구에 모종의 객관성과 보편성을 부여한 것이다. 또한 빌헬름으로부터 《주역》을 소개받고, 자신의 심리치료에 활용하며 동서 인간 정신의 폭과 넓이를 현대의 심리학적 관점으로 재해석하는 창의적인 업적을 이루었다.

88 융, 김세영 옮김, 《레드 북》, 부글북스, 2012, 87쪽.

89 Orlando A Robertson, *The True Christian Gospel* (Orlando Inc, 2019) p.18.

90 《레드북》, 84쪽.

91 융, 김세영 외 옮김, 《아이온》, 부글북스, 2016, 20~23쪽.

92 융, 조성기 옮김, 《기억, 꿈, 사상》, 김영사, 2019, 65쪽.

93 앞의 책, 66~67쪽.

94 James A. Hall, *Jungian Dream Interpretation : A Handbook of Theory and Practice* (Toronto: Inner City Books), 1983, pp.16~19.

95 융이 인용한 횔덜린Friedrich Hölderlin의 시 〈파트모스Patmos〉의 한 구절이다. "부끄럽게도 / 어떤 힘이 우리 심장을 앗아간다. / 천상에 있는 모든 것은 제물을 요구하므로, / 하지만 이를 소홀히 하면 / 좋은 일이 결코 생기지 않는다."

96 《기억, 꿈, 사상》, 626~627쪽.

97 코헛, 이재훈 옮김, 《자기의 분석》, 한국심리치료연구소, 2005, 240~241쪽.

98 앞의 책, 10쪽. "정체성이라는 용어가 그러하듯이, 성격이라는 용어는 일반적인 의미에서 종종 유용하게 사용하고 있음에도 불구하고 본래 정신분석학적 심리학의 용어가 아니다. 그것은 심층 심리학적 관찰보다는 사회적 행동에 대한 관찰 그리고 타자들과의 상호작용 안에 있는 개인이 자기 자신의 (전)의식적 경험에 대해 서술할 때 더 잘 어울리는 것이다. 그러나 자기라는 개념은 정신분석적 상황 안에서 생겨나고 개념화된 것으로서, 비교적 낮은 수준의 정신 기구 또는 직접적인 경험에 가까운 정신 내용을 지칭하는 개념이다. 따라서 그것이 정신 기구는 아니지만, 마음속에 있는 구조다."

99 앞의 책, 126쪽.

100 코헛, 이재훈 옮김, 《자기의 회복》, 한국심리치료연구소, 2006, 189쪽.

101 에릭슨, 송제훈 옮김, 《유년기와 사회》, 연암서가, 2014, 308쪽.

102 위와 같은 곳.

103 앞의 책, 309쪽.

104 앞의 책, 310쪽.

105 조지프 버고, 박소현 옮김, 《수치심》, 현암사, 2019, 37~42쪽.

106 브래드쇼, 김홍찬·고영주 옮김, 《수치심의 치유》, 한국상담심리연구원, 2013,

11~12쪽.

107 앞의 책, 12쪽.

108 앞의 책, 13쪽.

109 《수치심의 치유》의 〈헌사〉.

110 앞의 책, 25~42쪽에 걸친 내용을 논평을 곁들여 보고서 식으로 정리했다.

111 미국 정신의학회APA: American Psychiatric Association에서 1952년부터 출판한 "정신장애진단기준 및 통계편람Diagnostic and Statistical manual of Mental disorders"의 약자다. 판을 거듭해서 최초 《DSM》(I)부터 시작해 2013년 5월에 《DSM-5》까지 나왔다. 이른바 "정신병"의 판단 기준에 사용된다. 미국 정신의학회APA, 권준수(대표역자), 《정신질환의 진단 및 통계 편람》, 학지사, 2018.

4부. 수치, 위쪽 얼굴

112 《성서》를 《성경》이라고 부르는 것은 동양에 이미 성립되어 있던, ('사서삼경'을 포함한) '13경'(13개의 경)을 부르던 관습을 이어받은 것이다. 《성서》나 《꾸란》, 《대장경》이나 《도장》, 그 밖의 경전처럼 '13경' 모두가 문명의 벼리이고, 인간 삶의 지도원리가 되는 '성스러운 표준적 가르침'이다. 세상에는 무수한 경經들이 많다.

113 《맹자》〈공손추상公孫丑上〉 6장. "사람에게는 모두 남에게 차마 하지 못하는 마음이 있다고 말하는 것은, 아이가 돌연 우물 속으로 빠지려는 것을 보았을 때 누구라도 깜짝 놀라고 측은한 마음이 들게 되는 것을 보면 알 수 있다. 이것은 구해준 인연으로 어린아이의 부모와 교분을 맺으려고 해서도 아니고, 아이를 구했다고 마을 사람이나 친구들에게 칭찬을 듣고자 해서도 아니며, 구하지 않았을 때 듣게 될 잔인하다는 비난의 소리들이 싫어서 그런 것도 아니다"(所以謂人皆有不忍人之心者 今人 乍見孺子將入於井 皆有忧惕惻隱之心 非所以內交於孺子之父母也 非所以要譽於鄕黨朋友也 非惡其聲而然也).

114 PAMPerception-Action Mechanim은 공감의 즉각적이고 반사적인 작동원리

를 가리킨다. Stephanie D. Preston, F. de Waal, "Empathy: its ultimate and proximate bases." *Behavioral and Brain Science* 25 (Cambridge University Press, 2002), pp.1-20.

115 《맹자》〈공손추상〉 6장. "이를 통해 보면 … 부끄러워하는 마음이 없으면 사람이 아니다. … 부끄러워하는 마음은 의로움의 실마리다. … 무릇 나에게 있는 이 사단을 모두 확충해 나갈 줄 알면 불이 처음 타오르고 샘물이 처음 솟아 나오는 것처럼 처음은 미약하지만 결과는 대단할 것이다. 진실로 이 사단을 제대로 확충해 나간다면 천하도 보호할 수 있겠지만, 확충해 나가지 못한다면 부모도 섬길 수 없을 것이다"(由是觀之 無羞惡之心 非人也 羞惡之心 義之端也 … 凡有四端於我者 知皆擴而充之矣 若火之始然 泉之始達 苟能充之 足以保四海 苟不充之 不足以事父母).

116 《감정과 공감의 해석학》, 510쪽.

117 《맹자》〈공손추상〉 2장. 是集義所生者 非義襲而取之也 行有不慊於心 則餒矣 我故曰 告子未嘗知義 以其外之也 必有事焉而勿正 心勿忘 勿助長也.

118 《논어》〈위정爲政〉 24장. 見義不爲 無勇也.

119 《논어》〈양화陽貨〉 23장. 君子 有勇而無義 爲亂 小人 有勇而無義 爲盜.

120 《맹자》〈고자상告子上〉. 10~11장. 孟子曰 生亦我所欲也 義亦我所欲也 二者 不可得兼 舍生而取義者也 生亦我所欲 所欲 有甚於生者 故不爲苟得也 死亦我所惡 所惡 有甚於死者 故患有所不辟也 非獨賢者有是心也 人皆有之 賢者 能勿喪耳.

121 《순자荀子》〈영욕榮辱〉. 材性知能 君子小人一也 好榮惡辱 好利惡害 是君子小人之所同也.

122 《순자》〈유효儒效〉. 縱性情而不足問學 則爲小人矣 爲君子則常安榮矣 爲小人則常危辱矣.

123 《순자》〈영욕〉.

124 《순자》〈권학勸學〉. 物類之起 必有所始 榮辱之來 必象其德 肉腐出蟲 魚枯生蠹 怠慢忘身 禍災乃作.

125 《순자》〈의병議兵〉. 義者 循禮.

126 《논어》〈위정爲政〉 3장. 子曰 道之以政 齊之以刑 民免而無恥 道之以德 齊之以禮 有恥且格.

127 《순자》〈영욕〉. 義之所在 不傾於權 不顧其利 擧國而與之 不爲改視 重死而持義不橈 是 士君子之勇也.

128 그리스어의 아이도스는 부끄러움, 염치, 신이나 타인에 대한 경외 또는 공경과 존중, 자존하는 마음 등을 두루 의미하는 폭넓은 뜻을 지닌다. 플라톤, 박종현 역주,《프로타고라스, 라케스, 메논》, 서광사, 2010, 81쪽

129 아리스토텔레스, 최명관 옮김,《니코마코스 윤리학》, 서광사, 1984, 141쪽.

130 앞의 책, 같은 곳.

131 앞의 책, 140쪽. "수치는 하나의 덕으로 볼 것이 아니다. 그것은 하나의 성품이 라기보다는 오히려 하나의 감정인 듯싶기 때문이다."

132 아리스토텔레스, 이종오 옮김,《수사학》, 한국외국어대출판부, 2015, 156쪽.

133 하병학, 〈인간 이해와 수치심〉,《인문과학》117, 연세대 인문학연구원, 2019, 225쪽.

134 James Legge, *The four books* (한국고전종합DB. http://db.itkc.or.kr/)

135 《맹자》〈이루하離婁下〉19장. 孟子曰. 人之所以異於禽獸者幾希, 庶民去之, 君子存之.

136 《정신질환의 진단 및 통계 편람》, 719쪽.

137 Robert D. Hare, *Without Conscience: The Disturbing World of the Psychopaths among Us* (New York, London: The Guilford Press, 1993), pp.33~68.

138 독일의 빔 벤더스Wim Wenders가 감독한 판타지 영화다. 독일어 제목은 'Der Himmel über Berlin(베를린 위의 하늘)'이다.

139 《논어》〈공야장公冶長〉24장. 巧言令色足恭 左丘明恥之 丘亦恥之.

140 《맹자》〈진심하盡心下〉37장. 孔子曰 惡似而非者 惡莠 恐其亂苗也 惡佞 恐其亂義也 惡利口 恐其亂信也 惡鄭聲 恐其亂樂也 惡紫 恐其亂朱也 惡鄕原 恐其亂德也.

141 《맹자》〈진심하〉37장. 曰 非之無擧也 刺之無刺也 同乎流俗 合乎汚世 居之似忠信 行 之似廉潔 衆皆悅之 自以爲是 而不可與入堯舜之道 故曰德之賊也.

142 《맹자》〈진심하〉37장. 君子反經而已矣 經正 則庶民興 庶民興 斯無邪慝矣.

143 《시경》〈대아탕지십大雅蕩之什〉의 2장〈억抑〉. 視爾友君子 輯柔爾顔 不遐有愆 相在爾室 尚不愧于屋漏 無曰不顯 莫予云觀 神之格思 不可度思 矧可射思.

144 《중용中庸》1장. 君子 戒愼乎其所不睹 恐懼乎其所不聞 莫見乎隱 莫顯乎微 故君子愼其獨也.

145 《중용》33장. 詩云 潛雖伏矣 亦孔之昭 故君子 內省不疚 無惡於志 君子之所不可及者 其惟人之所不見乎.

146 정구鄭逑, 이창일 역주,《심경발휘》권1,〈경이직내敬以直內〉장 41조목. 先生教人 只是專令用敬以直內 若用此理 則百事不敢輕爲 不敢妄作 不愧屋漏矣 習之旣久 自然有所得也.

147 《주역》, 곤의〈문언전〉. 子曰 坤之六二 君子 敬以直內 義以方外 敬義立而德不孤.

148 《논어》〈태백泰伯〉4장. 邦有道 貧且賤焉 恥也 邦無道 富且貴焉 恥也.

149 《도덕경》45장.

150 《논어》〈자로子路〉27장. 子曰 剛毅木訥 近仁.

151 《논어》〈이인里仁〉24장. 子曰 君子 欲訥於言 而敏於行.

152 〈귀거래사歸去來辭〉. 羈鳥戀舊林 池魚思故淵 開荒南野際 守拙歸園田.

153 《주자초석周子抄釋》권2,〈졸부拙賦〉. 巧者言 拙者默 巧者勞 拙者逸 巧者賊 拙者德 巧者兇 拙者吉 嗚呼 天下拙 刑政徹 上安下順 風淸幣絶.

154 《주자어류》권94. 其言 似老莊.

155 《주자대전》권78,〈졸재기拙齋記〉. 君子之學 所以窮是理而守之也 其窮之也欲其通於一 其守之也欲其安以固 以其一而固也 是以近於拙.

156 《퇴계문집退溪文集》권3,〈시詩〉,〈도산잡영陶山雜詠〉. 始余卜居溪上 臨溪縛屋數間 以爲藏書養拙之所.

157 《율곡전서栗谷全書》권1,〈시상詩上〉,〈제구졸암題九拙菴〉. 大朴散生巧 拙乃物之初 使君已聞道 自修恒有餘 直性乘眞率 古貌又淸疏.

158 《청음집淸陰集》권38,〈용졸당기用拙堂記〉. 拙者 德也 養拙 仁之事 用拙 智之事.

159 신두환, 〈조선의 도학道學과 졸박拙朴의 미학 담론〉, 《유교사상문화연구》 26, 한
국유교학회, 2006, 148쪽.

160 김택영 편저, 《매천집梅泉集》 권5. 曾無支廈半椽功 只是成仁不是忠 止竟僅能追尹穀
當時愧不躡陳東.

　*윤곡은 몽고 침입 때 자결했고, 진동은 참형을 당했던 사람이다.

161 밈의 개념은 리처드 도킨스가 제안했다. 리처드 도킨스, 홍영남·이상임 옮김,
《이기적 유전자》(전면개정판), 을유문화사, 2017. 11장 〈밈―새로운 복제자〉 참고.

162 윤동주의 《하늘과 바람과 별과 詩》에 실린 시들은 〈연세대학교 윤동주기념사업
회〉에서 모아 놓은 것을 이용했다. (yoondongju.yonsei.ac.kr/index.htm)

163 실제로는 제목이 없는 것을 뒷사람들이 〈서시〉로 정한 것이다.

164 이 서문은 시인 정지용이 1948년 정음사에서 발간한 윤동주 시인의 유고 시집
이자 첫 시집인 《하늘과 바람과 별과 시》에서 쓴 것이다.

165 《맹자》 〈진심상〉 6장. 孟子曰 人不可以無恥 無恥之恥 無恥矣.

166 《맹자》 〈진심상〉 8장. 孟子曰 恥之於人 大矣 爲機變之巧者 無所用恥焉 不恥不若人
何若人有.

167 조국에 반대한 집회도 개최되었으나 대부분 정당성을 상실한 것이었다. 2021년
현재까지 조국 일가에 대한 재판이 진행되고 있다.

168 노무현, 《여보, 나좀 도와줘》, 새터, 1994, 236쪽.

169 앞의 책, 12~13쪽.

170 앞의 책, 125쪽.

171 유시민, 〈사생취의捨生取義 정신을 기리며―'노무현재단' 출범에 부쳐〉
(www.knowhow.or.kr/web/board/boardView.php?meta_id=rmh_lecturethought&
menuId=03050100&pri_no=999460889)

172 서울특별시 광진구 광장동 쉐라톤 그랜드 워커힐 호텔에서 열린 민주평화통일
자문회의 제50차 상임위원회 자리였다.

173 인계철선trip wire은 침입자가 건드리면 폭발물 또는 조명탄·신호탄 등을 터뜨

리게 하는 철선이다. 여기서는 주한미군이 한반도에서 전쟁이 발발할 경우, 이 역할을 한다는 비유로 사용되었다. 이 때문에 주한미군은 이 表現이 사용준지를 요청했다. 《두산백과》 참고.

174 〈자주국방을 역설한 노무현의 명연설〉 (https://youtu.be/6-hgDxzuQbA)

175 유시민, 〈사생취의捨生取義 정신을 기리며— '노무현재단' 출범에 부쳐〉, 같은 곳.

176 노무현 대통령의 "부끄러운 줄 알아야지!"는 영화 〈광해, 왕이 된 남자〉(2012)에도 표현되었다. 이 밖에도 영화는 노무현에 대한 여러 가지 오마주가 담겨 있다. 〈'광해' 작가 "인간 노무현 드러낸 장면 있다"〉(《한겨레신문》, 2012년 10월 22일)

177 세계관에서부터 옷 입는 스타일까지 여러 가지 방식으로 스스로를 드러낼 수 있는 심리구조, 가치체계, 적응양식 등을 표현하기 위해 색깔을 이용해 개념화한 것이 브이밈즈V-MEMEs다. 브이밈즈는 대략 여섯 개 수준의 계층구조로 이루어져 있고, 이는 의식의 발달과 상응한다. 제일 아래층은 '베이지색'이며, 최초의 인간 사회, 신생아, 노쇠한 노인, 말기의 환자 등에서 볼 수 있는 기본적 생존 수준이다(인구 0.1%). '자주색' 수준은 미신, 주술적 사고, 혈연 중심의 종족 사고가 활발한 곳에서 보인다(인구 10%). '빨간색' 수준은 봉건 사회에 해당하며 신화적 사고가 지배한다(인구 20%). 파란색은 부계적 질서가 중심이다(인구 40%). 오렌지색은 소박한 과학적 사고방식의 물질주의와 이기주의가 지배한다(인구 20%). 여기까지 90% 정도가 '공감 부재'의 대상이 될 수 있다. 아래 수준은 강하고 위로 갈수록 선택적이다. 초록색은 다원주의적 상대주의를 지향하며 비교적 공감 감정이 지배적인 단계다(인구 10%). 이를 기준으로 삼아 유추했다. Ken Wilber, *Integral Psychology: consciousness, spirit, psychology, therapy* (Boston & London: Shambhala, 2000), pp.47-51.

178 파울 페르하에허, 장혜경 옮김, 《우리는 어떻게 괴물이 되어 가는가》, 반비, 2015, 19쪽.

179 *Integral Psychology: consciousness, spirit, psychology, therapy*, p.73.

180 《우리는 어떻게 괴물이 되어 가는가》, 130쪽.

181 앞의 책, 139쪽.

182 《논어》〈리인〉 16장. 子曰 君子 喩於義 小人 喩於利.

183 1843년 3월에 쓴 서신이다. Karl Marx, "Karl an Arnold Rouge, März 1843," *Marx-Engels-Gesamtausgabe* III/1, p.47. 이상린, 《수치심의 철학》, 한울, 1996, 182쪽에서 재인용.

184 제니퍼 자케, 박아람 옮김, 《수치심의 힘》, 책읽는수요일, 2017, 145~173쪽의 다양한 수치 주기 전략에 대한 것을 참고해 서술했다.

185 앞의 책, 164쪽.

186 지금 논의된 불매운동, 독싱 등의 칼자루를 '우리'가 쥔다면 썩은 사과를 골라내는 기법으로 쓸 수 있을지도 모르겠다. 그러나 이는 민주주의적 감성에 적합함에 따라 신중을 기해야 한다. 이런 계책들은 일종의 고육지계이며, 전쟁이라는 인간성이 사라진 엄혹한 시기에 사용하는 독한 전략이다.

187 박언주, 《부끄러움과 자기교정》, 고려대 정치외교학과 석사논문, 2010, 17쪽. 형벌과 수치에 관한 논의는 이 연구에 도움을 받았다.

188 법으로 인도하고 형벌로 제재하면, 백성들이 형벌을 면할 수는 있으나, 부끄러워함은 없을 것이다. 덕으로 인도하고 예로써 제재하면, 백성들이 부끄러워함이 있고, 또 선에 이르게 될 것이다.《논어》〈위정〉 3장.

189 마사 누스바움, 조계원 옮김, 《혐오와 수치심》, 민음사, 2015, 421~422쪽.

190 《수치심의 힘》, 184~185쪽.

191 여성가족부에서 2010년 1월 1일부터 운영하고 있는 인터넷 웹사이트로 성범죄자의 신상정보를 열람할 수 있는 사이트다. (www.sexoffender.go.kr)

192 차마리, 〈서문〉, 《게이트: 집단상담, 금단의 문을 열다》, 하나의학사, 2017.

193 〈김한규를 만나다下: 혼자 잘 살면 불편합니다〉, (《딴지일보》 2020년 5월 29일). (ddanzi.com/ddanziNews/625170712

저서와 논문

• 김민수, 《우리말 어원사전》, 태학사, 1997.

• 김아림·김바로, 〈부끄러움/창피함/쑥스러움/수치스러움/수줍음 간의 관계 고찰〉, 《언어》 43-3, 한국언어학회, 2018.

• 노무현, 《여보, 나좀 도와줘》, 새터, 1994.

• 미치오 가쿠, 박병철 옮김, 《마음의 미래The Future of Mind》, 김영사, 2015.

• 리처드 도킨스, 홍영남·이상임 옮김, 《이기적 유전자The Selfish Gene》(전면개정판), 을유문화사, 2017.

• 마사 누스바움, 조계원 옮김, 《혐오와 수치심Hiding from Humanity: Disgust, Shame, and the Law》, 민음사, 2015.

• 마크 베어, 베리 코너, 마이클 파라디소, 강봉균 외 옮김, 《신경과학: 뇌의 탐구 Neuroscience: Exploring the Brain》, 바이오메디북, 2009.

• 미국 정신의학회, 권준수(대표역자), 《정신질환의 진단 및 통계 편람》, 학지사, 2018.

• 밀턴, 유령 옮김, 《실락원Paradice Lost》 제8편, 신영출판사, 1987.

- 박언주, 《부끄러움과 자기교정》, 고려대 정치외교학과 석사논문, 2010.
- 브래드쇼, 김홍찬·고영주 옮김, 《수치심의 치유Healing the Shame that Binds You》, 한국상담심리연구원, 2013.
- 소포클레스, 천병희 옮김, 〈오이디푸스 왕Oidipous Tyrannos〉, 《소포클레스 비극 전집》, 도서출판 숲, 2017.
- 신두환, 〈조선의 道學과 拙樸의 미학 담론〉, 《유교사상문화연구》26, 한국유교학회, 2006.
- 심재완 편저, 《교본역대시조전서》, 세종문화사, 1972.
- 아리스토텔레스, 최명관 옮김, 《니코마코스윤리학Nicomachean Ethics》, 서광사, 1984.
- 아리스토텔레스, 이종오 옮김, 《수사학Rhetoric》, 한국외국어대출판부, 2015.
- 아우구스티누스, 성염 역주, 《신국론City of God》, 분도출판사, 2004.
- 안토니오 다마시오, 임지원 옮김, 《스피노자의 뇌Looking for Spinoza》, 사이언스북스, 2009.
- 융, 김세영 옮김, 《레드 북Red Book》, 부글북스, 2012.
- 융, 김세영 외 옮김, 《아이온Aion》, 부글북스, 2016.
- 융, 조성기 옮김, 《기억, 꿈, 사상Memories, Dreams, Reflections》, 김영사, 2019.
- 이상린, 《수치심의 철학》, 한울, 1996.
- 이재호, 〈아담의 선악과 시험과 예수의 광야 시험 다시 읽기: 전능성의 추구와 통제의 관점에서〉, 《목회와 상담》26, 한국목회상담회, 2016.
- 이호영, 《부끄러움》, 청년의사, 2002.
- 임지룡, 《말하는 몸》, 한국문화사, 2006.
- 임태수, 〈생명나무와 선악을 알게 하는 나무의 현대적 의미〉, 《신학사상》138, 한신대 신학사상연구소, 2007.
- 임홍빈, 《수치와 죄책감: 감정론의 한 시도》, 바다출판사, 2014.
- 에릭슨, 송제훈 옮김, 《유년기와 사회Childhood and Society》, 연암서가, 2014.

- 장재호, 〈원죄와 죽음의 문제〉, 《대학과 선교》 39, 한국대학선교학회, 2019.
- 정구鄭逑, 이창일 역주, 《심경발휘心經發揮》, 동과서, 2019.
- 조지프 버고, 박소현 옮김, 《수치심SHAME》, 현암사, 2019.
- 제니퍼 자케, 박아람 옮김, 《수치심의 힘Is Shame Necessary?》, 책읽는수요일, 2017.
- 차마리, 《게이트: 집단상담, 금단의 문을 열다》, 서울의학사, 2017.
- 코헛, 이재훈 옮김, 《자기의 분석The Analysis of the Self》, 한국심리치료연구소, 2005.
- 코헛, 이재훈 옮김, 《자기의 회복Restoration of the Self》, 한국심리치료연구소, 2006.
- 파울 페르하에허, 장혜경 옮김, 《우리는 어떻게 괴물이 되어 가는가Identiteit: und ich》, 반비, 2015.
- 프로이트, 민희기 옮김, 《정신분석학의 근본 개념》, 열린책들, 2016.
- 프로이트, 김정일 옮김, 《성욕에 관한 세 편의 에세이》, 열린책들, 1996.
- 프로이트, 김인순 옮김, 《꿈의 해석The Interpretation of Dreams》, 열린책들, 1997.
- 플라톤, 박종현 역주, 《프로타고라스, 라케스, 메논Protagoras, Laches, Menon》, 서광사, 2010.
- 하병학, 〈인간 이해와 수치심〉, 《인문과학》 117, 연세대 인문학연구원, 2019.
- 황태연, 《감정과 공감의 해석학》(1~2), 청계출판사, 2014.
- Charles Darwin, *The Expression of Emotion in Men and Animals* (London: John Murray, 1872).
- Antonio Damasio, *Descartes' Error: Emotion, Reason, and the Human Brain* (New York: Penguin Books, 1994).
- Edward O. Wilson, *Biophilia: The Human Bond with Other Species* (Cambridge: Harvard University Press, 1984).
- James A. Hall, *Jungian Dream Interpretation: A Handbook of Theory and Practice* (Toronto: Inner City Books, 1983).
- Ken Wilber, *Integral Psychology: consciousness, spirit, psychology, therapy* (Boston & London: Shambhala, 2000).

참고문헌

- Michael Lewis, "Self-Conscious Emotion: Embarrassment, Pride, Shame, and guilt", *Handbook of Emotions* (New York: The Guilford Press, 2008).
- Michael Lewis, *Shame: the Exposed Self* (New York: The Free Press, 1992).
- Orlando A Robertson, *The True Christian Gospel* (Orlando Inc, 2019).
- Paul Rozin, Jonathan Haidt & Clark R. McCauley, "Disgust", *Handbook of Emotion* (New York: The Guilford Press, 2008).
- Robert D. Hare, *Without Conscience : The Disturbing World of the Psychopaths among Us* (New York, London: The Guilford Press, 1993).
- Giacomo Rizzolatti, Corrado Sinigaglia, *Mirrors in the Brain : how our minds share action and emotion*, translated by Frances Anderson (Oxford University Press, Italian 2006, 2008)
- Stephanie D. Preston, F. de Waal, "Empathy: its ultimate and proximate bases." *Behavioral and Brain Science* 25, (Cambridge University Press, 2002).
- Vittorio Gallese, Chriatian Keysers, Giacomo Rizzolatti, "A Unifying View of the Basis of Social Cognition", *Trends in Cognitive Scien*ce 8-9, 2004
- William James, *What is an Emotion?* (1894), republished (Radford, VA: Wilder Publications, 2007).

인터넷 자료
- 〈국립중앙도서관〉(https://www.nl.go.kr/): 김택영金澤榮, 《매천집梅泉集》
- 〈꾸란〉(http://www.e-quran.com): Korean Translation Quran
- 〈네이버 지식백과〉(https://terms.naver.com/): 김정위, 《이슬람 사전》, 학문사, 2002.
- 〈다국어성경HolyBible〉(http://www.holybible.or.kr/): 《성서》
- 〈디지털 불교〉(http://kr.buddhism.org/): 법정 옮김, 《숫타니파타Sutta Nipāta》, 샘터사, 1991.
- 〈사람사는세상 노무현재단〉(http://www.knowhow.or.kr/): 유시민, 〈사생취의捨

生取義 정신을 기리며— '노무현재단' 출범에 부쳐〉(http://www.knowhow.or.kr/
web/board/boardView.php?meta_id=rmh_lecturethought&menuId=03050100&pri_
no=999460889)

- 〈연세대학교 윤동주기념사업회〉(https://yoondongju.yonsei.ac.kr/index.htm): 윤동
주,《하늘과 바람과 별과 詩》
- 〈자주국방을 역설한 노무현의 명연설〉(https://youtu.be/6-hgDxzuQbA)
- 〈한국고전종합DB〉(http://db.itkc.or.kr/):
  - 《논어論語》,《맹자孟子》,《중용中庸》
  - James Legge, *The four books*
  - 김상헌金尚憲, 〈용졸당기用拙堂記〉《청음집淸陰集》 권38)
  - 이이李珥, 〈제구졸암題九拙菴〉《율곡전서栗谷全書》 권1)
  - 이황李滉, 〈도산잡영陶山雜詠〉《퇴계문집退溪文集》 권3)
- 〈한국컴퓨터선교회〉(http://kcm.kr/):《한국컴퓨터선교회-KCM사전》
- 〈한전漢典〉(www.zdic.net):《강희자전康熙字典》,《설문해자說文解字》
- 〈딴지일보〉(http://www.ddanzi.com)
- 〈한겨레〉(http://www.hani.co.kr)
- 〈漢リポ Kanseki Repository (https://www.kanripo.org/):
  - 《도덕경道德經》,
  - 도연명陶淵明, 〈귀거래사歸去來辭〉
  - 《순자荀子》
  - 주돈이周敦頤, 〈졸부拙賦〉

나를 잃지 않고
나와 마주하는 경계의 감정

수치
인간과 괴물의 마음

1판 1쇄 인쇄 2021년 4월 16일
1판 1쇄 발행 2021년 4월 23일

지은이 이창일
펴낸이 고병욱

책임편집 허태영 **기획편집** 김경수
마케팅 이일권 한동우 김윤성 김재욱 이애주 오정민
디자인 공희 진미나 백은주 **외서기획** 이슬
제작 김기창 **관리** 주동은 조재언 **총무** 문준기 노재경 송민진

펴낸곳 청림출판(주)
등록 제1989 – 000026호

본사 06048 서울시 강남구 도산대로 38길 11 청림출판(주)
제2사옥 10881 경기도 파주시 회동길 173 청림아트스페이스
전화 02 – 546 – 4341 **팩스** 02 – 546 – 8053

홈페이지 www.chungrim.com
이메일 cr2@chungrim.com
페이스북 https://www.facebook.com/chusubat

ⓒ 이창일, 2021

ISBN 979-11-5540-185-9 93100